上海社科大师文库

吴蕴瑞全集

体育教学法
体育建筑及设备·上卷
体育原理

上海体育学院 编

上海人民出版社

本册目录

体育教学法

本书初版由勤奋书局于1933年7月发行，1934年11月再版，1937年2月发行第3版。本次收入全集的为1937年发行版本。

序

体育功课，有属纯粹理论者，如体育原理人体机动学等是也，有属纯粹技术者，外场实习之术科是也。有属理论与技术两种相混者，即教学法是也。写技术书，精于技术，或明了技术之内容可矣，写理论书，须明科学，知心理，习哲学，对体育有深切之研究，故较难，至于写教学法，则对于技能理论有研究之外，更须有多年之教学经验，否则空谈原则，与他种理论书籍，毫无区别，故教学法之著作最难。欧美体育先进之邦，他种书籍，汗牛充栋，惟体育教学法则罕如鸿毛，即有亦非失之陈腐，即失之空泛，教学法之缺少良好参考书籍，各国体育界人士莫不感到。本书之作，在理论方面，根据教育心理及吼善灵顿与韦廉氏之主张；在实际方面，根据作者从前学习之经历，及十余年来指导之经验。自起草至今，历五年之久，教授共五次，渐渐扩充，逐步修改，即得此本。虽然，在各论一编中，尚缺体操教学法及舞蹈教学法各一章，作者实有不得已之处，不得不向读者声明。盖论及体操，则从前之旧式德国操及瑞典操在新体育课程中已失其相当之地位，若再将陈腐之体操教学法插入，不免有开倒车之讥，故体操教学法，以后拟请对德国新体操有教学经验者代撰而补入。论及舞蹈教学法，作者非女子，更无教学经验，以后拟请女子对于舞蹈有教学经验者代写，再版时补入。本届之所以匆匆付印者，因受多方之督促及各暑校之要求，聊供教授资料，免学生笔记之劳，原是讲义性质，不敢云出版，更不敢云有贡献。其残缺不全之处，尚希读者原谅。

民国二十二年序于北平

第二版序

此书之第一版,缺体操教学法及舞蹈教学法两种。前者请吴仲欧先生撰,后者请张汇兰先生撰。乃该书第一版出版之后,各方争购;销路至广,不及一年,全数售罄。第二版赶印之时,因上两稿之成者,只有舞蹈教学法一种,为急应各方需要起见,印刷不能延迟,无暇待体操教学法之赶成,于是第二版仍缺体操教学法一种,此不得不请读者再原谅者也。

吴蕴瑞序于中央大学

目录

第二编　各　　论

第一编 通论

第一章 导言

第一节 体育教学法之趋势及其变迁

十八世纪末至十九世纪初,瑞典及德意志两国之体育家,发明体操,一时风尚,普及全欧。二十年前,美国以新大陆之邦,受瑞典德国两派之影响,体操亦风行全国。一九一四年,留美之瑞典体育家史卡尔斯龙(William Skarstrom)氏,著有《体操教学法》(或称《室内运动教学法》 Gymnastic Teaching)一书,对于体操时队伍之排列,改正方法之施用,体操程序之编制,器械体操动作之分析与组织等,莫不详细讨论。二十年前,美国各体育家均奉之为善本。无奈近十年来,体育之理论,教学之方法,大起改变。从前之体育理论,发源于生理解剖,今则兼发源于生物学,心理学,及社会学等。所采教材,昔注重人为,今偏重自然,所用方法,昔根据论理,今根据心理。以故旧时之瑞典及德国之体操教材,及其采用之教学方法,日后均有见弃之势。今之谈体育教学法者,不应再采用体操教学法为本学程之惟一材料,以敷衍教学活动。虽然,自然活动,正在提倡,自然活动之教学法,尚无成本可供参考,自然教程,甫经作者拟定,尚待研究改善。体育教法一学程,以后宜根据教育心理,从事研究。复加以实地试验,继以修改之工夫,乃能臻完善之境。

第二节　教学法之意义

教学法者之第一义，为以最经济的精力与时间，学习事物，而达最大之效果也。第二义，为供给学习时适当之环境，俾学习时有正当之练习，并有成功而满足(Satisfaction)，失败而烦恼(Annoyance)之结果也。

就教学之第一义，则所学的事物，须为具体之活动，可以由感官觉到者，决非一种五官不能感到之抽象事物，如健康之类是也。事物既属抽象而不可测者，则效果亦无从估量，而精力、时间之施用，是否经济，亦无从计算矣。据第二义，则学习事物之时，同时起心理之作用，与行为道德有关系决非无教育作用之活动(作者名无教育作用之材料为中性材料，不能使儿童为善，亦不能使儿童为恶)也。盖无教育作用之活动，不能有成功而满足，失败而烦恼之结果也。

第三节　教学法(Method of Teaching)与训练法之区别

训练法者，含一种运动所应有之实施方法及训练选手之种种方法也。例如田径运动，篮球，足球，各项皆有其实施之方法。如何起跑，如何跳高，如何踢球门，如何掷篮，皆在训练法范围之内。教学法者，如何教起跑，如何教掷篮，谓之施行训练法之手段可也。教学法是训练法以外外加之手段。此二者寻常运动指导员不能分别，故多不注意。须知两种方法兼知而有实地之经验者，方得称为良好指导员。训练方法，限于一项运动，属狭义的。教学方法包括下节之三种学习，属广义的。又训练法本生理学、解剖学及运动学之原则而定，教学法则根据心理学而编成。此其区别之大概也。

第四节　教学之范围

教学之范围，有狭义与广义两种。狭义的教学法，专注于学习一事物，以为当时只有一事进行。例如教体操时，旧式教学法，其目的专在教动作，并不顾及儿童之心意与态度。实则实际生活，焉有一事物单独进行之理，此狭义的教学法之所以不足取也。故广义的教学法，对于当时一切事物以及外界之真实状况，尽量考虑，广泛注意。例如游戏之时，儿童之态度，儿童与教师之关系，以及儿童对于游戏材料之态度，儿童对于同伴之态度，无一非教学范围内所应注意之事。狭义之方法属抽象的，虚伪的，并为环境之一部份。须知此一部份之环境，不能独立存在。犹头颅之离身体，不能继续生活也。教运动之时，不明广义的教学法，最为危险。例如训练球队，专求得胜，置球员之道德态度一切于不顾，不啻藉运动以养成青年之恶德，体育根本失其价值。故教球类之时，亦宜用广义之教学法、兼顾运动之道德。总之施教之时，宜注意两事：(一)同时能学习者为何；(二)如何处理之，方使学习全体至于至善。据吼善灵顿氏(Hetherington)之意见，以为活动二字，包含校内外之游戏与工作。外自身体之活动，内及心意的趋向，皆在活动范围之内。教学时宜尽量考虑云。据韦廉氏之意见，学习非专指技能，尚有他种事项可以连同学习，故学习可分以下三种：

(一)技能的学习　今以棒球为例，关于技能者，即如何打球，如何立垒旁作打之姿势，如何执棒，棒振动之时臂在何种部位，球投来如何乘机打之，如何判定球之好坏，如何跑垒，何地滑垒，如何发球打球，及他种攻守之方法等，均包括应学习范围之内。常人以为学习技能即尽学习之能事，不知此仅学习之一部份而已，尚有他种事项在也。

(二)附带的学习(Associated Learning)　在个人练习与团体比赛之技术外，尚有与活动附带之事项，可以连带学习。如增加力量之方法，训练期中之营养方法，免避某种恶习惯，以维持身体之效能，以及各种实际的卫生规律等，均在学习范围之内。盖欲球艺之成功，此等均极关重要也。运动员往往不觉此等学习之重要，而以学习技能为能事，不知身体之情形，对于成绩，乃大有关系也。

（三）随同的学习（Concomitant Learning） 不论何种活动，学者对于活动之态度，对于同队人之态度，以及对于对队队员，教师及裁判员之态度，均须注意随同学习。此等态度与终身持躬涉世之方法发生关系，故其为学习也，亦较上两种为更重要。从游泳，舞蹈及游戏之经验中生出者，对于个人之关系，重于技能也。

学习既有以上三种，则教学亦应包括此三种，方得为正当而属广义的教学法。虽然态度教学之方法，尚未能如技能教学之发达，故教师亦少加注意。然活动进行之方法，为养成运动员之态度之重要要素，运动员若无教师之一定的指导，能各自造成其态度，故运动员在危险之地位，而正当之指导为万不可少也。

第二章　学习心理

第一节　学习之定义

学习者为培养新感应结，加强或减杀旧感应结之谓也。幼儿生来之感应结，与现代文明相合者，宜加强之，与现代文明不相合者，宜减杀之。根据神经学之基础，则所谓学习者为新念思(Synapse)之变化；即神经原之树枝状突起，联接疏密之改变。若联接较密则刺激之传导容易，反之则滞涩。故学习者，使新念思起密接与疏松之变化之谓也。学习成熟，则成习惯。故习惯者，实为新念思十分密接之感应结。感应结成习惯之后，不论好坏，解脱不易。若坏习惯欲改去，则需两倍之力量，一用以解除坏习惯，一用以培养新习惯。学习运动，即培养各种运动之感应结。经常时之练习，即养成以某种方式活动或反应之习惯。若所教之姿势或方法不合，所教之态度失当，养成不良习惯，则解除十分困难，故教学运动须慎始。至于如何使新念思密接与疏松，则须应用学习律。

第二节　学习律

美国教育心理学专家桑戴克氏发明学习之三大原则。对于体育实有极大应用之处。

一、准备律

当学者预备活动之时与以活动，则觉适意。反之不准备活动之时，与以活动，则觉烦恼。就此原则而论，不论教授何种事项，第一段宜引起动机，使有学习该事物之意向，然后加以教授或指导其自学，则因势利导，事半功倍。虽然，所欲学习之事项，根本须为可作目前儿童生活中之一部份之活动，儿童方能觉物我一体，专心学习。故活动之选择，亦与准备律有意。盖非每种运动皆能使儿童引起准备之心也。

二、练习律(或用与不用律)

当可改变之感应结得练习，则新念思愈密接，即环境与反应间联络之力量愈增加。反之，可改变之感应结失练习，则环境与反应间联络之力量愈减少。

练习之程度，有两方面，一为数目之多少，二为强烈之程度。

三、效果律或满足与烦恼律

一可改变之感应结，加强或减弱，全视练习时之适意与烦恼而定。盖次(Gates)说：“起一种反应时，随以适意之感觉者，则下次易再行复习与学习。反之随以烦恼之感觉者，则下次不易再行复习与学习。”

一种活动，欲儿童永久练习，不生厌倦，须每次练习之时，有适意之感觉。不论教授何种活动，均须不背此原则。乏味之教材，教员用假兴味，使儿童满足，根本不足取，因儿童对于此项教材，终无复习之倾向，而于教学法之原则，完全违背也。

游戏之时，儿童犯规或侵犯他人，与以当相之处罚，则侵犯他人之感应结，伴以烦恼之感觉，下次有同样之机会时，可以不再犯规。惟处罚方法，不能不慎重，最好养其廉耻之心，使儿童悔悟侵犯他人之不当，则他日可永不再犯。有时教师用色表示已足，谩骂体罚，极不妥当。比赛之时，裁判员无能力或不公平，犯规球员，脱漏法网，侥幸得胜。指导员不明教育原理，此时加以鼓励，则是不正当感应结，伴以满足之感觉也，结果养成儿童犯规之习惯。体育教员及运动指导员，不可不三注意焉。

第三节　心向与学习及强制与学习

学习可分“心向”与“强制”两种。一属自动，一属被动，心内之态度既不同，学习之结果亦自异。兹分述于下：

一、心向与学习

欲儿童对一事物，引起准备，宜先使之心向。因心中有准备，然后能努力，努力则成功，成功则满足，满足即学习。此为一定之次序，不能改变者。篮球及田径运动之基本动作，运动员每不好练习，教师须用比赛之方法，定其心向，引起准备，则基本练习虽属乏味，亦努力练习。及技能学好，成绩进步，结果心中满足。据克伯屈(Kilpatrick)所述学习之历程，则有下列诸段：

（一）有确定之目的　运动员决意行基本练习。

（二）达到目的之内的动力　教师不必勉强，学生自动到场练习。

（三）相关之神经组织，皆有准备。

（四）对于阻碍的活动不准备　他种运动无意练习，专注意于基本练习。

（五）排除所有一切困难，促进较大之努力，遇有困难，非但不能阻止其进行，并引起注意，努力排除困难。

（六）成功与否，视努力之程度而定。

（七）成功而满足。

（八）满足而使成功之反应固定。

二、强制与学习

在教篮球之时，学生每好比赛以取乐，不要做基本练习。教师勉强学生练习，结果毫无，此为强制学习之例。对于以上八历程适得其反，分析于下：

(一) 目的不确定　主要目的,在比赛取乐,不在基本练习。

(二) 内的动力毫无　内的动力为比赛,教师劝以练习基本动作,毫不注意,即一时教师令其练习,勉强敷衍了事。教师离场,仍行比赛。

(三) 神经组织不准备　对于基本练习,一无准备。

(四) 对于被阻之活动准备。

(五) 困难一生,进行停止,无努力之可言。

(六) 主要之成功在比赛,基本练习无多。

(七) 满足在比赛,对基本练习为烦恼。

(八) 因满足与烦恼之结果,对基本练习起厌恶之心,依效果律,则得消极之效果。　由此两种学习之结果,教师欲令学生学习一项运动,非引起准备不可,结果又非有满足之感觉不可。

第四节　全部学习与分段学习

一、定义

全部法者,在将所欲学习材料之全部,自首至尾反复学习之,至某种程度为止。分段法者,在将所欲学习之材料,分成若干段落,先逐段一一学习之,最后再将各段就其先后次序,通书重习而联络之,亦至某种程度为止。今所讨论之问题,则在判别两法在学习中,孰为经济,以备后日知所采择也。

二、分段学习与全部学习之分类

两种方法,可有种种变相。例如全部法有可退回全部法(Returns Allowed Whole Method)及不可退回全部法(Returns Prevented Whole Method)。在迷津之试验中,则可分为两种,而在运动中则有属可退回全部法者,亦有属不可退回全部法者。譬如撑竿跳高,跳起之后,继以悬垂摆动,悬垂之后,再继以引体,引体之后,决不能再行退回至悬垂之部位,犹迷津试验中,已至乙迷津,不能再回至甲迷津,已至丙迷津,再不能回至乙迷津也。此为不可退回全部法之例。又单杠上蹬足上,跳上之后,向前摆,觉不合式,则可回摆,至再向前摆时再举腿,此为可退回全部法之例。

分段法可分四种:(1)纯粹分段法(Pure Part Method),即寻常所称之分段法。将各段继续分开练习,然后综合练习之。(2)渐进分段法(Progressive Part Method),例如掷标枪,先单独学持枪跑,再单独学末五步之跑法,然后两法联络练习,继又单独练习掷之动作,终又与持枪跑及末五步跑法联络。(3)顺进分段法(Direct Repetition Method),例如先学会持枪跑,然后将末五步之跑法联络。两者学熟之后,再将掷之动作接上。(4)逆进分段法(Reversed Repetition Part Method),例如掷枪,先学立定掷之动作,然后加末五步之跑法,两者学熟之后,再加持枪之跑法。顺进法为从已知之方法,联络未知之方法。逆进法者为从未知之方法联络已知之方法。渐进法者,将已知者联络在一起练习,此其别也。

三、各种试验之结果

(一) 丕希脱书丹(L, Pechstein)氏用白鼠与人作迷津试验,其结论如下:

(1) 鼠用全部学习法,所需次数略少,但错误加多,时间加长。

(2) 人用全部法,比分段法所需之练习次数少,所需之时间少,且错误亦少。

(3) 人与鼠用不可退回全部法学习,练习次数稍增,而时间及错误均大减。故据此结论,完全分段法不如全部法甚明。

(4) 改良分段法较胜于完全分段法远甚,在人与白鼠皆然。

(二) 检牌之试验(Card-Setting)　全部法结果最佳,纯粹分段法最下,余均次。

(三) 学钢琴　全部法结果最优,纯粹分段法最下。

(四) 学诗　易学之诗全部法结果较好,难者不然,但智力高者用全部法较快。

(五) 视镜描写(Mirror Drawing)　渐进分段法最佳,纯粹全部法最劣,纯粹分段法有许多材料结果为佳,有许多材料欠佳。

(六) 渐进分段法及顺进分段法,为最有效之改进分段法。

四、运动之学习

关于运动之学习,究用全部法乎,用纯粹分段法乎,抑用渐进或顺进分段法乎,尚无人试验,不能妄事断定。然考究各项运动之性质,系一联串之各种感应结合成。第一段之反应,作第二段之刺激,第二段之反应,作第三段之刺激。例如撑竿跳高,跑至洞前见洞之刺激,使发生插洞之反应,而插洞之反应,又为跳起之刺激。而起跳之反应,又为悬垂摆动之刺激。撑竿跳高之一种运动,可分为跑,跳,引体等段,各段联成一起,动作既多,而所费之时间亦长。推铅球,掷铁饼,及掷标枪等,莫不如是。故纯粹之分段法教授,恐不适用。然又非谓纯乎用全部法可得极大之效果也。因各项运动之中,至少有一二段极难学之部份,如撑竿跳高之起跳,转,引体,掷标枪之末五步及掷出之动作,铁饼之旋转及掷出之动作等,均须利用分段之法,使一部份难学之动作多得学习之机会。以故分段法又不可完全屏弃。

按吾人之经验,有许多运动,可纯用逆进分段法而学习者。例如推铅球掷铁饼,多将原地推掷之动作学熟之后,再学前进及旋转之动作,实与逆进分段法完全相符。此种娴用之方法,是否有效力,不得而知。参考他种实验,则知渐进分段法与顺进分段法较优,学习运动之时,当然亦可应用,其效果或较习惯所用之方法为优,此可由实验而知,因各项运动为顺进,而非逆进也。

据作者之经验,初学田径运动者,宜用全部法,使知全部运动之次序及其内容。及发现其间有一二段之错误,则再行分段练习。

球类之游戏为技术进步起见,欲兼顾学生兴趣,则全部法与分段法可并用。

器械运动为各种感应结同时唤起之活动,可用渐进分段法或顺进分段法。

游泳之教学,试验已有结果。显菲尔特(Sheffield)做过实验,知全部法较优。因人体在水中,各部之肌肉须完全用到也。

田径运动与学诗及他种运动器官之活动之异点　他种运动器官之活动,学熟之后可矣。至于田径运动,则学熟之后,尚有成绩关系,成绩之不进步,或因速度与力量之不足，须用分段法以发达一部份之力量与速度。全部法只可练习各段动作之联合，不能以最经济之时间，发达一段中所需之力量与速度，故田径运动全部法与分段法须并用。

第五节 学习之曲线

学习之进步，以单位内所作之工作量或所达之成绩而定也。二者之变化，以曲线表明，一种函数(Function)为时间，以水平线表明，一种函数为所作之工作，或所达之成绩，常以垂直线表明。如第一图。

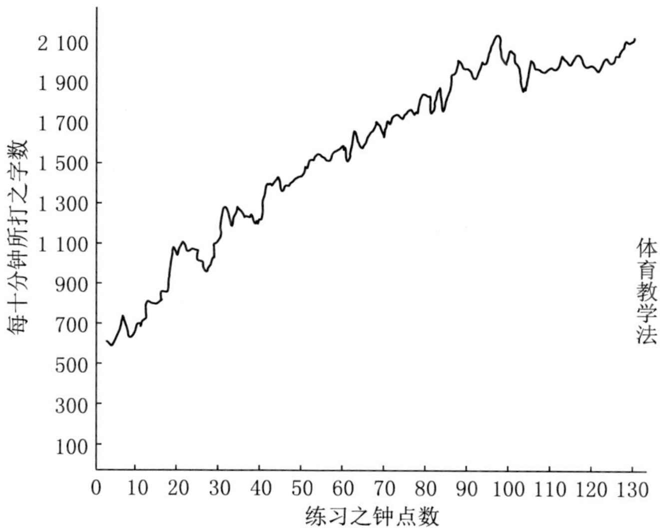

第一图 这曲线表示用接触法练习打字之进步情形。从开头到第一百个钟点，进步颇划一，以后则渐渐变平。此即拔拉托之现象，并非生理之限制也。（从桑戴克的《教育心理》第二集第139面得来）

一、曲线之性质

曲线研究之工作，大多数以各种机巧为试验之对象，如打电报，打字，抛球等是也。此种曲线。有两种特征：(对于一切，是否皆然，不得而知。)

(1)开始之时,进步极快;(2)第二期无进步,或称拨拉托(Plateau),而此不进步之期间,复突然继以极快之进步;依理论而讲,此种学习曲线有两种:(1)极快之进步,继以极缓之进步;(2)极缓之进步,继以更缓之进步;连此两端,可成凸曲线或凹曲线,惟大部份则为凹曲线。

二、开始时期进步之速大概的原因

(1)新联络之要素,集合极易而极快,因其单纯也;(2)学习新事物,有较大之热心;(3)开头有易进步之可能性;(4)因生理之限制,不论打字或运动,进步不能永远无穷。

三、拨拉托之原因

拨拉托之现象,非人人遇得者,大概为二百分之一,巴敦(Baton)在抛球之试验中,不见有拨拉托之曲线,但学习抛球入袋中,则见显然之拨拉托。

拨拉托之现象,大概起于缺少精力,失却注意力,兴趣减少,努力之程度降低,疲劳侵入,并练习期内之机械化为之也。拨拉托后之快速进步,由于精力,注意,兴趣,及努力之回复,由于获得学习与力行此活动之新方法,并由于善于运用从前已得之感应结为之也。

多数研究者,以为拨拉托非学习一定必经之阶段,可引起新刺激,或新方法以免除之,故继续之进步为可能之事。虽然,运动成绩受生理物理及解剖之限制,不能有无穷的进步,故拨拉托之现象,至限度达到时即发现。此种现象,与学习时之拨拉托之现象不同,学者不可混淆。

拨拉托之现象,非各种学习所定有者。同为一种学习,亦非人人所共遇者。拨拉托既非必经之阶段,则教学之时,宜设法免除此现象之发生。其法有二:(1)除去发生拨拉托之环境;(2)遇发生此现象时宜预备新刺激。

四、影响进步之要素

(一) 学习时间之长短及时间之分配　意即每次练习若干时间,每隔几时练一次,方使进步之速度极大。大概在一天之中,学习极长之时间,不如隔二天学习一次较短之时间,究竟如何分配,尚待试验。

(二) 忘却　学习是加强感应结之工作,所以反抗忘却者也。在实际上说,加强之频繁,与加强之方法为最重要。忘却之曲线为凹曲线,起初忘却极易,后则极少。

(三) 专注　努力与热心练习,可以促进进步。实则此说只有一半正确。练习时用心方能进步。但亦有时不必真正热心者,如练钢琴是也。

(四) 特别练习　使一动作进步,须特别学习。

(五) 进步之兴味　每一学生知其每月之成绩,则各试得较好之成绩,如是则进步得以加速。

(六) 疲劳　疲劳可阻碍进步,其意义有两种:(1)疲劳减少其学习能量;(2)疲劳减少其学习兴趣。

五、技巧之获得与年龄之关系

郝斯彭(Husband)以大学之毕业生作迷津之试验,其结论为一人年过三十,则迷津之学习不如年在二十岁左右者为佳。堪恩(Kern)之练习原则,为年龄愈小,则开头之成就愈少,年龄愈大则成就之成数愈多。希克斯(Hicks)之掷靶子球之试验,亦有此结论。

六、性别之关系

性别之与学习,其差别不若年龄之多。希克斯试验掷靶子球之结果,为男子优于女子。韩德森(Hauderson)报告,迷津之学习,有男女之差别。

七、保留之曲线(the Curve of Retention)

McGinning以二十四个学过迷津之儿童,隔二十二至一百九十五日,使再练习,分为两组测验,一组平均隔四十二日,一组平均隔一百九十五日,其保持不错之成数,甲组为77.3%,乙组为31.5%。

第三章　教学要素

教学要素共分五种，活动，教师，儿童，时间，设备是也。五者缺一，不成其为教学，故分论之。

第一节　活　　动

对于活动一项，为历来体育教学法中不能解决者，莫如各项运动适用于何年级之问题。关于此种研究，美国体育研究会所设之课程研究委员会，有详尽之报告。其文之题目为《三十种重要活动，在男生体育课程中相对的价值之研究》，载《体育研究》季刊（Research Quarterly）第二卷中。其价值分五项：(1)对于身体或器官之需要；(2)交际或公民之需要；(3)心理的需要；(4)避险技能；(5)消遣技能。其高下之程度，以分数评定，最高者为十分，最低者为零分。五种之外，更有对于以上五项价值，普遍之贡献一项，亦以分数为批评之标准，最高者亦为十分，最低者亦为零分，其结果如下表。

据以上研究之结果，以小学及初中之活动，混合而论，当以游泳，鱼跃，游戏，变相游戏（或球类之预备游戏）等，为最有价值。若分开而论，小学以游戏为最有价值，游泳与鱼跃及变相游戏次之，体操走步及手球为最下，余居适中之地位。初中以游泳与鱼跃，篮球及美国足球为最有价值，变相游戏及拳术为最下。体操未列入。若列入，恐亦列最下之等级。高中以游泳与鱼跃，场棒球及救生为最有价值，手球，美国足球，垫上运动，堆牌楼为最下。体操未列入，若亦列

三十种体育活动在学校之比较分数及等级

运动项目		第一组					第二组					第三组							
		各级学校之比较分数（最高分数为10）					各级学校之比较等级（最高之等级为1）					各年级群之平均数等级由1—15，分数10—1							
		小学 1—3	小学 4—6	初中 7—9	高中 10—12	大学 13—14	小学 1—3	小学 4—6	初中 7—9	高中 10—12	大学 13—14	级数 1—12		级数 1—6		级数 7—12		级数 4—14	
												等级	分数	等级	分数	等级	分数	等级	分数
水中运动	1. 救生		5.3	6.0	8.4	6.8		5	14	11	8	5	4.7	7	2.7	6	7.2	3	6.6
	2. 游泳与鱼跃	4.4	7.7	8.2	8.4	8.3	4	1	1	1	1	1	7.2	2	6.0	1	8.3	1	8.1
格斗运动	3. 拳术			5.5	6.4	6.7				12	12					15	6.0		
	4. 击剑			3.2	4.0	5.0													
	5. 角力	0.3	5.8	6.2	5.8			15											
室内运动	6. 体操	1.3	1.8	3.2	3.7	0.3	6							14	1.5				
	7. 游戏	7.0	6.8	6.2	6.5	6.0	1	3	12	13		2	6.6	1	6.0	13	6.3	5	6.4
	8. 重器械		1.5	3.1	3.7	4.0													
	9. 走步	1.2	2.3	2.8	2.5	2.0	8							13	1.7				
	10. 垫上运动及堆牌楼	0.8	4.5	5.5	5.7	5.7	9	8				12	4.1	8	2.7			14	5.4
竞技运动	11. 射箭	0	0.6	3.2	4.2	3.6													
	12. 高尔夫			4.1	6.3	6.7					11								
	13. 手球		3.0	5.5	6.2	6.7		14			13			15	1.5			15	5.4
	14. 马蹄铁		2.8	3.8	4.0	3.7		15											
	15. 墙拍球及墙网球		0.8	4.1	5.5	7.2					5								

续表

运动项目		第一组					第二组					第三组							
		各级学校之比较分数(最高分数为10)					各级学校之比较等级(最高之等级为1)					各年级群之平均数等级由1—15,分数10—1							
		小学1—3	小学4—6	初中7—9	高中10—12	大学13—14	小学1—3	小学4—6	初中7—9	高中10—12	大学13—14	级数1—12		级数1—6		级数7—12		级数4—14	
竞技运动	16. 网球		3.9	6.7	7.3	7.5		10	8	4	2	8	4.5	10	2.0	7	7.0	6	6.3
	17. 田径运动	1.2	5.1	6.5	6.3	5.6	7	7	10	14		7	4.8	6	3.2	11	6.4	10	5.9
节奏运动	18. 运动舞	0.2	3.6	4.9	5.3	4.8	10	12						12	1.9				
	19. 木屐舞		2.8	4.0	5.3	4.2													
	20. 土风舞	4.5	4.0	3.9	5.0	4.5	3	9				10	4.3	5	4.3				
团体游戏	21. 变相游戏	5.4	6.3	6.3	6.2	6.0	2	4	11			3	6.0	3	5.9	14	6.2	7	6.2
	22. 棒球		3.7	6.8	6.7	6.8		13	1	9	7	11	4.3	13	1.8	10	6.7	9	6.0
	23. 篮球		0.7	7.3	7.6	7.3			2	3	4	14	3.9			2	7.5	11	5.7
	24. 美国足球			7.2	7.7	7.3			3	2	3	15	3.7			3	7.40	13	5.5
	25. 场棒球	2.4	7.0	7.2	7.2	6.6	5	2	4	5	10	4	5.9	4	4.7	4	7.30	2	7.0
	26. 足球		5.1	7.2	7.2	6.8		6	5	6	6	6	4.9	9	2.6	5	7.20	4	6.3
	27. 速球		2.5	6.5	7.2	6.6			9	7	9	13	4.0			9	8.0	12	5.7
	28. Touch Football		9.0	6.1	6.7	6.0			13	10						12	6.4		
	29. 队球		3.9	7.0	6.9	6.5		11	6	8	15	9	4.5	11	2.0	8	6.9	8	6.1
	30. 水上坡罗			4.5	6.3	6.5				15	14								

注:第一组、表各种活动在各年级中之对于普遍贡献之平均数,其最高之分数为10。
第二组、表明上表中之在50%以上之活动,以1到15之等级分别之。最高之一级以1代表。
第三组、表各年级群之分数与等级之平均数,每群只有50%以上之活动表出。

入，定居最低之等级。此种研究，系由美国各体育专家主观之判断统计而来，尚欠圆满，即在原文报告之中，亦认此研究有此种弱点。据编者之意见，各种运动之价值是一事，各种运动之受儿童欢迎之程度，又是一事。以后全国各级学校体育教员，可行儿童对于各项活动态度之调查，令各学生自行判断各运动之价值，则其统计或较有客观之意味而较有价值。

据以上之三十项运动，研究会归为六大类。各类之性质及价值亦各有不同，兹分述于下：

一、水上活动

为人类原始的活动，与跳掷等在同一地位，与球戏游戏有不同之处。盖后者利用天然之基本活动，运用他种人为的条件而编成；前者则为纯粹的天然活动，因先民莫不具有此种技能，故已成儿童游戏本能之一部份。小孩临池，即有跃跃欲试之概，入人类脑海之深可以想见。儿童好之，教师教之，因势利导，最易学成。至于平均发育，增深呼吸，强健神经，发达器官，乃天然之结果。养成救人，自救之能力，对现代生活，更有价值。

二、格斗活动

拳术，击剑，角力，以及中国之国术，日本之柔道皆属之，有养成奋斗，勇敢诸性质之功用。古代枪炮未发明时代，此种为惟一之战斗技能，所谓国防游戏(Defence Game)，即指此类活动而言。此类活动以省力快速为最要，盖慢则易受人打，费力则难持久。中国之国术，派别繁多，其最省力者，莫如太极拳，其用力之方法，颇类西人之田赛运动，有合力学原理之处，然恐速度太慢，应付不能迅速。至于对于健身之功用，各项多有，亦为天然之结果。

三、室内运动

应包括体操，游戏，器械运动，走步，垫上运动，堆牌楼等，按性质而论，则更可分为三类：体操，改正体操为人为的，游戏为自然的，自然体操及垫上运动堆牌楼等，则属人为而自然的。兹便学者易于认清起见，分论于下：

（一）改正体操　含改正之活动，按照各个人之身体之情形，以选择而应用之者也。寻常每见一教员在健身房之内，领百余儿童行改正体操，并不顾及人体机动学，个人之缺点及各个人之需要诸问题，此不免误用改正体操矣。若儿童果真需要改正，则宜由专家诊视，以选配相当之活动，若照此种正当方法实施，则此类儿童之数，决为无多。数十儿童同时在一教员指导之下，作同一之动作，万无能达改正目的之理。虽然美国国家体育指导员饶权氏（Rogers）研究之结果，知改正体操，毫无效果。改正体操一项，以后有无价值，成大疑问。

（二）体操　体操苟属于正式体操，如各个连续，在体育程序上将失其地位。若性属自然，藉以练习他种活动之基本技能者，则程序中尚可占一席。若模仿一种活动，与实际不符，以替代机械式的德国式体操及瑞典式体操者，无训练技能之价值，或反养成不正确的习惯，殊属不妙。

（三）自然体操　简单之游戏及表演的活动，如无技术上之困难者，无需分析练习。但有组织而极复杂之球戏，田径运动，及自然跳舞等，若有促进机巧之必要，使其整个活动学习到家，则非藉自为体操以训练之不可。其各项基本活动，须无所不学，以免偏狭之弊。

在教团体或大团体时，能分析活动之难点，直接练习之，则教授之便利得矣。所谓自然体操者，发生于自然活动，实为原来一种活动之基本活动也。教篮球之时，对新球员以游戏之方式提出活动，须令运动员自觉其所短缺之技能，于是教者可用关于篮球之自然活动教之。他种运动亦然，惟应注意者，所教之自然活动，须来自篮球，须与原来之活动完全相符，万不可编成次序，用体操之方法教授。

虽然，实际之活动，为操练之要素，自然体操不能代替本来之活动，自然活动不过为一种辅助活动，藉以学得各种活动之基本技能而已。程序之中心，仍为球戏，田径运动，机巧运动，及舞蹈也。

四、竞技运动

此类活动，包括射箭，高尔夫，手球，网球，田径运动等，大半属个人之活动。

然皆出于本性，不论男女，皆可参加。旧习以男子参加者为多，今则风尚已转，女子参加之数，日益增多，尤以射箭高尔夫马蹄铁等合于吾国女子，此类活动，不足以应心理及交际之需要，故所列之等级最低。虽然养成消遣技能，发达内脏器官，亦不让他种活动也。

五、节奏活动

此类包括土风舞，国家舞，交际舞，运动舞，自然舞，形意舞，及其他同类之机巧动作。至于优秀舞，则属机械的，自觉的，主观的，绝无占体育课程之余地。跳舞所以发表思想感觉与情绪。其外面表现之各种情状，全视其心中之意思感想而决定，非事前美的思想所能构成。土风舞完全出于民众之情绪，群集于公共场所发表。交际舞亦可在学校中教授，惟浪漫之跳舞，社会上应用甚广，应用时须保守道德，符合舆情。学校当局及社会局，不可不加注意。

六、团体游戏

即寻常所谓之球戏也。在课程上之地位，有高有低，对于心理之需要，交际之需要，身体或器官之需要，以及消遣技能等，据编者之意见，莫不在极高之地位。中大学宜注重训练，使脱离学校生活之后，有参加之技能，则学校必修体育之目的达矣。

第二节　教　　师

欲教授成功，非专赖环境设备及教材之良好，而赖教师自身之人格，知识，经验及技术。

一、教师之人格(Personality of the Teacher)

教师之人格，含德性，魄力，锐敏眼光，策略，热心，忠实，有精神，热烈，公开等。此外尚有附带之条件，如和悦之容貌，和善之品性，滑稽，同情，智巧，公正，克己,领袖才能等,亦在所必需。平日须注意修养。中国学风太坏,人心险诈,人与人之问题,益难对付,尤宜注意修养。

二、原理与方法等之知识

一体育教师只知领走步体操,教华士步(Waltz)及巴克步(Polka),并裁判篮球等,不得称谓合格之体育教师。合格之教师,须具有以下各项知识:

(一) 教育之目的及性质。

(二) 男女儿童之本性及其心理。

(三) 评定体育之标准。

(四) 各儿童适用之教材。

(五) 教授方法及领袖之要点。

三、实习及教授之经验

(一) 统御群众之经验　全由实习而来。

(二) 解释　须清楚而扼要。

(三) 分析　将各种动作分成数部而教授。

(四) 观察　观察学生之缺点,行切当之改正。

(五) 示范　不论分析动作或混合动作、教者须能示范,学生方能明了。

四、教师之态度

教师为在场上团体之一份子,为负责之领袖,同时为思想最清楚之人,当居指导地位,而令学生自动。

五、教师之技能

教师对于各项技能最低限度须能示范,否则教授时难得学生之信仰。教师与活动极有关系,教师所知之活动若有限,足以影响学生之活动,故其学生时代之技能,宜普遍练习,最好有一二项专长,使学生生信仰之心。

第三节 儿　　童

活动之选择，须视儿童之需要，须合儿童之兴趣，前者属生理，后者属心理，故宜分析讨论儿童之本身问题。

一、儿童各期之生理

（一）由七岁至十岁

儿童在此时期中，身高之增长甚速，但身体之形式，仍保持婴孩之性质。心仍小，重量约为其成人时之四分之一，而要求其喷出之血，乃为其成人时三分之二者相等。此时身体活动之欲望增加，要求心之工作特甚，故此等儿童须慎重指导，凡剧烈之比赛，过分要求心脏之工作者，宜免避之。简单之团体游戏，可以应用，惟受锦标之鼓励，团体之督促，而作过分活动之举，亦宜免除。许多学者称此时期终了之数年，为易倦时期，考其原由，因心脏之发达迟缓为之也。

下表系霍尔脱（Holt）统计所得，表明七岁之时，心体颇小。

年龄	盎司	克	与体重之比例
诞生	0.50	14	
一岁	1.25	35	
二岁	1.87	53	1 比 225
三岁	2.25	64	
七岁	2.80	80	1 比 280
十四岁	5.84	166	1 比 222
成人	8.50	241	1 比 226

死率在此时期，有减少之倾向，但至八岁时，则不健康之情形，忽然增加。泰勒（Tyler）所著之《生长与教育》一书中，引斯密脱-蒙那脱（Schmid-Mennard）之统计结果。谓在七岁或正在七岁之后，女孩之不健全之情形，超过男子，极为显明。其最大原因为血分不足之结果。此种事实，足以证明儿童之需户外生活

及正当之食物也。论及体育课程，按科学之事实，则在户外之体育课程，远胜于传统所用之室内之体育课程也。但为儿童之正当发达起见，又不能过分在户外太多。

（二）由十岁至十四岁

此时期不能十分划清，尤其在两性之间，至少有多少出入之处。故此期两端之限度，女子由九岁至十四，男子由十岁至十五。哈特威尔（Hartwell）博士，于一八八五至一八九〇年之间，在波士顿公立学校中，研究十岁至十五岁儿童之死率，知在此时期之中，体高体重，增加最多，死率最低，为此期之特性。

郝尔（Hall）氏对于儿童在此危险时期所遇之变化，有完全之报告。以下所举之陈述，系根据诸家所观察之事实：

> 弼德博士（Dr.Pitt）谓人在成熟时期，微现心脏衰弱，呼吸短促，心悸及心脏舒张之他种征象。有时此为暂时之发现，至年高衰老时始变剧。贫血之儿童，往往生长极速，大概因血管太窄，血压太高，终或继以过肥之现象。安伦堡（Eulenburg）氏发现三百个脊柱弯曲情形中，七岁至十岁之间占百分之五十三，六岁至七岁占百分之二十三，十岁至十四岁间占百分之十二。

萎黄病为贫血症，常发现于成年之女子，在美国已绝迹，因现在之女子常参加户外活动也。以后生活讲究，各种身体发达上之不幸事件，或更能减少。

二、儿童之心理

（一）儿童之天性　天性又称人类之习惯，存于神经系之组织中者也。儿童有此禀性，故对于一种事物，有实行之倾向。天性之反应，有对身体及机官之状况者，有对他人之态度及活动者，有对环境之事物者。第三种可谓人种活动，如跑，跳，举，负荷，投掷，悬垂及攀登等是也。

天性有活动之性质，对于事物有力行之准备。儿童之脊脑中，有跑，跳，掷，爬之准备，机会一到，即起反应。儿童既有此种准备，则其所欲做之活动，当为天然活动,决非随口令而做之上下肢与躯体之活动也。证以第二图,可以澈底了解。

天性之倾向,保持之时间较长,而身体之效能,衰败较早。竞技运动员之全盛时代,在二十岁左右,过三十岁,则其黄金时代过去矣。田径运动,棒球及拳术等,皆呈此种情形。德国中距离跑名家佩尔采氏在一九二六年及二七年间,八百米之成绩为一分五十一秒六,一千五百米之成绩为三分五十一秒,均为世界成绩,前年在麓山矶世界运动会,八百米名列第八九,一千五百米竟未跑完,其成绩竟致不堪设想,盖氏年已过三十,从此已成过去名手,此实为显然之证明。一人好胜之心,在青年期(二十左右)最高,以后渐退。虽然,身体之效能减退固早,而好动之天性依然存在,要求活动之心尚未已也。

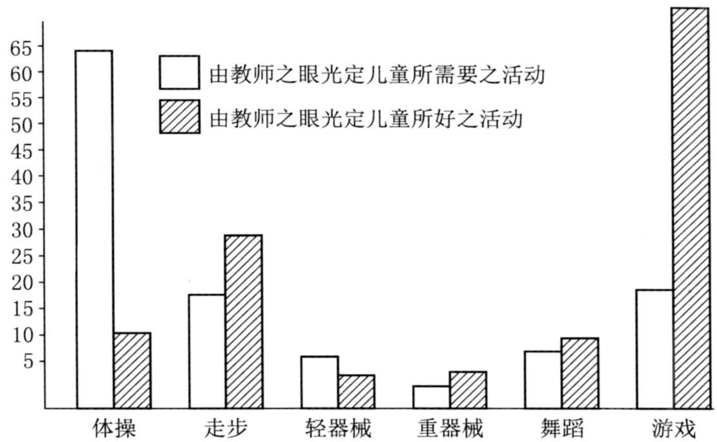

第二图　据教师之判断所定之体育与以儿童所好所定之体育比较,即可知其优劣。

儿童之机巧逐渐发达,难做之高等活动,无法及早学成,下表为大约之标准,教者可以之作为准绳。

六至十一岁:	活动时期
十至十二岁:	发达技能时期
十二至十五岁:	团体游戏时期
十六以上:	发达速度时期

初学者技能未学到之时,即要求其活动快速,实属错误。

（二）各期之心理变化

(1) 幼稚时期(〇—六)　又名幼儿前期,为未入学校前之时期也。幼儿好滚,踢,跑,跳等各种活动,在其觉醒之时间,所以常继续不已者,天性为其主要之原动力,其获得快乐之源,主要在各种活动,非一定在结果也。疲劳之起极易,活动若常改变,则可保持久之心。堆接木,掘沙坑,涉浅溪,荡秋千,轩轾戏,以及玩滑桥及游戏场上之他种物件,皆为其所好之活动。

儿童在此时期,好模仿,好表演,时而作鸟跳,时而作鸟飞,时而咆哮如作风吹,时而摇摆作树动,故有称此为猿猴时期者。

(2) 儿童期(六—十二)　在此时期,儿童仍模仿其所见之事物,但不久移其主要之兴味于他种活动,即见他人之所事者,以自己之主见仿行,一旦成功十分得意。对于书写及缝纫等细巧而正确之活动,不若跑,跳,投掷,攀,游泳之大肌肉活动与用全身机巧者有兴趣。关于此种活动,儿童有遗传之能力,儿童好自习之,以资娱乐,以发达其机巧。模仿他人之活动,觉甚乏味,因此之故,在此时期,指导殊少价值。自信为此期中极强之特性,若任其自由,往往费其全时间于争执之中。其自信力既如是之强,故对于追,逃,游戏,跑,跳,游泳,及他种个人比赛项目,十分有味。

此时期为得肌肉管束节制力量之最重要时期。调协尚未臻十分之程度,特别之机巧,若欲学成,则须在此时开始。遗传而来之管理身体能力,发达颇慢。若此能力开始发现之时,不以实习刺激之,则以价值之天性与遗传之能力,将永久失去。

此时期所用之活动,须和平而有变化,而合作精神之团体游戏,无多大兴味,垒球及 Newcomb 等最为合用。

(3) 青年前期(十二—十五)—初中　在此时期,两性之特点,正在发达。身体之形式及大小,亦向男女之两途分别发展。有时其情调与兴趣,及思想与行为之习惯有突然之改变。

在此初中时期,儿童之以个人为中心之习性仍强,但好群之精神亦渐发达,好做团体游戏,虽然,其主要之兴趣仍在田径运动及以个人为单位之活动。两性之发达，正在开始，游戏之兴趣，亦渐不同，结果男女分开游戏，在此期尤为清楚。牺牲一已及崇拜英雄之观念，信仰力颇强。对于童子军及野外举火及他种同样之活动，亦有非常之兴趣。

(4) 青年后期(十五—十八)—高中　在此时期对于团体之忠心，正在发达之历程中也。需要合作精神之团体游戏，为其主要之活动。虽其兴趣仍在田径运动，但受团体比赛之刺激，其兴味已稍转变。在此时期，运动员受个人与团体两方之刺激，比赛之时，受观众及同伴之鼓励，易致运动过度，若指导员更用鞭策之方法，尤易过度。考其危险之点，不在短时间之剧烈，而在继续之努力，长距离跑，时间较长之篮球等，不可过度。为避免此等危险起见，篮球之比赛时间，宜采四分之一之制度。

高中之女子，亦有为个人与团体争胜之趋向，其对于团体之忠心合作等，亦渐发达，与男子同。有人谓女子对于团体游戏之兴趣，与运动道德之表现，较男子为迟缓，不免言过其实。盖女子在观众前表演之时，争胜之心，更比男子为尤甚，而用力过度与危险之程度，反较男子为大也。

第四节　时　　间

各级儿童每日所作运动之时间，视其神经与机官之发达之需要而定。年龄愈小，需要愈多。据吼善灵顿(Hetherington)之意见，小学校儿童期，每日活动之时间需四至五点钟。中学期或青年前期，每日需二或三点钟。至青年后期，至少一或二点钟。此种需要时数，由学校当局观察经验而得，一方亦儿童之趋势使然。按此种时间之需要，可以设法指定各级儿童之活动时间。

一、小学校学生之活动时间

(一) 上课之前

(二) 课间

(三) 午间

(四)课后及校外之时间

二、中学生活动之时间

(一)早晨

(二)课中　每周三小时

(三)课后　每日一二小时

(四)星期日　远足

三、大学生之活动时间

(一)课中　每周二至三小时

(二)课后　每日一点钟

第五节　设　　备

设备足以限制活动,足以影响时间,场地不能行大规模之天然活动,或设备不足,有无数活动不能进行,倘更加人数众多,则学生之活动不得在正当之时间。美国纽约城之各学校,场地窄小,异乎寻常,同时不得不行天然之活动,故有特种之教学法发明,详述于第四章第四节(五),足见设备影响之大。关于是项详细计划,则在体育建筑及设备一功课中,详加讨论,兹不赘述。

第四章　组织

第一节　关于五要素之组织

体育训练之有成效与否，视五要素之组织及活动之选择而定。兹按五要素而分论于下：

一、关于儿童者

课程之组织，先宜注意儿童。儿童之组织，唯一在分组。盖体育与他种功课有别，儿童之分组，不能以普通智力为标准。一校中有两位以上之体育教师，而同年级或异年级之学生，在同一时间上课时，可采用分组方法。其标准有以下三种：

（一）身体　检查之结果身体发育不良，心脏脆弱者，另分为一组，遇此等人数不多时，可与他班同类之学生，另定时间训练。

（二）技能　此指学习得来之能力而言。测验技能之方法，可分为普通与特殊两种：从体育活动中，选出五六种之自然动作。如跑跳掷抛之类，即可为普遍之技能测验之项目。各种运动中特有之技能，如篮球之投罚球，接球，传球，运球，投篮等，即可为特殊技能之测验项目。运动之兴趣与技能之程度为正比例，技能优良之组，可令其自动练习，教师则注意能力较低之一组。

（三）儿童之兴趣　一教师遇人数极多（四十人以上）之体育班，一人之能力万难顾及全体，遇设备充足，能做各种球戏运动时，可依其所好之项目而分队。

裁判员可令其自行举行，在课外加以特别训练，则在教授时大有助力。

二、关于活动者

所选之动作，须能达发达之目的，除此价值之外，尚须注意其强烈之程度。活动之强烈程度不足者，往往不能达发达身体之目的。关于教材组织之方法有两种：

（一）各种活动使合于个人之方法　机巧运动，器械运动，及田径运动，各个人皆可单独行之，其性质原属于个人，不必用何等方法使之变为个人之项目。余如篮球足球等，系团体之竞技运动，若欲使合于个人之活动，须用分析之方法求得其各种要素，以组织成个人之项目，作各个间之比赛。

（二）各种个人活动变为团体之法　不论田径运动之基本动作，或球戏之动作要素，皆可组成团体体操及游戏，以作教材而增兴趣。大概强烈之活动，能组成小队行轮流赛跑，惟队不可太大，太大则等候之时间太长，学生之精力费于尔推我拉之间，价值毫无。

（三）组织活动之注意点

（1）任何发达身体之活动，须合于男女儿童之年龄及各期之特性。

（2）活动须有相当强烈之程度。

（3）活动之间，须有休息之时间，以恢复其疲劳。

（4）活动之组织，须能使儿童常保持活动之进行，无须教师之作伴。

三、关于时间者，须组织四种时间：

（一）教授时间　教员能控制此时间及儿童，以教授技能。

（二）练习时间　在课后，或延长至晚上在家庭社会之间。在校所应用之活动，应顾及星期六下午星期日所作之活动。即在一指导时间，须想及其余之时间。

（三）休息之时间　宜在课间。

（四）特别矫正之时间　排在校内课外。

四、关于场地者

学校中活动之场地，包括空间与设备，如教室，厅堂，运动场，健身房，游泳池，跳舞场或其他之空地设备，而可行大肌肉活动之处。一种体育程序，专限于教室内教授者，不得谓有教育之价值。寻常晴天，宜在外场，举行运动。即有广大之健身房，只可备阴天之用，非谓不论晴雨，均须在室内也。学校根据旧观念而建之健身房等，足使新式之活动受限制，束缚儿童之生活，故对于正当场地之设备，及其正当使用等，教授的态度宜时时进步，时时改变。

学校空地及操场，常为学生课间游戏之所，但从前未尝加以布置，若善利用之，不但可为课间游戏之所，且可为学生作空闲之时间及星期六星期日游戏之所，在城市社会之中，往往以运动场为需要之品，专提倡市运动场，而学校之运动设备，反致忽略。以孱弱之儿童，赴数里外之运动场，事实上有所不能，大背提倡之初衷。要知儿童之生活，大半在学校，市立之运动场，只能应用于星期六及星期日，且限于四分之一英里半径之圆面积之内之儿童。故学校之运动场，实为一市镇间儿童体育之中心，凡家庭社会中不可行之活动而有教育之价值者，学校中当供给儿童运动之机会。

五、关于教师或指导员者

学校指导员或体育教师愈多，而体育教师之技能愈普遍，则课程易于排列，在小学或初中，教师多则两人，少则一人，排课不能照合式之时间，其弊一也。同一时间不能有二班以上之学生同时上课而行分组，其弊二也。最好之法，学校各项运动之指导，由他科教员分担，而由一二体育教员综其成。在下午三时以后，为最合式之时间，各教员及学生应齐集运动场，按其所好而行分队练习，如哥大师范院之附中，各场地设备充足，则每人之运动时间，均在下午，可达理想之目的。如一校之体育教员数不多，而其他之能任运动指导者又少，则体育教师宜组织领袖而训练之，将所教各项运动，事前先教领袖，以便襄理教学。

第二节　组织程序时之注意点

上两章分论教学之要素及各要素组织之注意事项。实际组织之时，则不但须顾及五要素与年龄，性别，体能，技能等，凡地理上之条件，时间上之条件（如气候月份等）均宜考虑。

第三节　程序之方式

一、寻常之程序

（一）以发达为中心之程序之组织

（1）教授之程序　此种程序，以训练基本技能为主，兼达刺激生长之目的，活动须有相当强烈之程度。

（2）复习之程序　即为课外运动之程序，学员之分组活动之选定与轮流，场地设备之分配等，皆为编定此程度之所当注意者也。

（3）校内特别指导或训练所定之程序，及推广之程序。

（二）特殊事项或特殊日期之程序　如庆祝及他种典礼中所定之程序。

二、特殊情形中之组织

例如国难之中，军队之中，体育程序之组织，须有变动，以适应特殊之环境。学校之中，准备表演，体育程序均宜改变。

三、组织之实例

不论何种体育程序，须含以下条件：

（一）时间　例如一节共长三十分钟

（二）场地　例如六十尺乘八十尺

（三）活动　例如篮球之基本动作

（四）儿童　例如共数为四十人

（五）教师　例如一人

第四节　教材之分配

一、一年之分配

不论何年级，其一年中所采之活动，宜列为一表，以后按步就班，顺序教去。支配一年之教材时，宜考虑该年级内儿童之嗜好，技能，及季候之更替等问题，作支配与取舍之标准。教育部前定之中小学体育课程标准，亦可作为参考。惟须按地方之情形，设备，与便利之程度而稍加变通。

二、一星期或两星期之分配

分配之方法，以一星期为一单元。若一班之人数少，所分之队伍少，则亦可以一点钟或两点钟为一单元。若一班之人数多，所分之队伍多，则一单元非两星期不能学习完毕。所谓一单元者，即为各儿童在同一境遇之下，在相等时间之内，行等量之同种活动也，例如一星期之内，以立定跳远，掷铅球及五十米为一单元者，则各队在一星期之内，三项均须做到。

三、一时间之分配

旧式之三段教学法，为走步，柔软体操，器械运动，或游戏，三者之间，既无论理上之关系，更无心理上之关系，实为旧时体育家武断拟定之程序。此种程序，第一段可移作第二段，第三段亦可移作第一段，三者之间并无互相联结而不可分开之关系。至于自然之程序，则根据心理，各段不可颠倒，各段不可缺一，按其教授之情状及活动之种类，可分以下数种：

（一）教授田径运动之程序　田径运动，为一种极自然之活动，有主张不用何种固定之程序，而视当时教学之情形随机应变者。据作者之意见，则遇教新生以新项目时，亦得有一定之程序。作者亦以自然程序名之，可分下列数段：

（1）尝试活动　令学生尝试一新项目，使明该项目之大概，并使自知其对于该项之技能，与其运动方法之合否。及其自觉有改良之必要，然后教师加以指导，或用基本练习之方法，教以基本动作，如是因势利导，事半功倍。欲引起学习之动机，此段万不可少。

（2）基本练习　分析整个活动，编成一简单之活动，所以教学基本之技能，与训练正确之姿势也。最宜注意者，所教之动作，须为整个运动之一部份，否则反养成不正确之姿势。

（3）分队练习　将所教之基本动作，取实在之物件练习之。队之多寡大小，视人数及场地设备之情形而异。

（4）轮流比赛　是节所以觇实地练习之成绩，藉以引起练习之兴味也。

（二）室内运动之程序　从前之室内运动，以三段教授为惟一之程序。然走步与体操两段，既无兴味，又少发达身体，训练技能，及陶冶品性之功用。以后室内运动之程序，不能不从事更改。作者拟改为两段：

（1）穿花跑或慢跑八百米　在北方天气严寒之地带冬季若有体育馆可利用，则可在体育馆内举行。若体育馆内有跑圈则可在跑圈上跑八百米及一英里等。南方之学校，若无体育馆之设备，可在场外跑圈上跑。是段目的所以温煖身体，使全体肌肉灵敏，便于作各种器械运动也。

（2）器械运动　若一班之人数在三十人左右，全体分四队则同时用四项活动。中间交换一次，故两点钟轮流完毕，是谓两时一单元制。若人数在二十人左右，则分两队，用两种活动，一时即能轮流完毕，是谓一时一单元制。

（三）练习运动时之程序　复习运动时之程序，与教新运动时之程序，完全不同。基本练习一段遇，必要时可随时插入，非若第一种程序之在第二段也，故程序之中无段落可分。一班之中，人数在二十人左右，集分三四队，一时之间，用三四种活动。用一时一单元制或两时一单元制，可随意变通。

（四）球戏教授程序　一时之间以球戏之二三种要素为教授材料，每队各学一种活动，用一时一单元制或两时一单元制均可，例如学习篮球，一班人数在三十以上，可分四队。甲队行运球，乙队掷篮，丙队掷靶，丁队传球，其轮流之法如下表：

丁	d a b c	丙	c d a b
乙	b c d a	甲	a b c d

此种方法，队之多寡及一单元所费之时间之长短，与一班人数之多少有关系。人数少则队少，可用一时一单元制，人数多则队多，需用两时一单元制。

（五）适合于窄小场地之程序　此种程序之中，既非纯粹田径运动，又非纯粹器械或球类运动。此种程序，在设备不充足，地方极窄小之学校，最为合宜。其分队与活动轮流之方法，与他种程序同。虽然此种程序，受地方之限制每有不能十分合理之处，所采活动需占面积小而所含之人数能多者，如游戏是。动作须快速，每人所占之时间须极少者，如立定跳远及跳高是。设备宜不占地位而使用之人数可多者，如跳高架及篮球架是。此种程序之中，各种活动互相参杂，以应环境之限制。以故占场面多而所容之人数少之活动而有相当价值者，无法学习，此其弊也。

不论用何种程序，每班学生须豫成固定之队，若班上临时分队，则必有人遗漏一项未习，一项有重复两次之弊。

第五节　程序之编制

一、分析要素　例如篮球与推铅球

（一）篮球

甲、投篮　　乙、传球

丙、跳球　　丁、接球

戊、运球

(二) 推铅球

(1) 托球原地摆左腿之动作。

(2) 左腿由左侧摆至右腿后之动作。

(3) 左腿由右腿后左摆,带动右脚向左方移动之动作。

(4) 转体而不推,将球掮出之动作。

(5) 原地推球不加转体之动作。

(6) 原地推球加转体之动作。

二、依第一种教授田径运动之大纲编成自然教程　掷枪

(一) 尝试的活动　备竹竿或短棒二十余根,令各人试掷。

(二) 基本动作　掷出前五步之动作。

(1) 脚与臂之动作　右手作执枪之姿势。

甲　左脚向前一步。

乙　右脚向前一步。同时右手向后移动。

丙　左脚向前一步。右手继续向后移动。

丁　身体向右转右脚在左脚前交叉一步。

戊　左脚向左速跨一步。

(2) 掷之动作　原地作掷之动作,起于右臂后伸之姿势。

甲　挺胸与伸腿之动作。

乙　掷出之动作。

三、分队练习

按原来已分之队伍,每队用枪二三支,至规定地点,依基本动作而练习。

四、比赛

两队人数相等,用织梭之方法比赛,在人数众多时则分四队。行原地掷枪比赛。

第六节　进步之问题

所谓进步者，即由易至难之谓也，关于一年之课程，亦须依此进步之原则而排列，进步有三种方法：

一、时间长短之节制

时间长则运动量多，短则运动量少。

二、运动强烈程度之节制

在一定之时间内，运动剧烈则运动量大，反之则小。

三、动作复杂之程度

不论器械运动或球戏，动作有单纯与复杂之分，简单者列前，复杂者列后，即有进步之意味。

第二编　各论

第一章　器械运动

第一节　器械运动之范围

器械运动一项,旧时分轻器械与重器械两项。前者含哑铃、球竿、棍棒、短棒等,后者含木马、双杠、单环、吊环、跳箱、吊绳、平梯等。本节之所谓器械运动,乃专指重器械而言。然器械运动之上,并不冠以重字字样者,因所谓轻器械运动,纯是体操之变相,本不足以当器械运动之名称,且在最新之教学程序中,所谓轻器械者,已失其体育上之地位,故器械运动失去轻重之对应名词,以器械运动代重器械一名词,反觉简括而合理。又器械运动,旧名器械体操,体操二字,令人生呆板不自然等之感想,试考从前器械体操中所采之动作与方法,确名实相符。今活动尚自然,从前所有呆板动作,宜废除不用,为求其名实相符起见,故改器械体操为器械运动。

第二节　器械运动动作之分类与性质

器械运动之动作可大别为三类:(一)悬垂动作,(二)支持动作,(三)腾越动作。第一种,普通在单杠、平梯、吊环、吊绳之上行之,有伸直关节,改正姿势之功用。向之体育,注重改正之目标者,莫不奉之为惟一有益之动作。今在器械运动一项中之地位,依然不低。第二种,普通在双杠及有鞍木马上行之。若不注意姿势,足养成驼背圆肩。其效用虽在发达肩背肌肉,然足使上肢之机巧破坏,妨害他种自然活动,故在今盛倡自然活动空气之中,是类动作,失其地位。第三种动作,普通在双杠、木马、低单杠、跳箱上行之。在实用方面,能养成战场上作战之基本技能。在身体方面,属大肌肉的自然活动,培养机巧,在现今体育之程序中,占重要之地位,即在三类动作中,亦居最高之地位,中大学之室内运动程序中,宜多选此类动作。

第三节　器械运动动作之罗致与编制

器械运动之动作,千变万化,巨编厚册,亦难载尽,然按器械之部位,可大别为三种:(一)上法,即不论何种器械,均有上器械之方法,且可有各种变化,如单杠上之单挂臂上,双挂臂上,向后回圜上,蹬足上,振身上是也。此等上法,其所至之部位,皆为前正撑。若欲至后正撑,则又有他种上法,如向前回圜上,反身蹬足上是也。一种上法,可至各种部位,而一种部位,又可有各种上法,故上法一项之变化不少,双杠木马,莫不如是。(二)下法,即由器械上下落于地面之方法也。例如在单杠上前正撑之部位,可向前回圜下,可向后推下,一种部位,可有不同之下法。在器械上之部位既多,即下之方法亦无穷。(三)动作,即由一部位间,变换地位之活动也。一部位能至他部位,亦不止一种,故动作亦可变化无穷。根据此种论理之方法,动作可得数万,惟其中必有若干动作,极不自然,难免有机械之性质,教者不可不慎事选择也。

第四节　器械动作之分段教授法

器械动作,有简单与复杂之分。简单者易于学习,无容再事分析。至于复杂之动作,则一动作之中,由无数之简单动作合成,遇不能用全部法时,须分析为几许简单动作,用顺进分段法练习,例如单杠上之蹬足上,可分为四部动作:(一)斜跳,以得摆势,盖蹬足上所用之摆势并不甚大,若上杠之后,故意作摆动数次,则摆势太大,蹬足时不易,故适当之斜跳上杠之动作,实为蹬足上之重要阶段。(二)向前摆时,胸向前挺。(三)挺胸之后,随即继以举腿之动作。(四)身体向后回摆,至重心向杠下经过时蹬足。此动作最好用顺进分段法,即先学斜跳,次斜跳加挺胸,其次斜跳加挺胸,再加举腿,终则斜跳、挺胸、举腿、蹬足四者,继续全部练习。器械运动之任何难动作,均可用同法分析而学习之。

第五节　器械动作之渐进教授法

复杂之难动作,可用渐进分段法教授,已如上述。但有无数简单之动作,十分难做,而不能分析者,则不得不用渐进之教学法,即一动作分几次试练,渐渐达其极点。例如纵木马上之分腿腾越动作极简短,但需极大之胆量,极大之动力,以之教初学者,永无一跳即成之可能,故应先跳至正骑坐于马腰上,继再跳至正骑坐于颈上,终则分腿跳过马头而落于头前。又如双杠近端之向外分腿绕过双杠下一动作,虽属简短,亦甚难做,分析无从,于是不得不先练一腿向外绕过一杠之动作,使熟练之后,再行双腿向外绕过双杠之动作。器械上之动作,类于此者,为数不少大概可用此种方法教授。

第六节　教材之分配

器械运动,在旧式程序中,常列第三段,占时间不过二三十分钟。在现今之程序中,器械运动,可为一时间惟一之活动,则所占之时间为四五十分钟。则一时间动作之排列与分配,不可不注意,以免过用一部份之肌肉。据第二节所述,动作可分三类。三类所用之肌肉各有不同。悬垂动作,多用上肢之屈肌与背肌,支持动作多用上肢之伸肌及背肌,腾越之动作,多用下肢之肌肉。一时之间若用三种以上之器械,则所教之动作,勿偏于一种,致局部之肌肉过于疲劳。一时之间既用高单杠，同时勿再用吊环；既选无鞍木马上之腾越动作，勿同时再用跳箱，行他种腾越动作。在春夏两季气候和暖，能与田径运动游泳等混合列排，则此种偏用一部份肌肉之弊，更可以免除。

第七节　教材之选择

美国饶柏氏(R.G.Robrt)为彼邦体育之先进。据氏之经验，普通班(即大学生之非专门体育者)具初等技能者，占全数百分之八十，具中等技能者，占百分之十五，具高等技能者，仅百分之五。学生之对于器械运动之程度既悬殊若是，则教师行教材之选择，应顾及学生之程度，否则困难危险，必接踵而至，盖器械运动，不如柔软体操之易做也。无经验之教员，以及初毕业而新任教师者，每不知此，所选教材，类多出乎学生能力之外，于是危险立至，学生之肢体受伤，竟有致骨折者。此时教师在该校之功绩，牺牲无余，岂不可惜。故教中级及高级教材时，须知学生之力能胜任，方可令做。凡学中级高级动作者，必须学过一切初级之动作，使身体敏捷胆量发达，体力充足，方能合格。断不可勉强行之，致生意外也。

据饶柏氏之经验，教材必须简易，以适合大多数之人。氏定五种标准，可为选择之依据：(一)平安无危险；(二)容易；(三)爽快(行时不感苦痛)；(四)简短；(五)有益。初等教材，具有此五种性质，斯为完美之教材，缺其一，则属残缺之教材。

动作之选择，宜注意数点：(一)须运用大肌肉助进健康。(二)动作须有下列功用：(甲)平均发达身体各部份；(乙)养成敏捷之习惯；(丙)发达体力；(丁)养成实用之技能(如军事上之基本技能)。

第八节　教授时学生之分组

教柔软体操，数十人集于一处，同时行同样之动作，人数之多少问题，可以不理。器械运动则否,在器械之上,一短期间,只容一人练习。若人数稍多,不行分组,则一人练习,数十人之在旁等候,不但耗费光阴,且败学生兴趣。在冬寒之季,余作壁上观者,尤觉干冷乏味,甚有不良学生,因无所事,从旁作剧,扰乱秩序,益使教授失效。故遇人数众多之时,宜分组教授,则可免除此弊。据多人之经验,每组人数,以八人至十人为最宜,过此则教授上必感不便。虽然每组人数之多寡,亦可按动作之种类,与每动作所费之时间而不同。若用腾越之动作多,支持及悬垂之动作少,则每队之人数可较多,反之则宜少。又如垫上运动及活泼器械运动,则每队之人数虽在二十人左右亦不妨。此外设备充足,场地宽广,每队之人数可少,反之则不得不较多。故每队之人数与活动之种类性质及设备等有密切关系也。

最初分组可以任何方法行之,或按体高而分,或令自行结合,皆可。但分组之后,每组中当有少数优秀分子,学力较优,不数周后,技能之进步较速,若使技能不齐之人常在一组,则教授上必感困难。因动作稍难,则技能低者不能做,稍易,则技能高者不屑做,故起初分队之后,隔若干时间,必按技能之高下再分,使技能相等者,在同一组中,然后再按其技能而支配教材,则教授上可减去许多困难。

按技能之初,常有一种困难发生,即一般技能低下者,多以列于低级为耻,或自觉技能不恶,而怨教师分配之不平,致烦言啧啧,频起纷争。教师若遇类此之事发生,当向学生详细解释,使知此种分组之理由,乃使彼等多得进益,设学生洞悉此旨,决不再有困难发生。

既按技能分组之后,低组之人,常因不甘居人下而发奋练习,使技能日有进步。高组之人,亦有以技能甚高而骄惰,以致技能日退者,此类学生,教师宜注意之。常此以往,则须升降其组,一以鼓励,一以警戒,知所奋勉。能知是,则学生之技能进步无已矣。

分组考试之分数不可拘定;如八十分以上列上组,八十分以下,七十分以上列中组,七十分以下列下组;以下依次类推。因如是则学生因进步之故,所得之分数既日高,必多入上中两组,因下组人遂日趋于无,而下组因以取消,组数因之减少，岂非与分组之需要冲突。故分组不可拘泥于分数。及全体学生之技能均进步，则分组之标准宜升高，于是技能高者仍在上组，低者仍在下组也。最合宜之法，分组不依绝对的分数，而依相对之名次，按人数之多寡，分数之次第，及组数之需要，截为若干段可矣。

第九节　各组领袖之选择与养成

一班人数众多，必须分组，已如上述。然一班之中，若分成三组以上，而仅以一教授奔走于其间，不免顾此失彼，效力不大。如要求学校当局，多聘教员，势所难能。故救济之法，惟有选学生中之优秀分子，任各组领袖。虽然此种领袖之选择，实一难事，因同为学生，若所选非人，则结果毫无，不可不慎也。

理想之领袖，须有可敬之人格，统御之才能，优秀之技能，正确之姿势，教人之热忱，谦恭而进取，容纳他人之意见时，求自己之进步者，方为合格。但此种领袖，决不易得，为教师者，须择可造就之人，加以特别之训练，方能达此理想之地步。教员指定之外，尚可由同学自行选举。惟选举之前，教师宜以被选举资格之标准宣布，俾有所遵循。

领袖既选出之后，在未上课之前，宜先将教材，研究一番，于必要时，使各领袖实地练习一遍，使明其要点及教法。见有不妥之处，则从事改正。分组教授之时，见领袖有不合之处，只能记下，俟下课之后为之解释改正，不可在其教授之时插入改正，以损其威信。

第十节　实地教授之各种琐碎方法

器械运动，动作之难，非柔软体操可比。教授新动作时，教师或班上领袖，宜先示范，同时宜将动作之要点及巧妙之处，根据力学之原理说破最好。遇一动作，有不能做成者，用顺进分段法，或渐进法，或基本练习而教授。有时试数次之后，偶有一次做成，则宜再做第二次，使其脑感路纯熟。教一种极难之动作之先,令学生自始至终,将全体之动作,默想一遍得其要领,然后再试,每能一试即成,殊出意外。

器械运动,分立定与前跑两种,前者常用于单杠之悬垂动作及木马上之支持动作;后者常用之于助跃台及双杠木马之腾越动作,其跑之最后一步,须双足下地。末前一步,须有单足向前一步(左右脚均可)。此二步之总称,名曰一步跳,或双落单跳。教授前跑及腾越之动作时,此种基本步法,宜先熟练,否则跳起缺少力量。

初学器械运动者,膝常屈腿分开。欲割除此种缺点,宜令学生伸直踝关节,则膝自直,不容多加注意也。

第十一节　班上之管理

器械运动与他种运动不同,班上之秩序,宜维持良好,方能收教授效果。队伍所站地位,普通在器械之侧,面对器械。排头上器械之后,排二即至预备之地位预备。排头下器械之后并不回至原立地点,宜向排尾端前进并立于其侧方。同时其余各队员向排头端侧移一步,使全队所立之地位始终保持。初学者对于此种秩序,不能遵守,宜注意训练。

教师在课中维持秩序之工具,首推警笛,秩序紊乱之时,可重吹警笛,中止不规则之行动,然后再行训话。故教师上课之时,不可忘带警笛。

分组练习之时,经过若干时间,各组须调换器械,教师鸣笛为号。闻笛之后,每组停止活动,立行换组,不可迟缓。

器械运动之前,若无他种活动,则先令排队点名。完毕之后,即报告各组所做之活动,令各组速将器械垫子布置整齐,愈快愈妙,然后再行归队,领袖开始示范。下课之钟已打,教师立即鸣笛,停止活动。此时将器械移置原处,愈快愈妙。此后不必再行归队,行散队仪式,因以后沐浴更衣尚需若干时间也。遇课间之时间太短时,可早下课五分钟至十分,俾有充足之沐浴与更衣时间。

第十二节　危险之防护

编制教材，以学生之能力为标准，固为防范危险之要点，而做动作时临时之保护，亦为不可少之事，因危险之来，不可逆料，有教授器械运动，一生未遇危险者，有一年数遇者；教师无论危险之有无，不可少懈其防范之心，盖有备方可无患也。

防护之法，各动作不同。但有最简单之公式，学者不可不牢记，即教师所立之地位，常在头所趋之一方，因全体之重要部份莫头若也。例如作木马上之背腾越时，教师立其背后，俯腾越时，立于其胸前。分腿腾越时教师立马前，两脚前后出立，不可开立，因运动者若来势过猛，开立之部位易于撞倒也。又木马及双杠上之向前滚翻动作，最好托其颈部，且托颈之时，教师之臂宜屈，否则力量不足(参观《运动学》四十四面[甲])。在单杠上做危险之下法时，最好用皮带保护。无经验之教师，学生运动之时，自己袖手旁观，即偶行防护，亦不知何从着手。若不幸而危险发生，则慌忙乱动，非提学生之足，即抱学生之腿，终令头部跌落于地。此皆教员不知正当防护之咎也。

夫教师一方面固须防护其学生，一方面亦须知防护其自身。保护鱼跃之时，不可开立，否则阴部易伤，且有与跳者同时向后倒之虞。昔瑞典著名体育教师 Friderick Ling 氏教授单杠时，一学生跌下，堕氏之颈上，氏竟致残废，终身不能再举，体育事业，前车之鉴，不可不慎。教授器械运动颇不容易。既须勇敢，又宜谨慎，所谓胆欲大而心欲小是也。

第十三节　混合器械运动

混合器械运动者，为一大队之运动员，在两种以上之器械上所行之混合之简单而快速之动作也。寻常之器械运动，限于一种器械，混合器械运动，则至少在两种以上。寻常之器械运动动作，每长而复杂，此则十分简单。寻常之器械运动须分组,此则可大队举行,因动作快而时间省也。此类活动多属自然,兴味浓厚,作中学教材,至为合宜。其器械之混合方法,有以下列诸种:

(一) 跳高架与横(纵)木马,或横(纵)木马与跳高架。

(二) 跳箱与跳高架,或跳高架与跳箱。

(三) 助跃台与高跳箱与垫上运动。

(四) 助跃台与跳高架与跳箱。

(五) 双助跃台与双木马。

(六) 平均台与跳箱及横木马,或横木马与平均台与跳箱,或跳箱与平均台及横木马。

(七) 纵木马与跳箱上架平均台。

以上七种之外,尚可有他种混合方法。在施用此种活动之前,宜先在各器械上将基本动作学好,然后选配即成。

第十四节　器械运动考试法

考试之功用有二,一为分组之用,一为考查成绩。欲其判断公允,不得不研究方法。

考试之法,不外两种:(一)先示范,后令学生照做;(二)令学生自由选做。二者之中,前者所以试学生仿做之能力,后者所以验学生所学之多寡,前者达姿势之正确,后者重动作之难易。

教师示范时,动作宜慢而有段落。且须特别表出姿势之正确,俾学生洞悉该动作之结构与做法。盖学生对于该动作既了然于心,则做时自能免去许多错误。若教师示范不明白,致学生做时心中模糊,做之不得正确,此时照例扣分,不免失之欠公。

定器械运动之分数,常以十为标准:即上法两分,下法两分,器械上之动作六分。譬如某生上法姿势正确,则给以二分,动作间少有不合之处,给以四分。下器械时慌忙不定,或前后倾倒,给以一分,总分则为七分,按百分计,即为七十分。考试时列第一之人，每多吃亏之处，因教师示范后，彼立即照做，如偶因注意不专，或教师示范太快，以致对于该动作不甚明了时，易致错误。一方居后之人，因得历见前人之得失，遂知所取舍，做时常较他人为佳。故当全体做完之后，得许第一人重做一次，取其两次之平均数，作为分数，以资补救。

第二次做时不可令居第一名再开始先须做，当令列排尾之后，而以排头做起，以资调剂。以下诸动作人之次序，以此类推。

第二章　游戏教学法

第一节　游戏之范围

游戏原名为game，内分正式游戏(Formal Games)或球戏(Ball Games)及不正式游戏(Informal Games)。前者组织复杂，人数有定，有相当训练，始能行之；后者组织简单，可随意更改，人数无定，不论何人，一学即成。游戏之教学法，寻常与游戏之指导，混在一起，然参观欧美各国球类指导书籍，自头至尾，统讲各游戏各部份之方法，教初学者之入手方法，基本技能之教学方法。各球戏书籍中未尝备也。例如足球之向前进攻之传球法，有其方法，而无如何练习之方法。又如网球，有拦网者所立之地位，及执拍之方法，而无练习之方法。其故由于向之任球类指导者，不论中外，均缺教育家之态度，欠教育之学识，未尝顾及教学法也。故本书在不正式游戏之外，尚须讨论球戏之教学法大纲，以供实地教授时之参考。

第二节　不正式游戏之普通教学法

游戏按其性质可分数类，而各类均有特殊之教学法，容分论于后。惟各类游戏有共同之教学，即本节所讨论者也。

一、游戏在程序之中之地位

游戏在旧时三段教学法中，常居第三段。据麦克乐氏之经验，上课之前察学生精神过剩时,则可置游戏于第一段,后将学生之精力消磨若干,然后操体操时易于控制。此种经验,今已无何等价值。游戏在自然程序中,不论拘列何段,其在程序中之地位,须视程序之性质与一班中组数人数,儿童之兴趣,及场地设备等要素而异。例如一班中分三组,游戏可与器械运动或田径运动之一种,共作单元之一部份,此时游戏在一组之活动程序中居第一段,在他组则居第二段,而在另一组则居第三段。又在冬天雨雪交加之时,一班中可用一二种大团体之游戏,做全时之教材。总之教师当视环境之如何,而求适当之支配方法。

二、游戏之使用次数

吾国南方,各大乡村之间,每有十余种之乡土游戏,终年轮用,毫不厌倦,可见游戏若有真味,虽再三复习,亦无不可,不必每次更换也。从前南高体育科主任祈渥克氏曾在上海西童公学任体育教师,所教者为中学生,氏先将合于儿童胃口之游戏,逐课试教,隔若干时,令学生举手取决,凭票之多少,定儿童对一游戏好恶之程度:一方实行复习,观察儿童对于该游戏之兴味。于是将有兴味之各种游戏排列成表,教师常提出复习,俟儿童对于一游戏得有真味,则可屡做不倦矣。故游戏不必太多,而在使儿童得其中滋味。彼每次上课换新游戏者,非良好之教学法也。

三、游戏时之分队

教授无一定规则之竞争游戏,必须分队,其法不一,须视游戏之性质而异。如所教之游戏与技能无关者,则可用任何方法分之,只须人数相等耳。若所教者有技能关系,如接力跑竞走之类,则分队之方法须精确,以期各组之技能相等。最通用之方法,即分队之前,先定队数,队数定,再选队长,终由队长依次挑选队员。倘队长中技能有高低,当使技能低者先选,以资调剂。队长选人时,第一队长先选一人,第二队长选二人,再第一队长选两人,第二队长续选一人,如是轮流选择,至选完而两队人数相等为止。对于分组方法,有主张每次上课皆分者，有主张第一次分妥之后，保存各组之组织，至一月或更久之时间后再分者，二法皆可用，惟第二法则宜用之于中小学，因中小学生最喜固定隶于某组，而效忠于该组，若时时更动其组织，则其忠诚无所寄托，必因之而扫兴。第一法宜用之于大学学生及成人班，因其无成见也。惟班上常行比赛者，组宜固定，以免有人重习与遗漏之弊。

四、游戏规则之说明与问答

须分队之游戏，可先分队再讲规则。游戏之无需分队者，首先行规则之说明。说明之时，教师立全队儿童能见到之处，以双目灌注全场，令全体静听。无经验之教师，在说明之时，往往不能管理儿童，使之静听，致实行之时，问题丛生，错误百出，全场顿挫，厌倦即起，教授无效果矣。故说明之时，教授之精神须贯注，学生之注意须在听讲。有时规则太复杂，可令一二学生同时出而示范，则能使说明益形明了。有时可逐步说明，逐步示范更觉清楚。总之，各种方法，教师可随机应变，总以清楚明了为务。说明之后，不能即做，教师宜问学生有无问题或讨论，俟问答完毕，再行照做。

五、犯规时之处置

游戏之价值，首在养成守规执矩之习惯，其他生理之利益及娱乐上之价值其次焉者也。遇学生有犯规之时，教师宜立即鸣笛，停止进行，行矫正之后，再行重做，万不可将错就错，致遂犯规者之愿，养成犯规之恶习。

六、保持全班学生在活动之状态中

有经验之教师，能使游戏进行之时，全班参加活动。欲达此目的，第一点，教师宜襄助或注意能力较低之儿童，使他同时参加。无经验之教师，每专注意技能较高之儿童，使彼能力较低者袖手旁观，最不合宜。第二点，一种非全体同时活动之游戏，活动之人，宜常常调换，愈快而愈多，则愈好。

第三节　游戏之分类及其目的

游戏之分类为一大问题。阅所有游戏书籍,每著作家,各有其分类之方法。有以学校之级分者,如小学低年级(一～四),小学高年级(五～六),初中,高中,大学。此种分类方法,可使各级学校之体育教师,便于选择教材。有照排列之形式分类者,如圈形游戏,线形游戏是也。此种分类方法,根本无大意味。有照游戏之场所分者,如健身房中之游戏,教室内之游戏,家庭游戏,林中游戏,是也。此种分类,在天气变迁,地方受限制之时,便于教师在临时地点,选择合宜之游戏。有以基本之活动分者,如跑之游戏,跳之游戏,掷之游戏,举重游戏是也。本书之分类,目的在讲各类之教学法,若根据以上之各种分类方法,则必有许多游戏,属于彼类,许多属于此类,交互错纵,紊乱不堪,故欲讲游戏教学法,分类方法,亦须不同。经作者之研究,则莫如按游戏之方法分类,如替换跳(Peley Race),拍人游戏(Tag Game),竞争游戏(Combative Contest),亿脱游戏(It Game),球类预备游戏等是也。此种分类方法,目的便于讲其教学法。

一、替换跑之教学法

(一) 说明与示范　此类游戏,遇人数不多,而在室内举行时,说明规则与示范,可在分队之后。惟人多或利用外场行圈形方法(Circle Method)时,则说明规则应在分队之先,因分队之后,各队四散,无法说明也。

(二) 回转点之设置　此类游戏,用织梭方式举行者无需有回转点之设置。用狭道方法(Lane Method)举行者,则在出发线之对方,宜有回转点之设置,其方法有三种:

(甲) 用跳高架或跨栏架或绕过柱子等

此种方法,十分核实,一使学生到头回转,无从作弊。教师监视之力,亦可省去一部。在人数众多,教师能力较低之环境中,此法较为稳妥。然太嫌机械,无施用教育手段之余地,此其缺点也。

(乙) 拍墙或触其他物件

此种方法,较绕过器械一法,有多少出入之处。盖拍墙可用全掌,可用手指,前者正确,后者取巧。教师有感化之能力,可令拍墙正确,反之则易使学生取巧。故此法出入较多,而用教育手段之余地亦较多也。

(丙) 极端之地上划白线

此法较上两法出入更多,盖以过线为回转之标准,则过线之程度有多少;以触线为标准,则脚踏线亦有多少。且因地上空间无一作标准之物,在人群众多之时,易于作弊,使游戏之精神失去。教师富于经验,学生素有训练,则能令学生照规做去,十分正确。反之则弊端百出,反不如用机械之方法为愈也。虽然,此种方法,施用教育手段之机会多,教者不能因其难于应用而摈弃之。

(三) 最后一人之认识　在大群团体进行游戏之时,前进后退,全场喧噪,十分混乱。在此时间,最后一人,极难认识,评判困难。故排尾之臂,宜绕白巾或持他种物件(棍棒持铃等),以便认识。若无白巾及其他物件时,可令跑过之人蹲踞地上,以资分别。

(四) 交替之持物　普通之接力跑,多用短棍,作交替之物,以阻偷跑等事。其他如手巾棍棒等物,亦可代之。拍手等方法,有时亦可用,但学生须有训练方可,否则易失败。

(五) 队长之派定　此种游戏,最好每队派队长一人,襄助每队比赛之进行,同时又可鼓励其同队队员,努力比赛。

(六) 队员余多之处居　一种游戏,须两人以上同时出发者,如推车替换跑(Human Wheelbarrow Relay)及驱马车替换跑(Chariot Relay)等,每队必有一二人余下,此等余下之队员,亦宜使之参加,方法不拘。如驱马车跑可变为双马车跑,或单马车跑均可,要以每人均参加为原则。

二、竞争游戏之教学法

此种游戏多少带有粗暴强烈之性质,最能养成自信,进取等心。颇能矫正吾国文弱之风,作者在《体育季刊》中之"武的游戏"一栏中,一时罗列各种游戏,大概都属此种。

（一）分类及其应用　此类游戏，有个人比赛在内，非若他类尽属团体性质也。其有团体性者，可应用于大团体，属个人者只能用于小团体。若个人比赛性质之游戏，用之于大团体中，则一时之间，多数人旁观，少数人参加。

（二）分队时注意各队队员之性质　此类游戏，常有能力相差悬殊之两人相遇比赛之情形，若用淘汰比赛之方法，个人间能力之差别毫无关系也。至于团体性之游戏，两队之能力须相等，方使不致扫兴。

（三）用力之机会均等　此类游戏之属团体性者，用力之机会，固宜相等，属于个人性者，开始前用力之机会，于胜负大有出入。所谓用力机会者，即运动学上所谓肌末角之大小问题也。肌末角愈大，则用力之机会愈多，譬如两人对立之拉棍比赛，教师宜注意两人之双臂屈之程度，须完全相同，盖臂屈多者，二头肌之肌末角大，其拉之量大，臂直者相反。其他如夺棒角力(Stick Wrestle)均有此种关系。在开始之时，教师欲维持其有均等之机会，可坚执运动器具，拨至公正之部位，然后放手开始。

（四）利用此类游戏之时间　此类游戏，可列室内运动及户外运动一程序之末段，时间由五分钟至十五分。或全时长三十至五十分，纯用此种游戏亦可。前者可用一二种，后者可用二至五种，惟亦须看游戏之种类，与所用之比赛方法而异。

（五）秩序之维持　竞争游戏，宜用不正式之方法举行。但因其有粗暴之性质，班上常生散乱之情形。此种状况，教师无容忍之理。因不论何种体育功课，均不准有喧嚣粗暴之行为。班上管理，为此种游戏之重要部份。在此情形之下，教师常须监视全班，维持秩序。

（六）教授之顺序　教授之始，先提名，次排列或分队，次解释规则，次示范或表演，次待问问题，终则解释各点，然后开始活动，不可少迟。凡此种种教授之手续，举行应十分迅速。

三、拍人游戏(Tag Games)或追逃游戏(Chasing and Fleeing Games)

此类游戏之教学法，有属圆形者，如钩臂拍是也。有属散式者，如穿人拍是也。此类游戏,最忌两人追逐无已,致其他队员,作壁上之观。欲其全体参加,须令时常更换追逃之人。然换人之方法,亦须视游戏之种类而异。例如钩臂拍,换人之权,操诸逃者,穿人拍则操诸第三者(即追逃者以外之人)。故前者,教师宜令逃者多换人,后者宜令第三者常救人。有时见追者力尽,可鸣笛反追(即令追逃两人对调活动),俾原来之追者得以觅得替代之人。对于此类拍人游戏,各队员勿离太开,更换能多,不但参加者得以普遍,并能使每人保持身心愈在活动之状态,而兴味亦为之愈浓。

四、亿脱(It)游戏

此类游戏系多数人做同样之活动,而由一人为亿脱,做相对的活动而编成者也。做亿脱者所做之活动,有属猜迷者,有属寻觅者,有属抢占地位者(尚有属追赶者,则归拍人游戏一类)。此类游戏,易于少数人参加活动,而多数人作壁上观。欲全体参加,则属猜迷者宜多分为数队,使人少而易于猜中,属寻觅者藏匿之所宜简单,使易于寻到。属抢占地位者,令亿脱以外之人常保持活动,俾亿脱有抢得地盘之机会。能力薄弱之学生做亿脱时,不易达其觅得替代之目的,教员宜酌量情形,及时令他人出而替代之,否则非活动为之停顿,即为亿脱者过于疲乏。

五、球类预备游戏之教学法

球类预备游戏亦按球类而分类,而教学法亦依种类而不同。

(一) 篮球之预备游戏

是类游戏可按篮球之技术而分,有专用传球与接球而编成者如角球(Corner Ball)及底线球(End Ball)是也。有用运球编成者,如运球替换跑是也。此类游戏,均按技术之要素而编成,而其方式则有种种,有用替换方式者,有用篮球方式者,有取追拍或躲避方式者。故教学法亦随方式而不同。

(甲) 篮球方式之游戏

角球及底线球,即属此类。此类游戏,照原来之编制,只有传接两种技术,而无抢球之活动。因其无抢球之活动，故兴味之程度较少。故欲增加活动之种类、兴味之浓度，两队各添一抢球员。

（乙）替换方式之游戏

其评判方法，以及末一人之特别表出等，与替换赛跑同，惟两人替换之时，当然以球为传递之物，传球之交替距离，不可太远，最好划有传追之界限。此种方式之游戏，可用传球及接球编成，亦可用掷篮，或运球向后及向左右转体等活动要素编成。各活动要素宜行之正确，藉以培养篮球技能。每队人数勿太多，多则多分几队。

（丙）追拍式之游戏

除追拍者外，队之排列形式，不论圆形散居，各人间之距离宜小，否则追拍者奔跑不及，疲于奔命，兴味因之减少。若各人靠近，易于拍到，人之调换遂多，每人皆得行相等之活动。每组人数不可太多，遇班大之时，可多备一二球，多分数队行之。

（丁）躲避式之游戏

躲避式与追拍式不同，后者互相传球，由追者拍之，传球者为被动，故欲游戏进行活跃，追者须不停追拍。前者互相传球，掷躲避之人，传球者为主动，欲游戏进行活跃，须传接迅速。普通用圆形，圈不可太小，否则躲避不及。

篮球预传游戏之编制　篮球活动要素，可分传球，接球，运球，掷篮，由左右向后转身等，而传球与投篮又有各种式样，故按上述各种游戏方式，可有不少之游戏编成，唯一游戏之中可含一种要素，亦可含多种要素者，前者宜居前，后者宜居后，此为进步之方法。

（二）足球之预备游戏

（甲）编制方法

（1）分析要素　足球除跑之基本活动外，有递球，运球，射门，踢角球，停球，顶球，抢球等。编制之时，将简单而最基本之要素居前，复杂而难之要素居后，用一种或两种之要素者居前，用多种之要素者居后。

（2）游戏方式　足球预备游戏所能采用者，大概为替换式，织梭式，个人对抗式(如竞争游戏中所用者),团体对抗式(如团体足球是)。此等方式之中,团体对抗式,与足球本身之方式相似,宜列于后。

(三)棒球之预备游戏

棒球之规则,最为复杂,故该类之预备游戏,可分技术之预备及规则之预备两种:

(甲)预备技术之游戏之编制方法

(1)分析要素　棒球游戏之要素,虽不过分打球,掷球,低手发球,高手发球,然此球戏之技术,须十分正确,非他种游戏可比,故打球有中否,发球有正否,掷球更有正确远近及迟速等问题,故评定胜负之标准,可以时间,亦可以正确之程度(如靶子球及球打出之方向至场中之何部等),变化亦属不少。

(2)游戏方式　以速度为决胜负标准可用织梭方式。如以正确之程度为决胜负标准,则用团体比赛方法及个人淘汰比赛方法。此外更可用二垒三垒等方法,练习该球技术。

(乙)预备规则之游戏之编制方法

此种方法,用之于棒球之基本技能尚未熟悉之时。球用足球替代,而用脚踢以代打,又可用棍棒(如 pin ball)以代垒。有时更可用篮球以代棒球,以棒打出,其他跑之规则,悉如垒球或棒球。

第四节　球戏教学法大纲

向之教教学法者,每以为球戏之教学法,在球戏之指导(The Coaching of Ball Games)一学程中教授,实未明所谓球戏指导一项,仅包括各种球戏之各种技术与其方法而已,并非教学法也。球戏指导中所讨论者,为传球接球运球及掷篮等之技术问题,攻守问题等等,而教学法所讨论者,为先学基本技能乎?抑开始即行比赛,而发达基本技能于比赛中乎?抑先讲规则而后行比赛乎?抑先行比赛,遇应用规则随时讲解乎?小之技能之教学,大之对于活动之态度之学习,均在教学法范围之内所宜讨论,故教学法之范围,根本与球戏指导不同,为效率提高起见，教学法有研究之必要。

一、球戏之教学顺序

教球戏之时，先教基本技能，抑先分队比赛，发达基本技能于比赛之中，是一极大问题，依论理的顺序说，先当学好基本技能，然后再行比赛，犹之学读法，先学读字母，然后习辞句。其缺点在学习基本技能之时，学生无自觉的兴趣，往往不愿练习，违悖学生心理，故论理之顺序，决难适用。

其次则为心理之顺序，即开始之时即分队玩球，于不知不觉之间，学得其基本技能，此法固合乎学生心理，然若一群学生从未习过某种球戏，即行分队比赛，对于学生之精神消遣及操练身体，固属有益，对于球艺本身，则进步决难迅速。故心理之顺序，亦非全无缺点。

据作者之意见，初学一种球戏，在若干时间内先习预备游戏，学习基本技能，同时从此游戏之中，精神上得相当之娱乐，有论理与心理两顺序之利，而无两者之弊。惟此种方法，对于学生一要素，微有问题；即高中或大学学生，对于小游戏之兴味，已属无多，预备游戏或亦不适于其口味。如是则视学生之意向而定，如学生之意向在消遣，如其意向在技术之进步，训练优良球队，则可兼用论理的顺序。

二、活动之切实际

不论行基本练习，或用预备游戏以练基本技能，其所练之要素，须直接可应用于实际球戏，否则所练者一事；而球戏中所应用者又一事，耗费光阴，固属可惜，甚或养成不良之习惯，更失练习之本意，故指导员须注意预备游戏中或基本练习中动作之模样，最好造成实际球戏中之环境，使练习者，益切实用，例如投篮，对方有人防守时之掷篮，与无人防守时之掷篮，根本不同，前者切实际，后者则否。他如篮球中之向后转身，足球中之向前盘球，有人在对方作防止之活动最好。篮球员每有以弛缓之态度，机械之方法投篮，初未尝想及实际情状，则其练习亦属徒然。

三、基本练习之重要

基本练习者，取球戏中一二未熟练或未精确之要素，专事练习之谓也。欲球艺进步，基本练习绝对不能省，如足球之前进传球方法，网球之短击，飞击，煞球和抽球等，垒球之打球，接球，发球等，莫不需专门练习，球艺方有进步。数年前麦克乐氏称美国某有名网球队，每次练习时间，过半费之于基本练习，只有一小部份之时间，费之于比赛，盖网球中之制胜技术，比较难精，平常玩时，可与以练习制胜技术之机会极少，故基本练习为必需之要项。虽然练习一事，并非能使技术及机巧一定达圆满之境者，因实习能养成习惯，而习惯非定代表机巧也。吾人每日步行踏车，已成习惯，不加思索，然与人竞走赛车，未见其达完善之境也。故练习欲达完美之境，只在某种情形之下为然，即练习时注意姿势方法始有效，否则虽成习惯，而非机巧也。

四、球戏学习之原则

学习得效果之原则已在第一章中详述，本节只举学习球戏之主要事实于下：

（一）练习时间之长短，有合式与否之分别，通常简单之球戏机巧(如篮球之掷篮运球。棒球之发球打球)。每节练习时间以二十分钟为度。继续练习，超过此时间，则徒费光阴而无效果。

（二）新学之技术，初练之时，每日可行两次，至后则每日一次，至最后之时期，则两三天练习一次已足。

（三）学习复杂之机巧，能行正当分析，分成各种要素而练习之，较为有效。惟每一部份须真为球戏之一部份，则学习更有效。须分段学习之项目，基本练习之后，须以实际之球戏练习补足之，以期与基本练习联络。

（四）练习时，运动员情绪兴起，影响练习之效果至巨，人在烦恼，不快，不舒，厌恶、急遽，惧怒，等情绪之中足使练习之效率减低。反之，在相反情形之下，则效率增进。

（五）一种机巧之学成速率，随同时所学习之他种机巧数目而变。中学校学生，平均在两足球季之中，不能学习三或四种之阵势，而每阵势之中，至多不得过两三种之玩法，否则每玩法之中，不能达最高之效力，大学生能学二十种左右之玩法，尚不致超过其学习之能量。不论篮球足球，复杂之阵势，中学生难于学成，故中学生宜用简单阵势，而阵势之数亦宜少。

（六）学习之速率，视教授之方法而不同。换言之，即视学者所表之心理种类而不同。个人间之差别，须指导员试验而察出之。

（七）学习之为方法，须费时间。费一日或二日之不绝之复习，仍是无效速成亦是费时之方法。练习之次数愈多，则每次单位时间内之效果愈多。

五、球戏教学中之四种认识

练习任何种球戏，指导员固在先知先觉之地位，作球员之先导，而球员亦须时在觉醒之地位，熟悉学习中之要件，兹就其重要者四种列举于下：

（一）所达目的之认识　每次练习之中，必有所达之特殊目标，此种目标之认识，有助于练习之进步。一练习时间内，球员若知所欲得之机巧所达之程度，一种机巧，球员若知其与得锦标之关系，则其练习也，具巨大之努力，较之茫无目的者远矣。故教师在每次练习之时间，以本次练习之目标告球员。

（二）分数或成绩之认识　一球员若不但知其成就到何种程度，并知其向上进步达某种程度之确实速度，则其练习也愈加努力。据实验之结果，一球员在练习之进程中，知其分数或成绩，则其成就也，比不知其成绩或分数时超过百分之八十。在练习棒球时，指导员宜有一人为之记各球员各练习比赛中之分数，并总计其打之平均数，场中工作之平均数，及其错误等，不时报告球员。在篮球训练期中，指导员须记载，每到场球员所掷之球。记载之方法，可分三项：（甲）进篮之数目，（乙）失误之数目，（丙）过大失误之数目，同时又注出三项在近篮六种区域中之数目，例如数目①②③均代表掷远球。①数代表以罚球线之左方一区内掷者，②代表从罚球线附近之一区内掷者，③代表从罚球线之右方一区内掷者，数目④⑤⑥均代表掷近球，④表篮之左，⑤表篮之附近，⑥表篮之右。如下表即可以表显三人在规律练习之统计：

球员	掷之结果	投球之区域与数目					
		①	②	③	④	⑤	⑥
张某	进篮数	13	24	3	7	36	1
	失　误	5	8	11	6	13	9
	大失误	7	0	4	1	0	4
陈某	进篮数	6	12	5	14	47	18
	失　误	3	15	7	4	4	7
	大失误	1	9	0	0	0	1
李某	进篮数	2	5	18	6	31	19
	失　误	5	8	3	3	0	7
	大失误	4	2	0	1	0	0

学者细阅上表，可以知其各人不同之点。此种异点，寻常练习时，不能表出，因此之故，一人之进步与技能之详细统计之结果，所以对于球员本身之动机，及指导员之施特别指导，助其成功，造成人材，大有价值也。

照表上之结果，张某从场之左方掷球，比右方正确，尤以立篮之前方为然。反之，李某从右方掷篮比左方正确。陈某则远掷时，各方皆有弱点，惟靠近篮之右旁，则掷得尚好。

照此种结果，若使张某为右锋，李某为左锋，同成大错误，同时令陈某为奔跑后卫（Runing Guard）而行远射，其为错误也同，陈最好为随从掷篮之人（Follow up Man），其接板上射下之球，立罚球线之内而行掷篮，尤为稳当。

若纸有余地，可继行三人每日之掷篮记录。陈某之成绩，日高日低，游移不定，则知其为不稳定之球员，但指导员对他之印象，对于成绩优良之日，较劣日为深，故对陈某极好之感想；反之张某比较稳定，对球队极有帮助，惟因其成绩平平，不如陈某印象之好，指导员易常令陈某代其地位，终致错误，此凭平日之印象之所以不可靠也。绝对可靠之选人方法（为地位而择人），莫如凭统计之材料。惟此种材料，非得之于比赛之中，乃得之于平时，因不论何时，拾球掷篮，皆足以表现其掷篮习惯也。

在棒球戏中，莫如记载发球之正确程度，发球员每日所发之偏垒右边之球数，偏垒左边之球数，太高或太低之球数。数日之记载得后，指导员能从统计之方法，证明其习犯之一种特别错误。在打球方面，关于打而不中及打中亦可记载。例如打太高之不中数，打太低之不中数、出界(Foul ball)球之高球数，出界球之低球数，打而太短之数，打而太长之数。看一月之记载，即可以知打球者普通错误之确切性质。

（三）错误之认识　指导员之重要责任，为察出球员所犯之错误。一种精细之技术，继续练习，结果加增错误，而指导员忽略视之，为最不幸事。细微错误之点，如在执棒之部位，脚立之部位，执球之部位，掷篮之时以及发棒球时之臂挛缩等，非经指导员之特别注意，不能察出。一种技术之进步，不但欲知其所当为，并须知其不当为之点。错误认识之后，能继续注意之，可以使学习之进步增速。

（四）学习之材料何时应用之认识　重要之材料学熟较快，而忘却较慢，非重要者则反之。运动之知识与机巧，若使之变为重要，则学成较快。所学材料，若知其应用之时间与境地，则一种求进步之动机可以引起。学习愈有效果。

第三章　田径运动教学法

体育教学法一学科，向专讨论体操与器械运动之教学法，对于田径运动教学法一项，划入运动指导范围之内，研究教学法者，置之度外，向抱不闻不问之态度，遂致运动指导之研究，尽托诸运动指导员之手。终因所谓运动指导员者类多无教育之目光，无心理学之基础，专讲技术，忽略理论，对于初学者之教授，时间精力之经济等之不加注意，遂致田径运动教学法一项，常留洪荒时代。各国之无田径运动教学法书籍出版，其明证也。今者体育之方针趋普及，教学之方法重初学，学校功课，日益繁重，教授运动，不能不讲最经济之时间与精力达最高之成绩与效果之方法，田径运动教学法之不可缺也明矣。

第一节　分段学习与全部学习

从心理方面而论，田径运动为无数之感应结相合而成，其含结之多，远过于器械运动及球戏。初学之时，即专行全部之学习，恐如操舟于汪洋之中，一无把握，势非用分段教学法不可。然一项运动，分成数段，每段之间，学者不明其来由，决难知其学习之目的。故行分段学习之初，须使学者明了分段之来源，知分段学习之目的。最好之方法：能行全部学习之项目，如推铅球，先行全部学习，然后见某段有缺点，则专行分段学习。不能行全部学习之项目，如撑竿跳高标枪之类，则不得先行分段学习，然后行全部学习。因撑竿跳高之跳法，标枪之掷法，非立刻所能学成，习撑竿跳高而不能跳，练掷标枪而不能掷，根本又无行全部学习之机会，故不得不先将跳与掷之动作，先行分段学习，及学成之后，再行全部学习，然后分段与全部相辅而行。大概一时之间，一部份须行分段学习，一部份须行全部学习。若对某一段向有缺点者，即在全部学习之时，亦宜注意该段之改正，昔东大体育教授麦克乐氏常评中国学生好以运动为娱乐，不愿注意细微之点，使技术达完美之境，分段学习为中国学生所不愿为，实为中国学生之特殊心理。东北大学运动指导步起氏对中国运动员亦有同种批评，故运动指导员须特别注意。

第二节　诊断缺点

一、观察

（一）观察之方向　观察之方向，各项目不同，而一项目中，又随各段各姿势而不同。大概观察运动之身体动作，视线之方向与运动之方向成直角，则易于清楚。例如欲知百米或八百米跑时，脚之下地及离地姿势，须从跑者之侧方观察，撑竿跳高之前跑是否成一直线，则从跑者之后方观察，因跑成曲线之时，身体必向左右移动也。观察静止之身体，视线与观察之面亦成直角，例如观察起跑之姿势，若注意两臂之宽度，则从前方看；若注意前后腿之角度，臂之高度，则从侧方看，因此等姿势在与视线成直角之平面上也。

（二）观察者所立之地位　各视线所合成之体积，为圆锥体。运动物体距眼球愈近，则在视网膜上经过之速度愈大，且因残像之剩留关系，观察不能清楚，例如在火车之上，俯瞰轨旁石子，只见无数之线与路轨平行，石子不能看清。反之运动之物体距眼球愈远，则物体经网膜之速度愈小，例如在火车上远眺，树木离火车愈远，则见其移动愈慢，而树木易于认清。在火车上，人体是运动，物体是静止，而物体之远近与观察之清楚模糊，其关系有如是者。观察赛跑员时，观察者静止，跑者是运动，与在火车上之观物同理，故欲知跑之式样如何，宜从十米至二十米之距离观察，太近则跑者从眼前快速经过，姿势难于认清。欲知四百米跑之姿势，则宜立距跑道二十米之处。而跑者宜在跑道之曲段上跑，因跑道系曲线，观者只须旋其身体而凝视之可矣。撑竿跳高一项，欲观其起跳摆动，引体，转体，倒立，撒手等整个连续动作，据作者之经验，须从二十米以外观察，方能一目了然。

（三）观察之事项　观察事项，为各项运动之要点，例如推铅球掷铁饼之挺胸动作，起跑时臀之高度，后腿之姿势，头之姿势与视线等，皆为观察之事项。总之凡分段学习之事项，皆可为观察之对象。因观察之对象，呈有方向地位之性质，故观察之方向与地位，须特别讲究。

二、听察

诊断缺点，在观察之外，尚可用听察，例如跳高蹬地之声，跳远踏板之声，均可用听觉察其轻重，以知其用力之大小。蹬地之声不大，可令学生特别注意蹬地之动作。反之如百米二百米跑，脚之动作合式者，脚下地之声极小。刘长春跑四百米二百米时，脚声极低。跑式不对者蹬地之声，几能震耳。脚步声音之大小，大可作判断跑式合否之标准。

三、测验

此项方法，所以辅助观察之不足，而由成绩方面以诊断其一部份之动作得力与否也。例如推铅球，欲知其前进动作之有效与否，须测立定推球之成绩，与行前进之动作而推之成绩比较，若两者成绩相差无几，则前进之动作，未生效果，于是再细察其前进之动作之缺点而矫正之。其他如标枪铁饼链球等田赛项目，皆可用同种方法诊断。

四、摄影

田径运动含无数快速之动作，指导员虽目光锐敏，有时亦不能步步看清。最精确之法，莫如利用摄影，以活动影片之照相为尤佳。

五、丈量与计时

丈量方法，常应用于田赛项目，径赛项目亦可用之。百米跑时之步长，跳栏栏前后步伐之大小，与跑之速度及姿势极有关系。速度之不足，或因步长之不足。步之长短，固与体高为正比例，然从理论方面讨论，一人步长不足，若能微增步长，而每步之速度保持原状，即能使成绩进步。故指导员宜丈量跑者之步长，与其体高之比例大小若何，若比例太小，宜改变式样，增加步长。田赛项目，赖丈量之方法，知其客观方面之成绩，亦可从之推知其主观方面动作之合式与否。丈量方法之用于此方面者，固甚普遍。虽然，丈量方法，亦有用之于他方面者，如三级跳远之第一第二步之长短（第一步不可太大），撑竿跳高起跳点与跳穴之距离等，与姿势速度跳力等有关系，若丈量之，易于诊得其缺点。

计时诊断方法之应用于径赛者，如量长距离（万米），中距离，头数圈跑之时间，末数圈跑之时间是也。每圈之时间，宜有一定，往往因第一二圈跑太快，而以后之速度减慢反致全体成绩退缩者，以故指导员宜测定其每圈最适宜之时间，过慢或过快者，均宜改正之。用计时以诊断缺点之方法，在径赛中极普通。在田赛中有时亦可利用之，例如跳远时，所跑四十余米之时间，有时太长，速度不足，亦有因速度太大，跳之动作不能充分施力者。太快或太慢，宜以时间为标准，不可专凭观察臆测等方面武断之。

第三节　矫正之方法

矫正之工作，居诊断之后，最难。从心理学方面言之，即解脱从前不适当之感应结，再造成适当之新结是也。使结而为单纯者，则解脱及造成，并非难事。然欲同时解脱一群多数之结，再同时又欲造成若干之新结，则终难成功。故欲行矫正，先事分析，使结由繁而至简，俾学者知错误之所在，行简短部份之矫正，如跳高之蹬地，转身，膝伸直等。矫正之步骤：

（一）指出缺点　即将一部份姿势不合之处，一一说明，继能将力学上之关系，比较说明最好，譬如跳高蹬地之脚，方向不与跑之方向平行（缺点），宜将脚之位置与杠杆之关系说明。踢腿屈缩（缺点），宜将圆运动之理说明。

（二）示范　此含两方面：(1)指导员先将学生之错误之处，模仿而表出之。盖学生犯错误，往往不自知，知过方能改，为一定之顺序，指导员将错误表出，为改正时手续之一。(2)指导员随即表演正当之式样，使学生有所遵循。

（三）阅图　教授运动时指导员应将当时教授之项目所有之照片书籍挂图等，带至场上，必要时令学生参观，作改正之参考。

（四）矫正练习，即练习而同时行矫正也，其法有两种：(1)基本练习，例如跳远中之臂之动作，可用立定跳远之方法练习之，掷铁饼之旋转，可用徒手练习之。(2)实地练习，例如欲矫正跳远中之臂之动作，照常用寻常跳远之方法，跳时特别注意臂之动作。此两种练习，基本居先，实地居后。惟有时实地练习，不能矫正缺点时，则可复行基本练习。

第四节　教初学者及团体之方法

初中初年级或小学高年级之学生，从未学过田径运动，欲行第一步之教授，最好用作者所定之自然顺序：(1)尝试活动；(2)基本练习；(3)实地练习；(4)团体比赛。惟在(1)(3)两项，设备须极充足，因田径运动为个人项目，非若球戏，一球可供十人以上之使用也。设备不足时，可以他重物件替代，譬如标枪之教学，尝试活动之中，枪可代以竹竿，铁球可代以石块，此等物件虽不若真器具之佳，然确较一人运动，多数人从旁作壁上观之教法为愈也。

田径运动为个人项目，除指摘个人特别错误外，行普通之指导时，宜向全体说明，使人人在注意之中。初习教学者，每向一人或少数人说明，大多数未起注意，学生往往自由活动，纷扰以起，秩序大乱，失败随之，不可不慎。又说明以简单扼要为主，教学以多做活动为是，若多半时间费诸讲演，其流弊与向少数学生说明同。

教师一人，教数十学生，欲每人多做活动，宜分成若干小队，其队数以设备为标准，每队以七八人为率，跳之项目可微多，掷之项目宜较少，每队所注意事项，在开始时说明宜简单。遇学生精神涣散，分队之后，恐漫无纪律，可不必分队，用大队器械运动之方法，取圆形环循之方式，排列各运动项目之地点。例如全队先跳高，次推铅球，次跳过一栏，终即再跳高，三项之地点均在一圆圈上，循环行之，因各人之后，有等候之人，不可延误，故动作可快，而兴味浓厚。惟此类练习，以分析之基本活动为佳，例如跳高之转身，立定推铅球，跳单栏是也。当时尤宜注意者，动作勿因快而失去正确之姿势，养成不良之习惯。

有时学生之精力过剩，行分队练习，不易管理，在田径运动之班上最易处理。教师遇有学生精力过剩之发觉，可领全体跑四百米，令稍呈倦容，然后行数分钟之方法说明及问答，学生自能倾耳而听，秩序井然。盖学生之到运动场，趋向在运动，听讲非其目的，故先动后讲，为合心理之教学法。

第五节　起跑之教学

起跑一端，虽较简单，然跑之活动，并非简短。由站好之部位起至出发后跑三十米之内皆在起跑范围以内。故起跑之教学法可分为出发前后两段而讲之。

一、出发前蹲踞预备部份之教学

此段不甚复杂，反较静止。主要之点，在前脚离手撑地之点之距离，后脚所立之穴与前穴之距离，两穴左右之距离，及预备时身体之姿势等耳。在学生人数众多时，可用体操分队之方法，在平地上教授。至部位姿势均正确时，始在跑道端练习。此时指导员可行个别之矫正。首先注意者为两穴之距离，两穴之倾斜面，是否合式。其次对于臀部之高低，前大小腿间之角度，后大小腿间之角度，头向前看之姿势，臂向前之倾斜度，及前脚离起跑线之距离等，须从侧方观察。对于两手间之距离，须从前方观察。后脚跟之下落与否，须从后方观察。在预备之姿势中，身体之重量支持在两手及前脚，宜十分稳定，以免前倾。教者可用手轻推其身体，以试探其稳定之程度。若跑道可容六路，则练习起跑时，亦可有六人同时举行，以节省时间。

二、出发至出发后一段之教学

此段性质属动，教学较难。出发时所宜注意者，为用力之腿，乃前腿而非后腿。其次两臂之摆动，宜用全力，又次则后腿跨出之第一步，须快而短。第一步之短小之教学，最难，无经验之指导员，往往口说宜短而已，不知第一步短小之关键，一在前穴之倾斜度，盖倾斜愈多，第一步之步伐能愈短，前穴之宜陡也以此。二在后腿前跨之动作，专以大腿行伸臀之作用，小腿与地面所成之角度，毫不改变，换言之，即膝丝毫不行伸之动作也。教者可先验查前穴后壁之倾斜，有无不合之处，设法改良之。穴改良之后，见第一步依然长大，则可教以小腿放松，专以膝前举及伸臂之动作，此动作若能做之正确，第一步自能缩小。第一步宜小，第二步微行放大，至三十米以后，步伐至最长之程度。起跑之前数步，步伐固宜短，而每步之速度则宜十分迅速。教者可用听察之法察出之。

起跑时之动作分“站好”“预备”“放枪”三节。初学者往往在令预备之时，脚已跨出，此种慌忙之恶习，教者宜注意改正之，盖预备与放枪之时间，至少有两秒钟之久，始有充足准备之时间，其次，宜注意养成稳撑听枪之习惯。训练之时，教师可立起跑者之后，用警笛或他种可作高声之物件以代起跑枪。

第六节　达终点姿势之教学

达终点之方法共有三种，即跳跃法，举臂直冲法和挺胸直冲法是也。三者之中，以挺胸直冲法为最合理而最有效率。教者可按吴著《运动学》上所举之理由先向学生说明，后以跳高架置起跑点三十至四十米之前，上架以线，令学生一一向线前冲而练习。最宜注意者，为挺胸时同时转体动作之方向，须与前面之脚在同一方向。即右脚在前，则身体向右转，左脚在前则向左转。非然者，则身体失自然之姿势，而平均之势亦破。此种用跳高架练习之方法，每次至多两人，否则教者虽立跳高架之侧，无从同时看出各人之缺点。

第七节　短距离之教学

短距离跑包括五十米一百米二百米三项。欲三项成绩之进步，首要之条件为速度之增大。然欲速度之大，并非用力加速所能济事，盖有时用力加快，至八十米后，往往竟至无力可用之地步者有之，故短距离欲速度进步，宜从每步之效率方面改进。欲每步之效率大，脚与腿之动作，须有向后把地拉地之作用，使其力完全用之于推身体前进。欲学者熟悉此种动作，宜先率领学生到跑道上练习，注意脚向后把地及小腿后振之动作。快跑之时，欲知其跑法之合法与否，可由听察之方法而知。盖此种跑法合法者每步着地之声，十分轻微，刹刹之声，速如连珠。跑之不合法者，蹬地之声，竟能震耳。听察之外，亦能用视察之方法而知，盖此种跑法合法者，从其后方观察，两脚不绝把地，几无两脚同时提起之时间。跑之不合法者腿有上提之动作，犹舂米槌柄之上提然。

短距离跑之速度最快，人体从眼前经过之速度亦快，欲观察跑之全体动作，须立二十米外，方得清楚。此外欲知身体有无摇摆之动作，须从后方观察，欲知跑之脚步是否有规律，可看脚迹之排列，欲知跳之动作之有无，可在起跑线后置一跳高架，从竹竿之上看跑者之头顶。若跑时带有跳之动作，则头时在竿之上下有升降之动作。专习短跑者，每星期练习之程序，须有一定，指导员须预为编定。此程序之中，所练技术，须各项完备。有练速度者，有练长力（跑短亦须有相当之耐劳力）者，有练弹力者，不可偏废。

第八节　四百米之教学

四百米跑既不能称短距离，又不能称中距离，实为一特殊之项目，当以特殊之方法教练之。其应注意之点分列于下：

一、考查其能力与技术

四百米跑既介乎中短两距离之间,故成绩之优良者,有属善短距离者,有属善中距离者,指导员在实行指导之前,宜详细考查之。

二、因才而施教

性近短距离者,宜以短距离之程序(参考吴著《田径运动》书二十九—三十四面)训练,惟须注意耐劳力之训练。因四百米跑,往往在最后五十米,觉疲乏不堪者,按运动生理而讲,此时系在第二次气力之前,德人呼之谓死点(Toter Punkt),呼吸觉不舒畅。对于耐劳方面,善短跑者,尤宜注意训练。至于性近中距离者,耐劳力必较善短距离者为丰富,速度方面或嫌太小。盖最近四百米之世界纪录,已达四十六秒正,平均每百米之速度为十一秒五,一队员无相当之速度者,决难成功。故性近中距离跑家者,可用中距离之训练程序练习,但每星期须照短距离之程序练习两次。

三、姿势之注意

四百米跑既须速度,兼须耐劳,指导员平时须注意训练队员放松步长之习惯,尤其在步伐加快之时,步长不但不可缩小,且须放长。欲队员有此种习惯,可特令跑百米,嘱其在五十米后用力加速,然后量其每步之长度,与三十米至五十米内之步长比较,于是可以知加快时步长之情形。

关于缺点之诊察与改正,可用短距离同样方法,本节不赘述。

第九节　中距离之教学

中距离包括八百米一千米及一千五百米等项目,其跑式与练习方法,与短距离及四百米不同。可就两端而论:

一、姿势之教学

中距离跑之姿势,绝对用摆动式。初学者尤其吾国之中学生,对于摆动式之观念,决不清楚。初次学习时,指导员先令全体学生到跑道上慢跑一圈,己在跑道内追随一圈,注意其各种错误之点。于是再令齐集场中,首将普通所犯之缺点,一一指出,然后将(1) 身体转动之动作,(2) 重心之下降理由,(3) 大小腿向后能动之动作,(4) 膝前举,大腿前之肌肉放松之动作,(5) 脚落地以脚之外边着地,即行伸踝关节之动作,(6) 大小臂间之角度与臂摆动之动作,身体倾斜之度数等要点,一一说明,再行简短之问答,然后令一部份(三分之一)学生再到跑道上跑。已则同其余学生立跑道内二米之处,参观跑者之姿势,教者同时指出各人之缺点,向参观者报告。第一组跑完之后,向全体批评各人之缺点,完毕之后,再令第二组同法续跑,以同法指出缺点,向其余之人报告。第二组完毕,第三组续跑,完毕之后,遇有需共行基本练习之处,则可用体操之队伍排列,练基本动作。如膝之前举动作,转体动作,大小腿后振之动作等,寻常不易一时学成,宜行基本练习。至于脚之推地动作,大小腿向后摆动,经过与躯体成一直线之部位等姿势,非在跑道上奔跑中练习不可。教者宜立跑道内离二十米之处观察,审其缺点之所在,以行特殊矫正。

二、训练之注意点

中距离之速度,如以一千五百米为例,世界成绩为三分五十一秒二,平均每百米为十五秒半。与一百米之世界成绩比较,相差有五秒二之多,一中距离跑员第一须有每百米能跑十二秒之速度,第二在一千五百米距离中,何时须跑每百米十二秒之速度,何时须十六秒之速度,宜随机应变;第三跑者须有速度之感觉,即快跑时须知此系每百米十三秒或十二秒之速度,慢跑时须知此系十六秒或十七秒之速度。盖中距离有相当之速度,一心用力前跑之不暇,万不能如跑万米然,得持表以量时间,速度之感觉,须注意养成。否则人快我亦快,人慢我亦慢,胸中毫无成竹,人之快或慢,焉知非含恶意,而有策略存乎其间乎。故中距离之训练，宜有特别方法。

(一) 速度之变化

训练中距离之跑法，可依速度快慢之相间而有种种跑法。(1)快速跑，即用极大之速度跑也，距离普通较短如一百米二百米等；(2)升速跑，即由慢而渐渐加速之意，例如跑一千六百米可用600米+400米+300米+200米+100米=1 600之公式而跑，即过六百米之后，用四百米之速度跑，过四百米，则用三百米之速度跑，余类推，最后则用百米之速度；(3)变速跑，即时快时慢之意，盖实地比赛时，有追随他人之时间，有冲出他人之时间，亦有维持较缓速度之时间，平日须有随意控制之能力，全赖练习变速跑以养成之；(4)慢跑，主要为训练耐劳力，其距离为所练之距离之二倍或二倍半，例如练一千五百米者，慢跑之距离宜为三千米或四千米是也；(5)学习跑，即注意跑之式样及身体各部之姿势之跑法也。中距离每时期以练三次为度，此五种跑法须包含二三种外，尚须间加以起跑及达终点姿势之练习。

(二) 速度感觉之养成

关于此点，指导员须从旁襄助，先在跑首上划各种距离记号，跑升速跑时，指导员须记各段之速度。经数星期之练习与测量，跑者对于速度自有相当之感觉。

三、策略之教学

中距离非短距离可比，一跑员具有实力，又须有相当之策略，方能取胜。策略在起跑时即须注意，出发之后，宜抢得良好地点，以后得有机会，即向领头之人靠近，节省力量，至将近终点时，用力急冲，及他人设法还追，已达终点，不致追及。有时觉领头者，亦跑太慢，可向前冲出若干距离，继续维持相当之速度。及他人还追，距离太远，已无力量。训练之时，可选两种队员，其一为善跑者，其二为富耐劳者与之同跑，至善短跑者向前冲出时能不为所诱惑，到终点前之急冲能不为有耐劳力者所追及，则策略之学习到家矣。

第十节 接力跑之教学

接力跑之成败，一部份决于各队员跑之速度，一部份决于接棒之得法与否。跑之速度之教学已在上数节叙明，本节所讲者专为接棒之方法。

在世界运动会中，接力跑之项目，只有两种：(1) 为 4×100 米；(2) 为 4×400 米。距离愈短，接棒之关系愈大。在比赛之前，四人若从未一起跑过，须努力学习。

普通所用之接棒方法，多以左手递棒，右手接棒。右手接到之后，即移执于左手中。最初教学之时，先在百米直道上，在起跑线前三十米之处划一横线，在五十米之处亦划一横线，两线之间，作为接棒区域，然后令一组或两组(每组两人)试接，递者从起跑线出发，接者从三十米横线内等候，俟递棒者离线三四米(正式快跑时应为五六米，在试跑时应较短)时，即向前出发，同时右臂后伸，以便接棒。棒接到之后，移交左手。此接棒中所应注意者，为接棒之中，两人同向前跑，不可丝毫停顿，递传之地点，在十七八米之处，太迟恐出接棒区而犯规，太早则停顿而速度减慢。

各队员试过一二次之后，可令递接两人对调地位，各人以同法学习不同之技术。此后令递棒者尽力快跑，接棒必觉其出发太迟，于是再试，至递棒者达四五米时即出发。若犹觉太迟或太早，则复可将此距离从事伸缩，至得合宜之距离而止。此后每星期，四人应在圆形跑道上正式练习一次，各人之次序，须从此确定。练习之时，最好有两队同跑，使练习时之环境与比赛时相似。

第十一节 跳栏之教学

一、最初之学习法

跳栏一项运动，为跑与跨两种活动混合而成，惟跑之成分占多数耳。最初学习之时,不可用栏,宜在跑道上前四五栏之地位,各划一石灰线,使学者在线上行跨之动作,线间作跑三步之动作。如是继续跑去,学者可得三步一跳之习惯。及此习惯稳定之后,然行用一低跳高架(竹竿高勿过二呎六吋),由起跑点向架练。至姿势达六七成之后,再在第二栏之地位置第二跳高架,学习三步一跳之方法,熟练之后,初中学生用一低栏置第一栏之处而练习。由起跑穴至第一栏,非为九步,即为十一步。练习若干时日至式样绝对合法步数确定为止。此后加用第二栏而练习,经若干时日,节奏达纯熟之境,始扫除道面,看每步之脚迹是否在正当之地位,是否每次一定,盖栏前起跳之点,栏后落地之点,栏间步长及步点均须划一,至正式比赛时,方不致生触栏速度减慢等弊。

二、误点之认识

跳栏所犯之误点最多而最易察出。教者须知误点之所在,平日注意矫正。兹列举普通易犯之缺点于下:

(一) 跨太高。

(二) 落地停顿。

(三) 脚太直。

(四) 前腿太屈。

(五) 起脚太近,落地太远。

(六) 过栏时后腿伸直。

(七) 躯体扭转。

(八) 落地时重心在后脚上,致身体伸直。

(九) 臂不摔动。

(十) 跨之角度太大。

以上十种原因,有互为因果者,例如起脚太近其势不得不跳太高,跳太高,身体不得不伸直,身体伸直,落地时不得不停顿,而离栏之距离不得不大。故起脚太近及跳太高为此一串缺点之总因。按起脚太近,跳之所以太高,有生理及心理两种原因。起脚之远度高栏应有二米二十,初学者常有不能向前冲过之虑,故有起脚太近之倾向。栏有一·二八米之高时,有触栏之虞,故不得不跳高,此为心理上之原因。又臀之高度,中等身材在〇·八〇米以上,与一·〇六米之差,不过为〇·二六米,若两腿间能使成一百八十度(即成一字步),重心升高一呎,身体即能过栏。跳太高之原因,在后腿股关节前之髂股韧带与内收肌太短,前腿之大腿后诸肌(股二头肌半腱肌半膜肌)太短。故欲跳栏之时两腿间之角度与一百八十度接近,须习伸髂股韧带及大腿后诸肌之动作。故基本训练为教练跨栏程序中不可少之阶段。若大腿后诸肌伸长,则前腿太屈之弊可免去,身体太直之弊亦可免除。(阅《体育季刊》第三期"跳栏之基本练习之人体机动学问题"。)至于躯体扭转之动作,可用臂摔动之动作解除之。

三、矫正缺点

上述诸缺点之总因,在前大腿后之肌肉太短,后腿之阖肌与髂股韧带太短,故矫正之第一步,须从伸长此等器官入手。如在坐于地上以右(左)腿向前伸直,平置地上,左(右)大腿侧伸与膝屈之部位,行向前屈体以左(右)手触右(左)脚尖之动作,每日须从事练习。至此等器官伸长若干程度后,练习次数始得减少,然时须注意练习。

凡起脚太近及跳太高之原因不在韧带肌肉之太短,而在胆怯,可用跳高架代栏练习,至养成正当之习惯而止。

栏间之空地一百十米高栏用三步,二百米用七步,四百米用十五步或十七步。此等步伐,须绝对确定,否则有触栏之虞。遇有步伐不确定者,可用白纸置其应踏之步点之上,令学者基本练习,至步伐确定而止。

第十二节　推铅球之教学

一、初步之学习

初中一年级或从未学过推铅球者,可用自然教程作初步教学之手段。惟此种方法,教师直接与全班学生接触,遇人数众多时,须分成两队,一队自动行他种活动(以球戏为最佳),他一队由教师教以铅球。球之具备宜,十分充足,至少四人一球,否则多数人作壁上观,在初中学生班上,必致秩序紊乱。

二、分段学习

初步学习之后,学生对于推铅球一项之整个活动,必能完全了解,以后可行分段学习。今详细分析之,可得以下数种:

(一) 由后半圈向前半圈前进之动作　即从左腿向右腿后(或前)推之动作,向左重摆,带身体向左移动也。此动作左腿左摆之动作为主动,右脚之向左拖动为被动。若主被相反,则是以右脚跳,向左落地时,必呈停顿之现象。

(二) 伸右腿右臂与转体挺胸之动作　此段在推之动作中占最重要之地位,盖此段活动所用者皆为大肌肉,其力量之大,远过于伸肘及展肩胛骨诸肌,若有能利用之者,则其成绩必大有进步。欲训练此段之动作,可令执球练习之,臂保持执球不推之姿势,专以伸腿转体挺胸之动作,将球从肩上送出,普通能达数米之远。此段与成绩之关系极大,初学者宜注意练习。

(三) 伸腿与转体挺胸与伸臂联合之动作　此段之难点,在伸臂与展肩胛骨之时间。初学者往往将此动作与转体之动作同时行之,每有见臂已伸直,而转体尚未终了者,转体之速度,未能施之于铅球之上,不合加速度之理。依据加速度之理,伸腿转体挺胸之动作,足使球有相当之速度,在其将终而未完之时,加以伸臂与展肩胛骨之速度,正合加速度之理,故伸臂之动作不可太早,宜与转体挺胸动作之后半截连合行之。

分段学习,宜占训练程序中之一部份,使各段动作十分正确。

三、全部学习

此种学习,是使各段动作有正当之连合,训练程序中万不可少,然又非谓一程序中全用之也。普通练铅球者,每次推球,概用全部学习方法亦属错误。复次,全部学习之中,前进之动作与伸腿转体挺胸之动作之正当连合方法,最宜注意。盖中国学生对此点最易忽略，教者宜注意训练之。

四、缺点之认识

推铅球之缺点，可用视察测量等方法察出之，其易犯者，主要为(1) 左腿之摆动力量太小；(2) 右脚有向左跳之动作；(3) 前进终了之时有停顿之现象；(4) 伸腿伸臂转体挺胸之动作不显明；(5) 伸臂之动作太早。

五、缺点之改正

推铅球之缺点，可先用分段之方法改正之。惟有时分段练习之时，虽已改去，而在全部练习中，缺点依然存在者，此或由于正当之习惯未养成，注意力未专为之也。故分段练习之时，注意养成正确之习惯，在全部练习之时，专注意于所改正之缺点。至全部练习时不见缺点时，改正之工作，方得作为终了。

第十三节　掷铁饼之教学

一、初步学习

铁饼之大小与重量除女子所用者外，只有一种标准，非若铅球之有八磅十二磅及十六磅之分也。初中初年级学生之手掌，向未充分发育，执饼不便，以故非待至第三年教之不可。初学之时，可用自然教程之基本练习之方法，教以徒手之基本动作。惟实地练习一段，需地面太广，故一队之人数过二十人以上者，宜同时与他种活动(球戏)混合教授。

二、分段练习

铁饼一项，饼掷出之一段动作，若不娴熟，则全部动作无从做起。故铁饼之教学，应用逆进分段法为最合宜，即先将掷之动作学习正确之后，再与旋转之动作连合练习之也。掷出之动作，起于伸右腿右臂，继以转体挺胸，终于屈肩关节，将右臂向前回转，其次序与推铅球同。惟推铅球可将伸膝伸臂及转体挺胸之动作，分作为一段，而铁饼则因离心力之关系，伸腿伸臂与转体挺胸之动作须与掷出之动作相继行之，不能分为一段。此二者，教学法上之异点也。复次，铁饼之纯粹分段学习，只有掷出之一动作，至于旋转之动作，无法与掷出之一段分开，故旋转之动作在全部法中练习。

三、全部练习

由旋转之始至掷出终了之间，不能见段之分界，旋转之动作只能用全部法练习之，故铁饼之练习宜多注意全部学习。中国运动员对于旋转之动作，不甚注意，比赛之时，往往因旋转而成绩反致减退者有之，天然之方法，未能利用，岂不可惜，故寻常练习之时，每日除练立定掷铁外，至少须做五六次之旋转之动作。惟初练之时，旋转宜慢，肩胛与上臂诸肌，均须放松，否则掷之动作亦受牵制，饼出不远。

四、缺点之认识与改正

掷铁饼之缺点，可用视察测量等方法察出之。其最易犯者有(1) 旋转时各步点之位置不在铁圈前后直径之上；(2) 旋转时离地之脚不画圆圈；(3) 旋转时重心太高；(4) 旋转开始时太快；(5) 掷出之前停顿；(6) 伸腿伸臂及挺胸之动作不显著；(7) 屈肩关节之动作太早(宜继挺胸之后)；(8) 中指、无名指及小指无旋饼之动作；(9) 手掌不向下而向内，致饼之旋转轴不与饼面成直角。改正缺点(1)时，可在铁饼圈中作一前后径，徒手空练旋转之步伐，注意脚迹落此直径上，再三复习，至脚之动作在正确之部位而止，然后再持饼作同样之练习至得正确之习惯而止。缺点(2)(3)(4)(5)之改正方法同(1)，行基本练习时特别注意改正。缺点(6)之改正，至为重要，此缺点最初发现之时，可先令徒手练习，注意挺胸及肩关节放松之姿势，及姿势之大概学成后，然后最用铁饼练习。缺点(7)与(8)有联带关系。若肩关节能放松，此缺点不难改去。(8)(9)两缺点，须从执饼行立定掷出之动作中，注意手指之动作及掌之方向等。

第十四节　标枪之教学

一、初步之教学

学标枪之时，可用自然教程教学。尝试活动一段，可用小竹竿行之，因其价廉而易得，至少每两人可合用一枝。在实地练习时，若枪无多，亦可用小竹竿替代。不论铅球标枪，以用实物练习为是。徒手练习，不但兴味索然，即姿势亦难正确。竹竿多备时，班上人数多少不拘，万一竹竿无几，人数众多时，可与球戏混合排成单元，将全队分成若干小队，令一二队做球戏，余行标枪之初步教学。

二、分段练习

标枪之分段最易清楚。例如持枪跑，末五步之跑法，伸腿伸臂及转体挺胸之动作联合掷之动作是也。标枪一项，掷出之一段动作若不娴熟，则全部学习无从做起，故标枪之教学，以逆进分段法为最合宜，即先将伸腿伸臂及转体挺胸与掷出之动作学习正确后，再练末五步之跑法及跑是也。虽然掷出之动作，颇为复杂，起于伸腿伸臂，继以转体挺胸，终于将枪掷出，初学者往往转体未终了，挺胸未做成，而枪已向前流动，臂已过垂直线，挺胸动作，决难学成，故不得不用特殊之方法以教练之。寻常所用之方法，乃由一人从掷者之后方拉枪，令掷者行掷之动作。此时转体挺胸之动作中，臂可保持向后伸之姿势。及转体挺胸之时，臂后伸之习惯已成，则掷之动作自然合法矣。末五步之跑法，须与臂后伸之动作联合行之，否则在最后一步之时，枪不能在正当之预备姿势，而跑亦徒然矣。末五步前之数步，姿势与寻常之跑法相同，不必有特殊之练习方法，惟须以末五步继在其后练习。

三、全部练习

中国运动员，能以末五步之方法与掷出之方法相继运用者，实属无几。是因寻常练习之时，专注意于掷出之动作，以末五步之方法置之脑后为之也。依正当教学之方法，练标枪者每次须行全部练习四五次，对于末五步之步伐及与掷出动作之联络，尤宜注意。标枪每日之程序最好依逆进分段法编制。先练原地掷枪数次，继即行末五步之跑法与掷出之动作连合，凡五六次，终则行全体跑与掷之动作。如是练习，跑步到家，标枪之整个技能，不难学成。

四、缺点之认识与改正

标枪之缺点，可由观察及测量而察出之。其最重要者为(1) 末五步中手之动作不合(参考吴著《运动学》“标枪”一节)，且臂后伸之后枪不在切耳旁之前后平面上；(2) 后伸之后，臂太屈或太伸直；(3) 臂做掷之动作时，肘湾不常在枪下之部位，手亦不在肘节之后；(4) 末一步落地后，背上之肌肉收缩，胸已挺出；(5) 枪掷出时，枪走之途径不经右耳之上，而经面之右旁；(6) 枪掷出之抛物线太平。缺点(1)与(2)之改正，须用枪按步徐徐行分段基本练习、至得正确之姿势而止，缺点(3)改正不易，每有因肩肘两关节之韧带太短而然者，此种缺点，须常行臂向外转等伸长韧带之补助运动改正之。最妙之法，用拉重器之握手，改以小短棒，在此器械上行拉之动作。若无此种设备，可请一人从背后拉枪之末端，而已行转体挺胸之动作，或在前后出立之部位，手在耳旁作执枪之姿势，由他一人从后方作拉枪之动作。此两种方法，皆有伸长肩肘诸韧带之作用。缺点(4)之改正不难，令掷者身体上之肌肉放松，拟作猫背之姿势，在练末五步之方法时，特别注意改正之。缺点(5)之来源，一起于缺点(3)，一由于转体之时，未加弯体向左之动作，欲改正之，宜将缺点(3)先行改正，然后再加弯体向左之动作。缺点(6)来自前腿未伸直，胸未挺出，肩关节之未尽伸直，掷枪之臂向前倾斜等缺点。改正之法，颇不简单，宜从各点着手非从事整个掷的动作所能改正之。

第十五节　跳远之教学

一、初步学习

跳远之动作，可分跑与跳两端，跑为自然活动，一人自能独立行走时至十余岁之期间，已经多年之训练，可不必特殊教授，至于跳之动作，及跳起后四肢之动作，非经长期学习，决难娴熟。初步教学时，可用自然教程，学习跑数步与跳之联合动作，上肢与下肢之联合动作。跳之动作，关系最大，宜注意挺胸顶头及用力伸股，膝，踝三关之动作，将身体重心用力上抬。基本练习之后，行实地练习，此时跑之距离，勿过十步，跑之速度不必甚大，惟跳之姿势须十分正确。遇跳太低时可在板前二米至二米五之处置一跳高架，横竿高二呎左右。跳起后四肢之动作，此时亦须注意学习，但宜在跳之动作娴熟之后，否则心无二用，难于学成。

二、分段学习

跳远之成绩，依据力学之原则而论，与跑之速度及跳之高度有直接关系，然依方法而论，尚有踏板，振臂与举腿诸问题，与成绩亦有不少关系，故跳远之教学，不能专注意于快跑与高跳也。因之跳远之教学，应以（1）快跑，（2）准踏跳板，（3）跳之方法，（4）振臂，（5）举腿之动作等五端而设计。

（一）跑之教学

依作者从前测验之结果，短跑之最大速度在起跑后十七八米之处，虽然，在跳远之前跑中，速度之增加决不能如短跑之速，其达最高距离之点，必在二十五米左右，且重心下降，预备跳之姿势，亦须在数步中准备，以故跑之距离，宜以三十五米左右为度。中国各运动员不明此理，往往只跑二十米，实嫌太短。教者宜令每人按四步八步十二步三种步数，从跳板前量，并在八步十六步（从起跑点量起）两处设两步点。继即从起跑点试跑，视能否准踏跳板，遇有出入时，可将步点移动，至准踏板为止。跑之方法，宜根据加速度之理，先慢后快。至板前四步时则重心下降，速度不再加大。寻常练习之程序中，应有专跑勿跳之一段基本练习，使脚步划一，准踏板上。

（二）跳之学习

联合跑之动作行之，惟跑之距离可以缩短，跑十步左右已足。跳时注意跳腿（左脚跳）之股膝踝三关节之充分伸直，左臂前外上振，右臂后外上振，以及向上挺身等动作。

（三）四肢在空中之动作

据力学之定理，身体腾在空中之后，四肢不论做何等动作，与身体之升高不能有何等影响。虽然在两腿下落之前，若能尽力远伸，可使远度增加，决无疑问。欲令两腿远伸，两臂由上举之部位向下振之动作，至有关系，故臂之动作，须行基本练习。

三、全部练习

跳远颇费精力，每星期至多跳一二回，每回跑跳三四次。遇某段有缺点，宜特别注意。

四、缺点之认识与改正

（一）跑之速度太小

跑之速度之大小，可用表测量。其太小者，应加练一百米二百米及起跑等。

（二）踏板不准

踏板不准，吃亏极大。硬凑脚步，跳之方向不合。运动员发现此种缺点，宜在跳道上专练脚步，除注意两步点踏准之外，更在第二个十二步间每步点上放置白纸，视其每步所踏之点，是否与白纸一致，或前后相差若干然后移动其八步十六步两步点，至准踏而止。及正确之步点求得，随即量其与板间之距离而牢记之，日后练习时，可一量而得。初学之时，步长较短，相隔若干时日之后，步长往往增加八步十六步两步点，宜向后移动。

（三）跑时脚跟提起

此种跑法，原系百米跑三十米内之式样。在跳远一项中，则竟可认为缺点之一。因跳时脚跟应完全落地，若跑时脚跟提起，则跳时之脚跟，恐不能用力踏板，影响跳之力量至大。犯此种缺点者，宜将其跑式更改，用摆动式可也。跑式改良之后，再练跳远。

（四）踏板无力量

此种缺点，可由听察之方法察出。其来源有种种：（1）跑时脚跟提起；（2）末数步身体之重心未下降;(3) 蹬板之脚,提起太低。欲改正此缺点,须从此三点想法。

(五) 跳之一脚下地之时身体不放松

盖跳脚下地放松,则股关节以上各部股肢体向下落胸与各关节均屈缩,所以跳时有伸张弹起之余地。

(六) 跳太低

此缺点之原因亦有种种:(1) 踏板无力;(2) 伸股膝踝三关之肌肉,未尽量用力;(3) 两臂振动之动作无力;(4) 跳之方向不合。此种缺点之原因既有种种,教者须用视察听察及测量等方法察出之,然后定改正之方法。

(七) 落地之前两腿不向前伸

此种缺点,或由于两腿未伸直,或由于两臂缺前下振之动作。前者因大腿前之肌肉未收缩,宜用全部学习改正。后者因臂之动作未合法,宜用基本练习改正。

第十六节 跳高之教学

一、初步学习

此式之紧要基本动作有四:(1) 为转体二分之一周之动作,教初学宜用低跳高架练习。以左足跳者向左转,以右足跳者向右转;(2) 以何足跳何足落地之姿势。欲此姿势做成,宜以摆动之一腿向前高踢;继以内转外展并下降之动作,带跳腿过竿,同时上体向左(左足跳)转并向左倒。初学者能将此两种姿势学成,则美国东方式之式样之基础得矣。关于某脚跳某脚落地之动作,可以高踢之动作作基本练习,注意一脚跳同脚落地之方法。(3) 蹬足之一腿平掠过竿之动作,此动作进行之时,即踢腿内转外展并下降之时,教者须用说明,示范,看图诸方法,使学者明了,然后用跳高架(高三呎)练习。(4) 两臂摆动之动作,即左脚蹬地之时,右臂后外振,左臂前上振;左腿从掠过之时,左臂后下振。

二、平地基本练习

关于一节之四种动作，遇有不合时，可平地基本练习改正之。

三、全部学习

跳高一项，方法极复杂，动作极简短，不能分段，故只可用全部方法练习。遇某部中有不合之姿势时，只可对于某点特别注意，殊难提出单独练习。盖跳高动作与三铁不同，三铁之各动作有连续性，而此则有齐发性，只可分部注意，或在平地上行基本练习，难于分段练习也。

四、缺点之认识与改正

（一）跑之路径成曲线

跳高之前跑，亦需相当之速度，但不宜太大，恐有碍跳之动作也。若跑而成曲线，则非妨碍跳之动作，即向前之速度太慢。

（二）跑时脚跟提起

此足影响蹬地之动作，宜令学者练摆动式之跑法以改正之。

（三）末一步太小

踢腿之高踢，必致失势，踢之动作无带动身体上升之力量，宜用单跑(但末一步踢起)不跳之基本改正练习之。

（四）蹬地一脚所指之方向与跑之方向不同

此与跳之力量有妨碍。若因以踢腿一边之身旁对竹竿为便利时，则跑之方向宜改斜。不应以蹬地一脚外指以凑合之也。

（五）蹬地之力量不足

可从听察之方法察出之。其主要原因为伸股，膝，踝三关节之肌肉未用力收缩，末一步落地时身体之重心太高，以及蹬脚之动作不合也。教者须从此诸点详细审察，设法改正之。

（六）蹬脚时身体不放松

蹬脚时身体放松因惰性作用，上体及上肢有下落之力量，蹬脚之反动力，易将身体上抬。身体不放松，则无此种利益。

（七）踢腿高踢之程度不足

此与末一步有关系，正本清源之法，须审察末一步之长短，而行改正。

（八）蹬地之腿掠过之时身体太直

此缺点在阻碍臀部之抬起，影响成绩甚大，宜用向左转臂及向右举臂之动作以改正之，盖臂向右转并向右举，则身体不得不倾倒也。

（九）左臂不向左后下振

此种缺点足以触竿落地。转体之时，左臂应注意向下振动。

五、辅助练习

跳高与跳栏同，踢腿后之肌肉及蹬腿之髂股韧带均须伸长，否则右腿高踢时，左脚之蹬地动作不能充分，且踢腿亦非屈缩不可，故跳高亦宜行直接伸长此等器官。

第十七节　撑竿跳高之教学

一、初步学习

欲习撑竿跳高，跳之动作，宜首先学成。初学者跳之姿势往往类似跳高之姿势，两手不能作悬垂于竿上之动作，此时教者宜以跳之动作与跳栏相仿之理告学生，次用持竿空跳（即不用跳高架，专持竿作跑跳之动作而已），跳之动作学成之后，再学转体，转体学成之后，再学舍竿。此数种动作熟习后，始用跳高架练习。高在六呎左右，跑不必太快，注意插洞稳中，脚步正齐可也。过六呎之后，成绩渐渐上升，此时跑之速度须渐渐加大，跑之距离亦须渐渐加长，故持竿之跑法，须在跑道上练习，至觉持竿在手中，甚为轻便，然后跑时不致有障碍之弊，而速度亦得增大。此外起跳之点，亦因高度之渐升而增加，因跳愈高，则执竿亦愈高，愈高则其正射影亦渐远也。起跳点常在正射影后，故起跳点与洞之距离，亦随高度之增加而渐增。

二、分段学习

撑竿跳高一项，包括之动作多而复杂，且全动作自动员至终所费时间亦颇长，虽不能如三铁之能分段学习，然能用顺进分段法教学，例如持竿跳，持竿跑加插洞，持竿跑插洞加跳，持竿跑插洞及跳加悬垂摆动，再继续加引体转体及舍竿等是也。每次练习之时，顺进分段练习，宜占一部份。缺点在某段，则分段练习应至某段为止。例如缺点在摆动，则应由跑跳起做至摆动而止，余类推。行此种学习或改正姿势之时，可不用跳高架，对于跳者之心理，少一种刺激。

三、全部学习

寻常练习撑竿跳高专用全部学习，固属错误，但专用分段学习，不做全部学习者，亦属错误，故在练习程序中，全部学习亦不可少，每次以五六次为度，应多注意姿势不必注意成绩。

四、缺点之认识与改正

（一）跑之步伐紊乱与不在一直线上

此种缺点，跑时可从身体之向左右摇动察出之，跑时可从脚迹上看出。欲改正之，只有持竿跑之一法。

（二）起跳点之不能准踏

此种缺点起于步点之未准踏。欲起跳点准踏，须照跳远跑之方法而改正之。

（三）起跳点太前

起跳之点，应在上一手握竿点之正射影之后尺许，若在此点之前，则跳起之摆动无势，两腿之上举难高。欲改正之，可将步点后移，移动之多少，视起跳点向前过多之程度而定。

（四）跳起之后跳腿屈缩

跳起之后，后腿愈能伸直，则摆动之力量愈大。过分屈缩，影响两腿之高度。

（五）引体太早

引体之动作，宜在两腿上举之时，太早则摆势不足，与（三）（四）两缺点同。欲改正此缺点，教者宜从旁相助，令跳者待令而发。

（六）腿不能高举

此为初学者易犯之通病。其原因有两种：（1）起跳点太前，跳后跳腿屈缩及引体太早，未得良好之摆动；（2）两臂之肱二头肌肱前肌腹肌及背阔肌之力量不足。前者宜从改正（三）（四）诸缺点入手，后者宜练辅助运动，如单杠上之引体向上同时举腿是也。

（七）转体不充分身体之腹面不能对横竿

此种缺点，足使臀部或上肢触横竿下落。此种转体动作，可在天桥下或体育馆内之吊杠上行基本练习以改正之。

（八）两手触横竿下落

此缺点破坏成绩至多，在舍手之后，应竭力做两臂上举之动作。

五、辅助练习

撑竿跳高动作最复杂，其所需之辅助练习亦最多。其主要者有下列数种：

（一）一百米跑及起跑

撑竿跳高，跳得愈高，则手执竿之处亦愈高，跑亦须愈快，故十呎以上之纪录非跑四十米左右而有相当速度不能造成，故跑之速度宜练百米跑以养成之。跳时跳之弹力亦属重要，惟起跑能增长之。

（二）持竿跑

撑竿跳高时跑之距离与速度，与成绩大有关系，已如上述。然竿持手中，为天然之阻碍，寻常宜在跑道上练持竿跑一圈。至觉竿如肢体之一部份时，则速度自快。

（三）单杠上引体向上及同时举腿之动作

此动作所以练腹肌背阔肌及肱二头肌等之力量，与两腿之高举有助。

（四）单杠上向后腾起过横竿

此动作所以辅助过横竿时弓身撑之动作。其法将单杠置五六呎之高，杠后设有跳高架，离单杠柱三至四呎，横竿高与杠等。学者面背跳高架，从前正撑于单杠上之部位，向后腾越过横竿。

第十八节　三级跳远之教学

三级跳远与跳远相仿，在教学方面二者毫无二致，故不赘述。

第十九节　立定跳远之教学

一、初步学习

此项运动，最初可用自然教程教学。注意两臂摆动之动作与跳之动作联合。

二、全部学习

立定跳远之动作，极为简短，无法分段，故其学习，纯用全部法。

第四章　游泳教学法

第一节　教授成功之要素

一、游泳教师之资格

游泳之教学不易，技能不够，对于游泳知识不足，有极大之危险。大之有性命之忧，小之有疾病之染。故任游泳指导者，对于技能，宜有专门之训练，对于教学，须有理论与实际之经验，关于资格，最好为大学体育科或体育专门学校毕业生。彼专有技能或造成某种纪录者，不足以膺游泳指导之重任。

二、教授工作之计划

教授顺序之计划，务能应儿童之需要，以故儿童之年龄能力以及其愿望与该活动所能占之时间等，均应在考虑范围之内。

三、引用试过之方法

从前之教游泳，用模仿或口授之方法，今则用设计之方法。从前用分段之教学（将各种之游法分为数段，各段学成之后再行混合）。今则证明全部教学法为最有效之方法，不论注意身体正当之姿势，动作之节拍，或四肢动作之模样，或呼吸时间等，均宜用全部法教授。

四、用陆上基本练习之方法

在陆上行基本练习，能使初学者注意调协之工夫，并不受恐惧，呼吸，身体平衡及他种不利条件之影响。同时学者之是否准备，可一望而知。

有效之结果，全恃教者实施之方法，最好此种基本练习在池之岸上或浅水滩上举行，因其环境近实际也。与全班讨论方法之重要之点，以便特别注意，复习各种动作，至确知学生已学习到家为止。废除正式体操之方法，勿用照样模拟之操法，动作须切实际，愈能近实际游泳之情形愈好，盖非如是动作不能有尽量之迁移也。学生学成动作之后，可与音乐联合练习节拍。

游泳之陆地基本练习，已成体育之自然程序中之重要部份。若在游泳季内行之正确，与游泳之活动有正当联络，能使之直接迁移而饶兴味。

五、班上活动之组织

教学欲得良好结果，亦赖班上活动之留心组织。教授之时，任何豫定之功课，先须考虑各个间之协调，能力之差别点，然后组织活动，始能尽量利用游泳池。例如第一次教初步之仰游时，一部份之学生将做基本的仰游姿势，甲组以双行之排列在池之低部之一边练习，乙组在他边练习此式之别数部份，同时丙组由一路游至他边，再由他路游回。若有助教，则可襄助各组而矫正其姿势。若无助教，则教者平分其时间依次至各组指导。

六、遵守进步之原则

（一）由已知者进步至未知者。

（二）由简单者进步至复杂者。

（三）由较简单之协调进步至较复杂之协调。

（四）以游泳之式凑个人，勿以个人凑游泳之式。

七、遵守改正之原则

（一）改正之错误，应为基本的，如是则他种错误亦可自然免除。

（二）欲矫正旧习惯，暂时须做过正之部位，至错误改去为止。

（三）教师之教学成功及学生之快速的进步，一部份由改正之生效与否而决定，一部由学生之是否明了此等改正而断定。

第二节　初学者第一次教学之程序

一、唤起初学者之自信心为教游泳之第一步

游泳并非从本性而来之习惯，乃为后得的机巧也。对于水之恐惧之心，宜用灌输知识及供给安全的环境二方法以解除之。以下数种游戏，宜大加扩大，以应各年儿童之需要，教者应从此等游戏中教授许多教材，愈多愈妙，提高其游戏及比赛之精神，使其有浓厚之兴味。

（一）团体入水

水中为特殊之环境，初入水中者，往往有恐惧之心，故可利用团体入水之方法，令一班学生全体携手，组成单位，整个入水，则因群众心理，各人勇敢与自信之力自然增加。

（二）涉水游戏

寻常初学者由池一边走至他边，毫无畏惧，则可用单人涉水接力跑之方法游戏。若班上有人胆怯，则可用两人或三人携手接力跑之方法。此后则用单涉水接力跑，在涉水时，以两手作爬游之动作，使生游泳之感觉。

二、呼吸之控制

教者须勉强学生在家中练习，以免在班上费去许多时间。教练呼吸动作，不必有特殊之排列，线形或圆形或开队（如体操然）均可，教时亦可用口令如

"吸"——"呼"教学,呼时面向下。呼之口令又可用警笛替代。

三、学习正确之呼吸

呼吸动作在家庭学过之后,到池中再练习。若见有错误,或其呼吸不依节奏,则择其重要者而行个人矫正。若在可能范围之内,可用音乐以助呼吸之合节奏。或直接用"吸"——"呼"之口令做动作亦可,但呼之上半节面向下呼在水中,下半节则在水面上。

四、面浸水中而身体漂于水面并再回至直立之姿势

在试行回至直立部位之动作之前,全体学生在池之上或浅水中,须能做此动作,十分正确。同时教师发"膝举起,臂下垂,脚落地,头仰起"等口令时,学生须以游戏之方式,领导其自己之动作。安全之关键在"膝举起",教者须使学生牢记此重要之点。若见有行之颇觉困难者,则每步宜缓做,宜澈底。胆怯者最好有人立在其旁,以手轻触其腕而壮其胆。尚有再三之复习,坚忍之意志,和悦之态度,亦为学生所必要。

教面浸水中而身体漂水面之动作时,注意正确之开始部位,盖良好之漂浮与之有直接关系。漂浮之时,面浸水中,身体放松,臂腿分开,如是则可令学者有较大之稳定之感觉。

在讨论此课之重要点之后,口间从面浸水中而漂浮之部位,回至直立部位之要点。最好在池之上或浅水之中,令学生自习此动作,不必从旁帮助。教者只用口令呼唱而指导之。若学生在水中试习,可用以下之口令指导之。

(一) 预备! 做面浸水中而漂浮之开始部位。

(二) 第一次鸣笛,身体漂水面。

(三) 第二次鸣笛,身体抬起,不借他人助力。

五、背浮水面之部位回至直立之姿势

教授从背浮之姿势回至直立之部位之动作,最好在浅水中举行。令学生复

习此动作之各阶段，想像此动作之全体，用“膝提起！两臂向前，脚下地，头举起”。安全之关键在身体向前弯。

胆怯者欲身体直立保持其背僵直，实为最大之错误。欲矫正此弊，可令其立水中，放松其身体，弯体向前，将下颚接近两膝。从漂浮之姿势，欲回至直立之部位，可先将臀部放松，令其下沉，至坐之部位，于是将两臂用力向后划水，使身体向前回转，头冲出前方。胆怯之学生，须有人从后方保护，遇必要时，准备做推其头向前之动作。

在背浮之时，开始之姿势须保持十分正确，因其与浮之姿势有密切关系也。做此动作时，初学者往往不让身体后倒，以臀部抬起，乃先将两脚举起，实是错误。盖不知身体后倒，脚自然抬起而至平浮之部位也。

身体之浮水面，有人浸水中较深，乃是自然之现象，时有许多指导员误看此系不良之姿势，枉费许多时间以矫正之，亦是错误。在此种场合，只须将两臂徐徐后举过头，手背贴水面上，头后仰，膝微外屈，使身体之重心升高。

第三节　分析各种游泳之式样

教授各种游泳式样，若用全部方法，则依下列之顺序列：(1) 指定所教之式样，使学者自行研究；(2) 全部讨论要点(如部位，时机，臂与腿之动作，及呼吸)；(3) 在水中示范，再特别注意重要之点；(4) 令一学生入水中，教者执其身体，使勿流动，令实习所习之式样，不久学生即有以此式能游过彼岸之感觉；(5) 全体组织成若干两人之组而行练习，两人互相指导，互相批评；(6) 令全班截游过池；(7) 教式样之精微之处；(8) 练游较远之距离。

教儿童时，此种顺序，尚能削简，先在水中表演式样，着重各要点，令其全体试游，以后再行个人改正。

有许多指导教授游泳，极有效果，全恃其控制学生之能力，及每动作得完全之指导与改正。不论指导团体或个人之时，须寻出错误及症结之所在，以清楚简明之方式加以批评。

指导员不但对于教授主要材料须完全明白透澈，在上课之前更须慎事计划。凡儿童之目的，需要及能力等须常存心头。一星期之程序，应预排定。于是何者为主题，何者为次题，均能一目了然。

教授事项预先充分组织，为教授成功之要素。在每课之开始数分钟，班上可行游式之讨论，发问，分析，使儿童与指导员得校核其结果。尚余一部份时间，可令一班儿童立浅水之中，做臂之技术，或练习一式之任何部份。此后更继以游到池对岸一节，应用上一节所练之基本技能。在此种实地练习之时期中，须行详细观察，作普通批评，提议改进方法。有时亦可令儿童游相当之距离，练习放松、耐劳及式样等。在终了时间一节，可行个人练习或游戏等。

以下各节，为各式游法之教授要点，在教授各式之时，须特别注重：

一、单纯背游

初教此法时，警告全班，思考每一动作。还原动作宜慢，第二数尤宜缓慢，在此数之末，须稍停顿。盖所以使初学者因快速还原之动作而下沉也。以故不得不注重切水面划法。

初教背游法时，直腿夹水，难于调协，因初学者过分屈膝，臀部下沉，濒于湮没也。用直腿夹水法，而能使身体维持一好姿势，能免除上述之缺点，则能在深水中，当心其自己而游，直腿踢水之方法，学成之后，有协调之工夫，再继学放松之还原姿势，膝微屈而向外转。

二、侧身

身体向侧方平均，大多数学生觉为不易。故宜从池边上学习以两腿向侧方推出之方法。推出之后，身在侧卧之部位，学习平均之技能。教授方法，宜采分段法。

全班行剪刀夹水时，可令每人执栏杆上而练习，此时须注意一臂正在他臂之上，从上方一臂之下看两腿之动作。用此种基本练习方法，身体自能保持正确之侧方之部位。

分析臂之动作时，第一点，宜注意右臂之切水面划划。第二点，右臂还原之时，注意放松以掌面向前，拇指向上，以免避升降之弊。此外更注重左臂划水及还原之切近身体。令全体先将上方之臂与剪刀夹水之时间，学习正确，然后将右臂划水时又抬起身体及其还原时下沉身体之弊减除。此等步骤学过之后，然后教以联合之动作。注意右身之切水面划水及还原时之放松状态。此种游式之方法学得正确之后，注意臂之入水深划及腿用力夹水之动作。以后并鼓励学生发达耐劳力，游四百米以上之距离。

三、初步爬行游

(一) 脚踢水动作

练习腿之动作时，将上方一手执栏杆，下方一手支持身体于他边。于是令其身体转向吸气之一边吸气，行三四次之爬行踢水，继转向前方呼气，行三四次之踢水。以上如法继续。

最初练习之时，全体学生均须保持直腿之动作(所以反对膝深屈之天然趋势)，同时脚尖内指。由臀至脚尖，分开六至十英寸。以后打水加速，膝踝两关节微屈，渐使踢水之工作加快而有力。

(二) 臂之动作

当一班学生练习整个臂之动作时，可在立之部位行之。可分开始之部位，中间之部位，终了之部位，而行逐段停止，以核定其正确与否，在此三次之每次停顿之中，对于臂之技术，可发适当之问题，于是让各人自己指导其动作并行停止，以审核之。

(三) 四肢联合之动作

此种动作宜注重头与臂连合之正当时间，即头转向呼吸之一边，至左臂将划水之时止，继转向前面，至右臂将划水之时止。此种练习方法，所以使呼吸顺利，划水得均匀适宜之平均以及两臂之动作。此外又须注意在吸气之前，从水面上呼气，盖所以免避气塞而使呼吸顺利也。

四、爬行游法

假定一班中之对于此种游法之式样已致良好之境，则应照教科书中表列之方法，精益求精。先改正大缺点，然后小缺点当能自然减除。

（一）脚踢水动作

练习正确的技术，依教本上之步骤进行。

（二）臂之动作

讨究臂划水之重要之点：第一点，注重以伸直之臂，用力继续向下压水，若支持与平衡身体之姿势然。第二点，注重用肩臂全部之力量，手沿想像中之身体中心线而划水。第三点，在起初压水之后，须确觉以小臂作先导划水至手接臂部而止。第四点，手常向内转，以手及小臂破水面，以小臂短小之摆动，使手出水面。于是开始将臂向前还原，臂放松至还原部位，手向前方。

若教授臂向前还原之动作，用腕急伸作掌向下并屈肘之姿势，屈肘之时，须确保臂不向前举，方使手与小臂从合式之路线伸直。欲指导臂之动作有合式之姿势，须看臂向前之时，肩不随之向前耸起，尤其在前面一肩划水之时，肩勿随之作划水动作。因此种动作使身体作左右之转动，足以破坏向前平面流滑之动作也。头与臂联合之时间，亦须注意改正。

（三）连合之动作

行以上之矫正之后，注意矫正身体之位置。头与臂之时间，腿与臂之连合时间，如是则正当之联合可以做成。

五、蛙式游法

留心随从前进之步骤，并注重以下各点之需要：

（一）臂划水时向下压水，犹向后划水。

（二）在臂还原向前之时，继续向下压，使身体在水平之部位。

（三）展膝向侧保持其在水面之下，于是向后推水，并速内合双腿。

（四）头常保持向前之部位。

若指导蛙式比赛而游泳员微用剪绞之动作，则注重膝部弯屈，两踵接近以矫正之。

六、比赛起跳

初教此动作时，宜诫各游泳员头速下降，如时则头入水数尺向前流动，优于平打水面多矣。于是教以两臂及跳之合宜之动作，尽量用力。

令学生试跳数次，于是各人始能决定用何种方式为善。考核其成绩时，脚离地之时开表，头过某预定之点停表。

在令“预备”之时，须教学生失去平衡之姿势，于是枪或笛发声时，能立刻跳出。除非枪响之后身体已触水面，发令者常能发令召回。

七、比赛时之回转

第一须决定各学生在浅水中是否学成转身之技术。次向池壁游去，观其结果。转身之重要之点，即以上方一臂用力压水，同时以下方一臂向前推水，使至壁之近前，向后推体。终了之时，臂前举至水平之部位。掌向下，于是以脚蹬池壁而出。

在水中做转身动作，不利用支持之物，亦至有价值，盖身体之回转全恃两臂之力量也。在蛙式游法转身时，须确知两手同时用力推壁。

八、初步鱼跃入水

海豚跃(Porpoise diving)可当作游戏教，可以训练初学者之自信力，并能给以跳起弯体入水及还原之初步感觉。在河湖之中游泳，无跳台或支持物可利用时，可以用此一步，以训练初学者之基本入水法。令每 3 人组织一队，2 人作跳台，一人鱼跃入水。

从跪或坐之部位教鱼跃入水时，令全班注意两臂伸直、超过两耳、拇指并拢、目视前方、脚用力推地。此种做法可以避免过向下下落及向前太弯之弊，以致打到池底。此后令志愿者跳入水中，向后回转以助胆怯者跳入后上浮水面。

所有学生须善为组织，诫以一队跳入须俟出水之后，他一队再跳，以免冲突。此种组织与告诫，每鱼跃入水之队在所必须。

教学之进行愈快愈妙，所有学生对于蹬地入水之方法已合法之后，随即教以立定鱼跃入水之正确方法。在准许跳入深水之前，教者须确知其对于入深水无不测之试验已考试及格，能保护其自己之安全。

立定鱼跃入水之方法学到家之后，再进步至跳板上练习。

九、从跳板鱼跃入水

（一）第一步：臂摆动及跳

在板上试跳之前，最好在池边上行臂摆动及跳之基本练习。教者示范，并分析此一步，使指导益生效果。学生初在板上练习此动作时，令稍立板之后部，渐增加高度，身体在垂直之部位。

（二）第二步：步伐之分析，起跳及立定鱼跃入水

欲预备跳板上之动作，欲节省时间，最好在池边或地上先练基本步伐。欲在板上练习，最好先令各人从跑过测量步伐。第一步作鱼跃入水时，令先做短步，以作预备之跳跃。于是到相当时间，两臂摆动从板上跳起，身体直立。跳至最高之点，头须注意下弯，以免身体平打水面。

（三）第三步：奔跑鱼跃入水

在试跳之前，须先确知各人已量过步伐。第一次从板上跑过时，注意末一步预备跳，两脚落地，回弹时双脚同弹起，于是身体可以高跳，得合宜之入水。先改正错误之关键，以后渐及细微之点。教者须确知学生在板上已有正当之学习，并对于单纯鱼跃入水及鹅式鱼跃入水，已有正当之高度及姿势，盖此等为花式鱼跃入水之基本也。

第五章　舞蹈教学法

第一节　韵律活动

韵律活动(Rythmical Activities)之范围,有广狭之分;广言之,包括人类一切天然活动,如跑跳追逐跳绳踢毽等;狭言之,凡一切韵律活动,不拘其为自然为不自然,而用音乐伴奏以激发情形之表现者皆属之。故各种舞蹈,不拘派别种类,皆得谓之韵律活动。

第二节　舞蹈之定义

舞蹈为原始人民表示愉快情感之最便捷之方法。盖当时无语言以动人之听觉,专用身势以抒情,借动作以示意。舞蹈乃祈祷与庆祝时之仪式,遇有需要即以舞蹈出之,如大旱之求雨神,饥荒之求禾神,是也。又如男子出外战争,女子在家舞蹈,求战神予以勇气,战士凯旋,则男女跳舞,借以庆祝,故其历史之悠久,与人类之历史同也。虽然,舞蹈亦随民族,社会,阶级,习惯,及个性而异,如欧洲土风舞,表现农民生活之习惯,法国宫庭舞(Minuet),表现优美窈窕之姿态。自古迄今舞蹈既为人类表情之工具,故可谓最普遍之艺术。画家以色彩描景,诗人以文学写情,乐师以声调舒情,舞者以动作表情,其工具各异,而其表情则一。且舞蹈兼有声调谐合及动作调和之美,故舞蹈不独舞者本人感心意舒展,且能传情于环观之客,此舞蹈之所以为艺术也。

第三节　舞蹈之演进及范围

舞蹈从初民时代而至于现在方式，皆随文化，宗教，哲学而演进，故各时代之舞蹈，各有其特点。初民时代之舞蹈，多属个人活动。后人类由个人生活演进而至团体生活，始觉自己仅为大团体中之微小分子，同时又认识团体生活能刺激与抑制个人之行动，故以团体生活代替个人生活，团体习惯代替个人企求，舞蹈亦然，亦由个人舞演进为团体舞，同时舞蹈本身具有群化性的权威，故能促进团体生活。

人类由洪荒时代演进而至开化时代，除舞蹈外，有音乐及文字为情绪表现之工具，于是舞蹈不能永占优越之地位，人类知识愈进步，舞蹈愈退化，尤其是舞蹈之在远东，因远东民族视情感为罪恶之根源，应受抑制，故舞蹈失却情感之表示，仅余优美之动作而已。

希腊文化最盛时期，人民之欲望观偏重丰富美满之生活，故无论心机情感或身体生活，皆崇拜美育，以身体之美为尤甚，因身体为精神生活之表现也。舞蹈体包含训练身之要素如谐和，比例，均称，韵律等习之足以养成身体之美。舞蹈不独居希腊人民生活上优越地位，且占教育上无限之势力。

罗马克服希腊后，袭其文化，以为已有。不知希腊之文化为其生活哲理之产品，为其生活态度之表现，并非一朝一夕之偶然创作品也。罗马人之生活既无审美之观念，又无高超之哲理，视身体为淫道之媒介，不能欣赏人之体势为精神领域之表现，只认身体为纯乎之肉体而已，故舞蹈之于日常生活失其势力，无教育价值之可言，终堕落而为舞台上游艺之节目，以娱人之耳目而已。此原非舞蹈本体之缺陷，乃罗马人观念谬误之过也。

罗马衰亡，教皇秉政，人生哲理，又经几度之变迁，身体竟视为性灵之障碍，身体性灵二者互相抵触，故常有戕伐身体以修养性灵者。蔑视舞蹈为尘世之活动，无补于性灵之修养，故致舞蹈毫无地位之可言。舞蹈受此种思想之束缚，无从再事提倡。

中古时代,骑士恢复古风,凡遇节期庆祝,必表演舞蹈,宫中宴会,视舞蹈为重要项目。此时舞蹈显然分为两种方式,一为贵族舞,风行于宫闱之中,一为土风舞,风行于乡里之间。

贵族舞后渐趋职业化,成为戏剧舞。仅少数之受特殊训练者能之,以其步法复杂,偏重技能,忽略精神,俄国之足尖舞,可以代表。十年前我国学校内所授之优秀舞,亦即俄国足尖舞之变相也。

土风舞为古代之遗流品,表现古代一地人民之生活习惯经验等,虽种类繁多,然未尝失其原来真面目。

十九世纪之末叶,俄国足尖舞顿受打击,以其动作不自然,缺乏情感之表现,希腊舞蹈之哲想又先后恢复于欧美,乃根据韵律艺术及自然动作之定律,形成各种舞蹈,以其观点不同,于是乎有派别之分,如自然舞(Natural dance)形意舞(Interpretative dance)希腊舞(Greek dance)健身舞。然其基本原则,皆含有希腊之余风,如情感之发泄,生活之反应,经验之表现等,皆是也,土风舞约分为四大类:

(一) 英国乡间舞(English country dance)又名为男女对舞,足以表现英国民族生活之愉快,然仍不失民族之庄严特性。其步法简单,如回步(Double)边步(Side)拘臂(Arm)等大半舞蹈中皆有之,惟编配不同,故宜于初学者。

(二) 欧洲土风舞(European Folk Dance)与欧洲各国之土风舞:如丹麦,瑞典,德国,荷兰等。其动作有简单,有复杂,然皆表示一国风俗习惯等,各国学校多授之。

(三) 体操舞(Gymnastic Dance)动作较为滑稽,男女嗜为之。

(四) 踢踏舞(Tap Dance)旧译名为木屐舞,舞者着低跟黑皮鞋,鞋底前部有金质长圆块二方或三角形块一方,踢踏时,作啼嗒声。踢踏舞已有悠久之历史,惟其进展未有确实记载,其动作多包含原始人类之动作,如抖腿,敲踏,倾倒,表示原初人类之天真烂漫情绪。其韵律显著,其音乐活泼,故能激发舞者之情绪,而发生自然动作。因其无装扮与掩饰,不独女子好之,壮年男子乐之,现在欧美学校莫不趋之若狂。我国学校内此种舞蹈尚未普遍,以未得相当教师为之也。二三年后当能普遍全国。

第四节　音乐与舞蹈之关系

舞蹈非独立之艺术,与音乐有密切之关系。因音乐起源于人之韵律活动。初民时代之音乐,即发源于舞蹈韵律敲击之声。其后由舞蹈之基本原素,形成音乐之本体。惟嗣后音乐有长足之进步,如音调谐声之逐渐根据物理而改良,最后又有极复杂之和声(Symphony)耳。艺术中之最有号召能力者,为音乐,以其韵律及谐声营情感之生活,听之者自感满足。其于舞蹈,则能调节快慢。显示韵律,表现情感及激发动作,故音乐为舞蹈之良伴。

音乐包括拍子,韵律,寻常人恒认拍子与韵律二者为一物而二其名,其实不然。

拍子(Beat)者中隔之时间(Intervals)相等。韵律不然,各声音之间,虽亦有规律之重复,然中隔之时间有等与不等二种。等者为平韵律(Even Rhythm)不等者为不平韵律(Uneven Rhythm)。韵律并非音乐独具之要素,自然界亦习见之,如雨水之滴漏心脏之跳动,其中隔之时间相等,谓之平韵律可也。又如动物之行走各有韵律,有时两动物活动之拍子同,但其韵律为不同者,例如以跑步及跛行两活动,其拍子或同然韵律不同。跑步为平韵律,其中隔时间等,跛行为不平韵律,其中隔之时间不等。

韵律除表现拍子中隔时间及强度,且能表现情绪及思想,故有吸引之能力。韵律既包括拍子,则拍子非即韵律矣。一种活动之韵律,皆因生理与心理之需要而形成,故听某种韵律后,即能发生一种与作者同样之情感,是证明同样之刺激,产生同样反应之原则,因韵律能表现情感,故听某种乐谱之韵律,即能想起其音调(Melody)。韵律非属机械性,同为一种韵律,可因人而发生不同之情感,因各人之联想及想像不同也。综合以上解说,可说韵律为活动(Action)及休息(Rest)之合体,又可谓定间之重复(Periodic repetition)及规量的动作(Measured motion)。韵律感觉(Sense of Rhythm)为分辨外物或声音强度及中隔时间之感觉。

音乐之于舞蹈，单就韵律一项而言，已占重要地位。复加声音之调和，则更能表情示意，以激发舞者之精神，故舞蹈而离音乐则仅留躯壳而无精神。各舞蹈之音乐不同，以其情绪不同也。每见有人以音乐调子拍子配舞蹈，而不顾其音调之表情对于舞蹈之精神是否合宜，此实大谬。我国中小学设备不完善，舞蹈时每不能用音乐陪伴，可用简单乐器将舞蹈之韵律点敲之（见舞蹈之乐谱）。乐器中以鼓为最合式，以其为原始时代最早之乐器，人类对于鼓之感觉最敏锐也。或先在唱歌课上，练熟舞蹈之音调，上舞蹈课时，教师先领学生将音调哼一遍，继可一面哼，一面示范舞蹈之一小节，然后令学生照样行之，或教师慢做学生随之。

现在我国中学学生往往不好舞蹈，其最大原因在教法不良。其一因在无音乐或韵律以调节之。盖爱好音乐之天性，人皆有之，舞蹈无音乐，则缺乏情绪之表现，失却舞蹈之真味。其二因在不明舞蹈之故事，只作其步法，不能表现古代人民生活之精神，故授舞蹈之前，除令学生欣赏音乐外，更须简略说明其来历及其与古代人民生活之关系，如是不独能引起兴趣及增加常识，并能激发学生舞蹈之精神。

第五节　舞蹈步法之教学法

教舞蹈之前宜先授步法。步法有简单与复杂之分，拍子自一拍至四拍不等，然每拍又包括一个或一个以上之动作。教步法之时用全部学习抑用分段学习法。须视其性质而异，如遇一种步法，一动作与继起之动作不能截然分开时，则用全部练习法。如遇一动作与继起之动作可能分开时，则用分段法。练习步法时最好以舞蹈之音乐调节之，如无音乐则击鼓数以仿步法之韵律。练习步法时，不必待步法精熟后再授舞蹈，只要动作适合韵律之后，即可开始授舞蹈。

第六节　舞蹈分段之教学法

舞蹈分段，自二段至十段不等，故整个舞蹈，用渐进分段法先授第一段，待第一段练熟后，再练习第二段，再联合第一段第二段练习之。如是又练习第三段，再照样联合前二段练习之。余可类推。每段舞蹈，恒分若干小节，故每段亦可用渐进练习法或全部练习法。

第七节　提 示 方 法

提示方法(Presentation)有四种步骤：(1)说明(2)示范(3)混合(4)随行各种步骤，各有优劣之点，兹分述于后，以便教师相机制宜采用之。

一、说明

在授新动作时，用清楚简明之文字说明要点，指出难点，防止错误。提示类似之动作说明之。提示方法，不独旷费时间，消耗脑力，且学生不能得正确之印像，授舞蹈时少用之。

二、示范

教员一面表演动作，一面口数拍子，或哼音调，微示注意点，然后学生仿效之。示范之为提示之方法，节省时间，惟学生全仗示范，忽略其详细点，难得正确之印像。

三、混合

示范时微加说明，如是不独节省时间，且知应注意之点，及越过困难之方法。至于说明及示范二者成分之多寡，视教材及环境而异。

四、随行

教师慢做，学生随之。是法学生全仗教师领导，易于养成学生倚赖之习惯，勿滥用之。

第八节　暗　　示

一、动作之暗示

暗示动作，暗示者，即练习时微示某动作之模样，以资提醒之法也。复习时多用之。遇有易于遗忘之处，微以动作示之，故不必将动作之全部表出。土风舞之分段，并非合理化，前后相接之二段，大都无联想之关系，前段无提醒后段之功用，学生做完前段，每易顿忘次段，教师应在次段开始前，以动作暗示该段之第一拍或头几拍之动作，如此暗示最能经济时间。

二、口头暗示

在动作进行时，以简略显明字语提醒。

第九节　矫　　正

一、全体矫正

如遇某段或某节中之某动作，学生多数做错，待某段或某节动作完毕时，加以示范和说明，以矫正之，然后反复作几次。有时可立刻停止而矫正之。

二、单矫正

如遇某生于某动作继续做错，可不必因一人之错误而旷费全班之时间以行矫正,可于该动作下次进行之中,至将达该错误点时,凝视某生用简明字语暗示之或加示范亦可。如动作复杂,不能于动作进行暗示之,可于休息或下课后行矫正。

第十节 教师之准备

一、记熟舞蹈各段

遇一极长舞蹈,一次未能授毕,必须两次或三次方可授毕者,可按渐进分段教学法,在一新授之段学毕之后,须从第一段起再行练习一遍。此时教员之提醒及暗示当与初习时符合,不然则易混乱学生之脑感路。常见教师无充分之预备继以善忘之恶习,在第二次练习时,其暗示或矫正之动作,异于第一次所教者,如此则易失却学生信仰,故教师在上课之前,必先自前至后,反复练习,务使一切动作,始终一贯,如遇必要时,须有修改,可先说明其修改之点,然后以次照行,使学生熟练。虽然此法亦不可滥用,因易失学生信仰也。

二、配合音乐

音乐之快慢及其示意,与舞蹈动作关系至大,往往因快慢不合,示意失确,妨碍动作,故教师应于上课前与乐师配适快慢,务使快慢适宜,示意正确。教师应有敏捷之听觉,以便随时指导乐师。敏捷之听觉,固来自天赋,然相当之训练,亦未始不能使之进步。

三、方向

教师对学生而立,故教师之左右方向,适与学生相反,教师之右方,即学生之左方。欲学生向左方做,或左足开始,则教师必向自己之右方示范或右足开始,方能全体学生以同一方向进行。常见无经验之教师,一时忘却方向相反之关系,自己做错,反责学生之心不在焉,易失学生之同情,故应加留意练习以自己之右为学生之左，自己之左为学生之右方。如遇特殊步法，教师面对学生而立，不易使学生明了时，可背对学生示范，然此法不宜多用，因顽皮学生，可乘机搅乱秩序，有碍管理。

四、管理

舞蹈之管理，虽不似游戏或器械操之困难，然亦有应注意之点。休息时或教师说明时，学生秩序最易紊乱，故休息不可滥用。如遇必要时，教师当(一)利用此时，使学生发问而解答之；(二)矫正全体作错之动作；(三)令乐师此时将舞蹈音乐演奏一遍，学生各就自己之位置阖眼默忆舞蹈全部之动作一次；(四)利用此时间听将授之舞蹈音乐，或不关于舞蹈之著名音乐，以养成学生欣赏音乐之习惯。如是则学生之心专于音乐或动作，秩序自井然矣。

第十一节　教材之程序

一切教材程序，皆应先易后难，由浅入深，舞蹈不在例外。英国之乡间舞，步法简单。韵律显明。欧洲土风舞有简单者，亦有复杂者，变化极多。踢舞蹈之动作复杂，故应先授美国乡间舞及欧洲之土风舞，其次授复杂之欧洲土风舞，最后授踢踏舞。

第十二节　教材之分配

按教育部规定中学舞蹈占百分之二十五，合计每学期十至十五小时，可授舞蹈三至五种之多。数目虽不多，然亦应多变化。变化方法有二种：(一)每学期专教三类舞蹈之一类专教一类舞蹈，适于初年级。因专教能使学生能有纯熟之练习，惟排列步法及性质，应彼此各异，借以避免学生之厌倦，并引起其兴趣。(二)每学期兼授三类舞蹈，每类舞蹈各授一二种，此种兼授法，宜于高年级学生，因学生于各类舞蹈已有相当之练习，故所教学生之舞蹈，虽性质各不同，然不致蹈一无所精之弊。

第十三节 兴趣之引起

球类及田径运动有比赛以引起兴趣，舞蹈应每年表演一次，择所作舞蹈中之最有兴味者以表演之。如此则学生平日必勤于练习，表演分化装及不化装两种。不化装之表演，着平日之运动服。化装表演，则须依动作之性质化装。化装为一种专门知识，有西洋书可以参考。

体育建筑及设备
（上卷）

本书初版由勤奋书局于1933年7月发行。原计划出版上、下两卷，下卷因时代原因未出版。

自　序

体育建筑及设备一学科之名词，在吾国发现不早。在民国十八年间，东南大学体育科第四班，始添设此学科，其他各训练体育师资机关，尚未有也。当时该学科之担任教授，为麦克乐与涂羽卿，其教授之材料，在《体育季刊》第二卷登载，内容为径赛及田赛运动之约略建筑，前后数千言，不过供数句钟演讲之资料耳。材料之稀少，可以想见。作者留学美国时，对此项材料，曾留心搜集，终无所得。迨至柏林，从德国体育学院中得体育图书目录一册，内含体育书籍，有二千种之多，而建筑书籍，竟占其百分之一，为数之巨，出人意料，心窃喜之。旋购得其半，阅其要目，材料之适用者，不过十之二三，不禁大失所望。十八年夏，执教鞭于沈阳东北大学，即担任体育建筑与设备一科，且教且编，一年之间，共得十余万字，实为此书之雏形。继又在辽宁体育专修科复教一遍，修改颇多。到平之后，复行增删，即成此本。全书材料，出诸蓝本者固多，然实地设施方法，自出心裁者，亦复不少。如各式跑道之实际划于地面之方法，跑道本身之建筑，依各国之方法，配合试验所得之结果等，为他书所无，而此则应有尽有，故作者对于此书之工作，以编著二字表之，不为过也。全书分两册：上册包括体育建筑历史，各国体育建筑状况，运动场建筑，各种球场，及各级学校体育建筑面积之标准等章；下册包括游泳池，冬季运动，游戏场，体育馆，及器械保管等章。读之者虽不能成为一体育建筑师，然对于建筑之原则与规划方法之大概，定能了如指掌，实地工作时，自有所遵循。编辑之期，前后不过两年，错误之处，定所难免，望国内同志，不吝指教。

例　言

一、本书宗旨

在供专门体育者体育上各种建筑及设备之方法。

二、本书内容

全书分上下两册:上册包括体育建筑之历史,各国体育建筑之情形,运动场之建筑,及各种球场之建筑等;下册包括游泳池之建筑,冬季运动之建筑,体育室之建筑,民众运动场之设计与布置,及体育上之各种设备等。本书材料,得自德国及荷兰之蓝本者居多,美国者次之。

三、本书体材

虽用文言叙述,然措辞简明,读者易于明了。建筑方面,应用算学,虽含代数几何三角,已经作者逐步解明,循序渐进,毫无困难。

四、本书用途

可充大学体育科系之教科书,各体育学校亦能采用,不致有何难处。

五、本书特色

每项建筑,方法不止一种,有价值低廉者,有价值昂贵者,设计者可量社会经济之状况，而定用何种方法。材料有伸缩之性，合吾国社会之经济状况。

六、本书经历

本书所含材料，曾在东北大学体育科印过讲义，当时图照兼缺，咸感不便，学者屡次敦促，加插图照，印成专书，著者乃费一年之久，搜集整理，完成此本。

吴蕴瑞　民国廿二年二月完稿于北平

目录

第一章　建筑之历史

第一节　古代之体育建筑

一、埃及古代之体育建筑

竞技与游戏古代埃及人视为儿童娱乐活动，在国民生活上不占重要地位，故于社会共同生活上之影响无遗迹可见。当时人们只想祈祷，好作道学先生，看身体不过为载精神之具，精神与身体无大关联。二元论之主张，实为埃及人思想错误之表示，以故轻身体，重精神，身体之强健，在伦理与美学上无大价值。所有艺术家诗家，看身体为种族之遗体，类同标本，无诗词以描写之，无雕刻以模仿之，因之古代埃及关于竞技及游戏上之作品，只有角力员及女跳舞家之模型及其画像而已。游泳在近水区域盛行，但今亦无从寻觅其遗迹。因当时此种活动，作儿童消遣及寻常娱乐之外，无他种功用，无怪埃及建筑之中，无一与运动有关系者，良有以也。观其市政之计划，运动场在其中，并未列入，益足证埃及古代之忽视体育。体育建筑，埃及古代一无取法，无怪其然。

二、希腊古代之体育建筑

希腊之哲学，可以真善美三字表其真谛。具美满之身体者，与道学先生有同等之地位，同时可行祈祷。美满之身体为兴味之中心，科学与美术之注意力，悉取是方向进行。上帝不过为人们理想中之人物，具有人们各种良善性质，惟

第一图　希腊运动场

其精神较高耳。希腊人所祈祷者，为地上之物，人们之意念可以想到，且祈祷者为宇宙之中心云。

希腊之建设，有三点可以理会：(1) 人们身体之养育与改善，成希腊文化之重要部份。(2) 社会生活亦以此为至善。(3) 竞技及游戏之比赛，在祭祀时得胜特多者，受无限之推重。凡诗家所传诵，艺术家所雕刻，莫不从身体上作工夫，故无数的诗品，雕刻，建筑，故事，及生活之管理学等，为希腊文明之产品，至今犹有存者，有遗存之物，可以作征。足见体育之影响，对于共同生活之发展极大也。

古代希腊操练之时，全身赤裸，不但所以应卫生的需要，并足以表显身体曲线之美。裸体一节，希腊人并不视为不道德事；从美术上之目光观之，反应加以提倡也。今德国体育专门学校操练之时，男子短裤，上身赤裸，女子短裤背心，有时跣足，其亦有仿希腊古代之意味欤。希腊因应人民身体操练之需要，故有运动场及健身房之建筑，因之二者之建筑方法，占希腊艺术上重要之地位。且有文字之记载，足供现代之参考。在市政建筑之中，是等运动场之建筑与庙堂为同等之纪念品，可以传颂。如小亚细亚之 Priene 城，在纪元前三世纪建设，其街道之纵横四方，有东方之建筑意味，其城市之计划，皆足以应共同生活之需要，殊堪惊人。城市之中，公开之处，有市场，庙堂，戏院，健身房等，共建设于一小平面之上,其位置及关系,纯乎调和。运动场因范围较广,尺寸较大,在城之边陲建筑,与第二个健身房在一处。希腊以美术为基础,以体育为手段,其副产品即有体育之建筑。

三、罗马之体育建筑

罗马之文明纯由希腊发达而来;故大概有相同之处,惟认精神生活及知识较为重要。发达科学,强壮力量,较美术之发扬为有兴味,因其与精神生活有关系也。罗马人认身体为物质之皮套,有力之机械,亦即精神之所寄,智力之所存。操练之目的,在预备多做工作,养成兵士之资格,供给娱乐之对象,养成有兴味之玩具。Juvenalis 曰:"贤者日求上帝,在其健全之身体中,给以健全之智力。"玩索斯言,足以知当时之见界,以精神与身体有密切关系,而以健全之身体为要务也。

罗马游戏之技术,与希腊有传统的关系,但其新创作而有优越之价值者,则非从希腊来也。例如希腊之拳斗,罗马人视为粗暴之技术,后与剑术调和,性质变为柔和。罗马之浴所,无操室,但有休憩之所,如吾人之大茶馆。比赛场上,建筑无多。不过供给许多运动老手,在运动技术到家及力量满足之后,作表演之所而已。向之引起感情之所,今变为剧场。此种见界,为罗马体育之特点,广大之建筑,完全以此种见界而构成,普通由罗马王建筑;此场目的,在使人民得决斗之所,以表扬人民之名誉。罗马王 Diocletianu 建之 Termen 可容数千人之洗浴。决斗场(Kolosseum)为人与人或人与兽决斗之所,死不偿命。大跑马场(Zirkus Maxilmus)为举行野马赛跑之所。此等皆所以试罗马人天赋之技术,亦即罗马文化之特别纪念品也。尚有许多建筑,可为今日之模范,亦可注意之点也。此外尚有一点,堪注意者,即在市政之中,是等建筑,与庙堂及宫廷等共占重要之位置,是等建筑在城市中,足表罗马人生活之中心。盖此乃人民群集之机会,得以休息而娱乐其间也。

四、中古时代之体育建筑

在中古时代,另有别种之戏剧,既非如希腊人之带有宗教性,而以虔诚之态度求身体之发展，又非如罗马人之以发达感觉器官增进智力之目的。当时视竞技与游戏为精神生活外之事业，不过作个人之娱乐及消遣而已。因之竞技之文字无多，其时之运动程序，足表其特征者，亦消灭无存，竞技表演，为国民精神之发表品亦无多，比武或比赛，国民参加者亦极少。在贵族出猎之时，所用之人，犹如鹰犬，运动价值之低，至于此极矣。

人民之运动项目，有滑冰，木棍斗（Fautbalgereien），徒手竞走，掷枪，击剑（用钝剑）等，帝国行政人员及兵士则从事于另一种游戏，可见当时运动亦普及。在勋爵士之城市中，有木道（Pritschbahu）发见，在城门近处，亦有运动之遗迹发现，可见到处有运动之机会，尚有无数射击会，兼行体操，比赛，祝祭等事，亦为全体人民有兴味之活动。

在完备学校之中，在艺术教育之中，游戏亦占其一。然尚不承认游戏为生活必须之活动。犹未明游戏之天性存乎当时之精神之中。只知身体继续操练，可以改善。有强健之身体，可以行生存竞争。此种见界，不能谓之为非一种运动动机。此外，运动之时，尚须有自由祈祷之思想存乎其间，方有最高之价值。

运动员本身所能见者，不过自娱娱人，并无远大理想，故此时期难有如希腊之有精神，有成绩。对于市政计划，无处有遗迹可见，足见政府对运动建筑，未尝善事考虑。

五、文艺复兴时代之体育建筑

在此时代，一般通希腊文者之精神，已转向希腊之文化。然后人只见其外表，未见其内容。

青年男女，能游泳，跑跳，角力，跳舞，则其身体自能强壮而灵敏。当时亦有学者如 Vittorino da Fetra 定军士训练之教程，提倡有力，耐劳，快乐之竞技。为各团体莫不努力从事。故有许多现象，可以认知。

关于有计划之游戏与竞技之操练，人们限于模仿古代之方法。罗马之城市，尤以意大利及西班牙为甚。此外尚有演剧场所之建筑，大约抄袭罗马有看台的竞技场（Amphitheater）之意味而来。运动场如 Herzog Maria Sforza 在

1466—1476 即建筑,尚有游戏场在 Palazzo 花园中建筑,皆有易于上升之坐位围于四周。尚有 Siena 及 Monte Pulcino 两处,此时亦有户外游戏场之保存。虽然对于市政建筑之影响,尚谈不到也。

六、近古时代之建筑

此时期即由文艺复兴时代至近代。据美术史所载,并无新奇之产生物。在此时期中,不过可以显出竞技对于人民共同生活之影响。

在古代模范建筑之后,到处有圆形比武场及斗牛场之建筑。在 1780 年第一个计划,乃 Diodati 为西西里王设计者。在 Mailand Canoica 地方,建有卵圆形之大运动场。四周有渐渐高起之坐位,边上四周高起,其间栽有树木。尚有所谓 Sferisterio,在 Macerata 地方建筑。其式样与前者相似。在场边之外缘有高起之建筑。在两柱之间,尚有较好之坐位。此实为罗马杰出之建筑,足为后世之模范。

当时以兵操与竞技列同等地位。故操场亦其讨论之对象。体操与阅兵为十八世纪特殊的表现,亦引起群众之注意。因之操场亦为城市建筑中之特殊创作。此外尚有可以记载者。即当时一代君王即位之后,欲使人民之身体精神发展,常有公园及运动场之建筑。故路易十四迫于大臣 Courtet 之诤谏,出上谕一道;曰欲救人民于困苦之中,在巴黎须经长时之栽培,储有绿荫之地域。皇后 Mania Theresia 送 Prater 公园于维也纳,Joseph 第二亦送 Augarten 于维也纳。拿破仑第三亦为巴黎人民,建许多公园。Bois de Baulogne (873ha = 8 730 000 方米),Bois de Vincennes (901ha = 9 010 000 方米),Butte Chaumont(25ha = 250 000 方米),Park Monsouris(18ha = 180 000 方米)。尚有许多草花园,其中所有各条办法,与欧各城市同,只有少数人可以享其权利,大约供内臣骑马及草上游戏之用。读英国文辞之记载,则知英国之对于公园设备,更有甚于此者,游历英国,可以见到。英国贵族,与王侯之差押不同,对于自身之身体训练,特殊注意。如 Karl 第一在 1634 年建 Hydepark(145ha = 1 450 000 方米)全场由草地而成,作游戏之用。其后伦敦人民,续得公园草地,作消遣游散之场所,以满足其平日之欲望。无怪英国对于游戏竞技有系统之练习,对运动之训练有系统之思想,并能创作合于草地之新游戏,以应人民之需要也。

十九世纪之下半期,对于发达人格之见界,特别注重,因宗教上之精神生活,不能令人满足。凡技术及科学,非用以求思想上之价值,乃用以达训练人格之目的,使人们直接受惠,于是新生活之理想,得以发其光明。各人皆从事发挥其个人之能力,达个人之价值。此等趋势,皆互相有密切关系,而新时代之思想亦由之决定者。此亦可看为用科学方法发达体育之一种动机。今日所见之结果,实开端于此。新的需要,从变化无穷的环境中,及从人类之观念中不绝产生。故体育亦随之日新月异,永无止境,即设备亦将变化无穷的产生。

文艺复兴时代,人们所用有组织之体操,究属何种方式,不得而知。现今社会,生活复杂,脑力体力,均易疲倦,不能不有合式之体育。现在社会各级人民,宜尽力求生命之保护,培养身体,完成体育。夫宫室建筑之应用科学,交通方法用新方法,皆会应时代之需要而然。工人之工作,伤害身体,扰乱神经。人们愿有他类生活,以应新生活之需要,是有何损。游戏运动之组织,与科学方法符合,亦出诸吾人之愿望中者也。

在此环境之中。不能看竞技之练习,为一种堕落之行为,并不能看为是现今社会之病象。反之,运动实为现今人们共同生活之需要品,而有极新之价值者也。新事业之有特殊价值者,首推竞技运动。此种运动非如希腊人之奉神,亦非如罗马人之表演娱人,亦不如十八世纪之自娱。实来自一种天性的渴望,而向自卫方面进行者。此自卫之趋向,实是一种动机,使人民莫不渴望游泳,体操,踢球,游戏等享荣之机会。倘社会上用比赛等方法提倡之后,则此种见界,得益扩大,在国民言语上将遗极深印象,而运动员亦占国民中重要之地位。

房屋及城市建筑之艺术,此时已达到良好之程度,惟消遣生活则先前尚在森林及平地上过渡。今知非公园不足以达其最高之欲望。其数量其范围,须从财力与地域之可能范围之内,尽量建设。公园中之最重要事件,莫如铺草地;盖芳草绿茵,老少欢迎也。

第二节　二十世纪初叶各国对于体育之建筑

一、美国

美国公园之建筑,范围最广。继续努力,人民之希望日进无疆。其最于价值者有两端,其一为公园,其二为游戏场。

甲、公园

波士顿之弗郎克林公园(Franklin Park)为美国公园之嚆矢,面积 20 800 方米。中有游戏之场地,地面铺草,游戏器具,星散其上。在此公园之中,只有散步之路,乏交通之道。芝加哥亦有许多大公园。如剧克僧(Jackson-park)亨堡(Humboldt-park)公园,可称魁首。绳以近今城市建筑,须顾及体育之理想,一方有适当之价值。

乙、游戏场

游戏运动在芝加哥活动最盛。一千八百九十三年,即开始采用游戏场制,在空地上建有游戏之中心。内设轩轾戏,巨人步,及沙盘等。三年之后,受器械运动家之鼓动及提倡,即有户外健身房及游泳池在道克莱斯公园(Douglass Park)中建筑。在一九〇〇年之前,各大城如费城(Philadelphia)劈城(Pittsburgh)鲍城(Baltimore)哈城(Hartford)纽城(New Haven)旧金山(San Francisco)等,先后为其儿童建游戏场。在一九〇〇至一九一〇年间,各城之市政府,认夏季城市之中,应具游戏之设备。一九〇〇年,芝加哥城费一万元之数,在人烟稠密之所,增设游戏场。一九〇五年,国会始指定华盛顿游戏场之的款。一九〇三年,克利浮仑(Cleveland)城之教育会,将办理游戏场之事务,完全收为教育会办理。一九一〇年,芝加哥设六十五公共运动场及游泳所于全城。

第二图　美国芝城士兵运动场

第三图　芝城士兵运动场

丙、竞技运动场

美国竞技运动场所占之面积颇广，然大部份被占于看台。每项运动，各有专场，如橄榄球场是也。看台直接围于场边，非如德国之足球场与看台之间有跑道也。美国民众，最好看球戏比赛，故看台之坐位甚多。如安亚伯(Ann Arbor)，有八万七千之坐位，耶鲁大学(Yale)有七万一千之坐位，其数均离十万不远。足球场与田径运动场建于一处者，大都为大学运动场，而看台所容之人数，亦不在少数。如纽沃克(Newark)城运动场，容一万五千人；圣路易(St. Louis)运动场，容二万五千人；纽约市立大学(City College of New York)之运动场，容一万二千人；芝加哥大学(University of Chicago)之运动场容四万人；依利诺大学(Illinois University)之运动场容八万人。最古而最大之哈佛大学运动场，可容六万人；费城之弗郎克林运动场(Franklin Field)可容八万人；空前之极大建筑，莫如芝城之练兵场(Soldier Field)可容十万人，此场上之跑道，有一窄边无坐位，故跑道呈马蹄形。凡跑道与球场合造之场，以此式为最适宜。至于纯粹之足球场，则呈杯形。德国则呈椭圆盆形。四周为看台，中为跑道，道中为足球场。

第四图　安那波留地方海军学校之运动看台与体育馆

第五图　本息分尼大学体育馆

丁、美国之体育馆(Gymnasium)与竞技运动室(Field House)

前者作改正体操,体操,器械运动,角力,拳术,击剑,跳舞,及篮球手球等之用,后者作球戏与游戏之用。美国较大之学校,莫不有体育馆之建筑,大学则在体育馆之外,更有所谓竞技运动室。规模小之学校,则往往缺体育馆,用大厅作体操之用。

(一) 体育馆　美国之体育馆比德国为大,平均面积为 30×16 米,文字上规定之标准为 24×18 米及 37×24 米。但最近新办之学校,则其面积之大,远超过之。如纽约之民众学校(Wittclinten School)有两体育馆,面积为 48×19.5 米,高 6.60 米。乔治华盛顿中学,亦有两体育馆,面积为 30×20 米,高 6.60 米。大学校之体育馆,则面积更广,如安那波留(Annapolis)地方之海军学校,则有体育馆一,面积之广,有 60×50 米。在墨西根省安亚伯地方,有两体育馆,一大 75×40 米,一大 84×35 米。本息分尼大学(University of Pennsylvania)之体育馆,为 90×30 米,前有十七窗户,上接天花板,下接地板。美国之体育中,莫不有篮球场,故天花板或屋面均极高。

（二）竞技运动室　此种建筑，德国尚未发见，美国在战后建造。所以供给学生自由活动之场所，犹运动场也。房屋伟大，地面系粘土筑成，宜行各种运动。室内之四周围以煤灰跑道，长由一百六十米至二百米。最大之竞技运动室，则属下列数大学：

耶鲁 98×48 米，芝加哥 60×40 米，圣路易 70×50 米，勃脱鸾大学 50×30 米，乌尔班那依利诺大学 120×60 米，安亚伯墨西根大学 75×33 米。

此种建筑之上，常有看台，分两层，可坐一万人左右。当比球之时，则在煤灰跑道之内边，围以麻线网，于足球可不出场外。

戊、美国各大学之体育建筑

美国大学校际竞赛，竞争最烈。其比赛项目首推足球，棒球次之。著名球队，如哈佛与耶利比赛一次，票资每人一元至二元，总数可得十余万元之多。所有运动经费，建筑经费，均可出之于此，故各大学之体育建筑，大有令人注意之处。

（一）安亚伯城墨西根大学　学生有一万人，运动场面积有二百英亩（＝800 000 方米）。包括运动管理室，冬季运动之建筑，棒球场，田径运动场，足球场，网球场，及自由游戏场。竞技运动室为 102×49 米。其中看台，可容八千人，长八十五米，宽四十八米。其中所含跑道长二百米，直段长七十五米。此外尚有指导员室，操练室，按摩室，角力室，室内哥尔夫室，及手球室等。体育馆之建筑为 126×33 米。更衣橱有二千五百个。主要之室内运动室为 75×30 米，手球场十四个，斯挂虚（Squash）场十三个，角力室一间，拳术室一间，游泳池面积 25×10 米。第二体育馆为 28×10 米，并附有他种房间。墨西根运动场，坐位有八万七千个。棒球场之坐位有一万八千个。人造冰场面积 84×60 米，可供六个之用。女子运动场长四百米，附有跳舞厅，射箭道，室内运动室，曲棍球场，棒球场，及有女子网球场十六个。余如跑道亦在其内。尚有 Waterman 氏体育馆一座，内含跑道，拳术圈，击剑室，垫上运动室，及手球室。Barbour 氏体育馆，专供女子之用。内含室内运动室两个，有剧台之集会室一个，游泳池及冬季游泳池一个。至于男子网球场,全校共有七十五个。孔哥尔夫(Loch-golf)场十八个。

(二)耶鲁大学　棒球场有看台,可容一万二千人,田径运动场,一圈四百米,含二百米之直道两个,有屋面看台一座。网球场四十个,竞技运动室为96×

第六图　耶鲁大学之竞技运动室

第七图　勃脱鸾大学之竞技运动室

第八图　依利诺大学之竞技运动室

48 米。运动场呈卵圆形，看台有座位七万六千个。跑圈中之空地为 150×75 米。操练室厩舍，跑马道，玻罗场，莫不具备。犹有足球场十个，游戏大草场七片，晚上有电灯照耀。哥尔夫场有十八洞，其前有六小池，该校所有运动场地，面积为一百二十五万方米。与德国之侃仑，佛郎克伏脱，荻斯盘，柏林及德国体育专门学校诸校之运动场总面积比较，尚多若干方米也。

（三）哈佛大学　该校有学生八千人，体育馆最古，共有三室内运动室，一游泳池，及大击剑室与操练室各一。手球房内，共有场二十片。游戏场有三十二万方米之大，附有更衣室。运动场有跑道长四百米，有二百米直道一。此外尚有户外有屋面跑道二，棒球场五，网球场一百十一个，足球场十一个，曲棍球场四个，端艇室两座，八人小艇五十八只，单漕小艇二十二只，快艇五十只。拉克劳斯(Lacrosse field)球场两个。竞技运动室极大，下层有游泳池。室内运动室及操练场在上层。

（四）伊利诺大学　该校有学生一万一千人。内含女生二千五百人，运动教员二十六人。体操场之面积为 120×60 米。室内跑道长二百五十米。运动场之看台坐位，有六万之多。跑道一圈长四百米，有二百米之直道一。有屋面看台两个,其内一百二十米长之体育馆两所,其一系木板铺成,他一系粘土。其中有操练室及手球场。此外尚有体育馆三所,其一供女生之用。此三体育馆中,共有游泳池三所。田径运动场上有棒球场,在自由操场上有网球场,大草地及哥尔夫场。

二、德国

甲、公园

欧洲大陆之德国,公园问题之注意,与城市之扩大俱进。惟近十年来,正在开始发展。该国体育界及城市办事人,亦正在悉心研究。有两疑点,正在考虑:(一)运动场如何应用科学。(二)城市日益扩大。场地之建筑须豫料他日之情形,范围及早扩大,以应他日之需要。观其各地之公园设备,大概以美国之计划为模范,可以认知。如汉堡之市公园(3 800 方米)佛郎克伏脱之东公园(42,4ha①)侃仑之民众公园,特什大道夫之德皇威廉公园(Kaiser-Wilhelm-Park)柏林之歇娄公园(Schiller Park)其最著者也。

乙、运动场

(一)柏林之德意志运动场　柏林城外绿林,有德意志运动场(Deutsches Stadion)。一九一三年落成,一九一九年,第六届世界运动会,在此场举行。跑道长六百米,其外有机车道,长六百六十六米。四周看台,可容五万人,看台上无屋面,不能避风雨,此其缺点也。然四周障碍毫无,视线宽广,绿林全境,毕陈目前,亦其优点。跑道之内,容 70×110 米之足球场。场西有露天游泳池一所,长一百米,宽二十二米,游泳池后,复有德国体育专门学校之校舍,建于一九二〇年及一九二一年间。

(二)侃仑(Köln)之运动场　侃仑为德国莱茵河畔之第一大城,有居民七十五万人之多,工业极发达,运动场面积五十五万方米。其大不但为全国冠,亦可称全欧之第一运动建筑矣。草上游戏,田径运动,球戏等场地,莫不十分宽

① 42,4ha 即 42.4 公顷,合 424 000 平方米。

第九图　德国柏林运动场之全景

第十图　德国柏林运动场后之游泳池

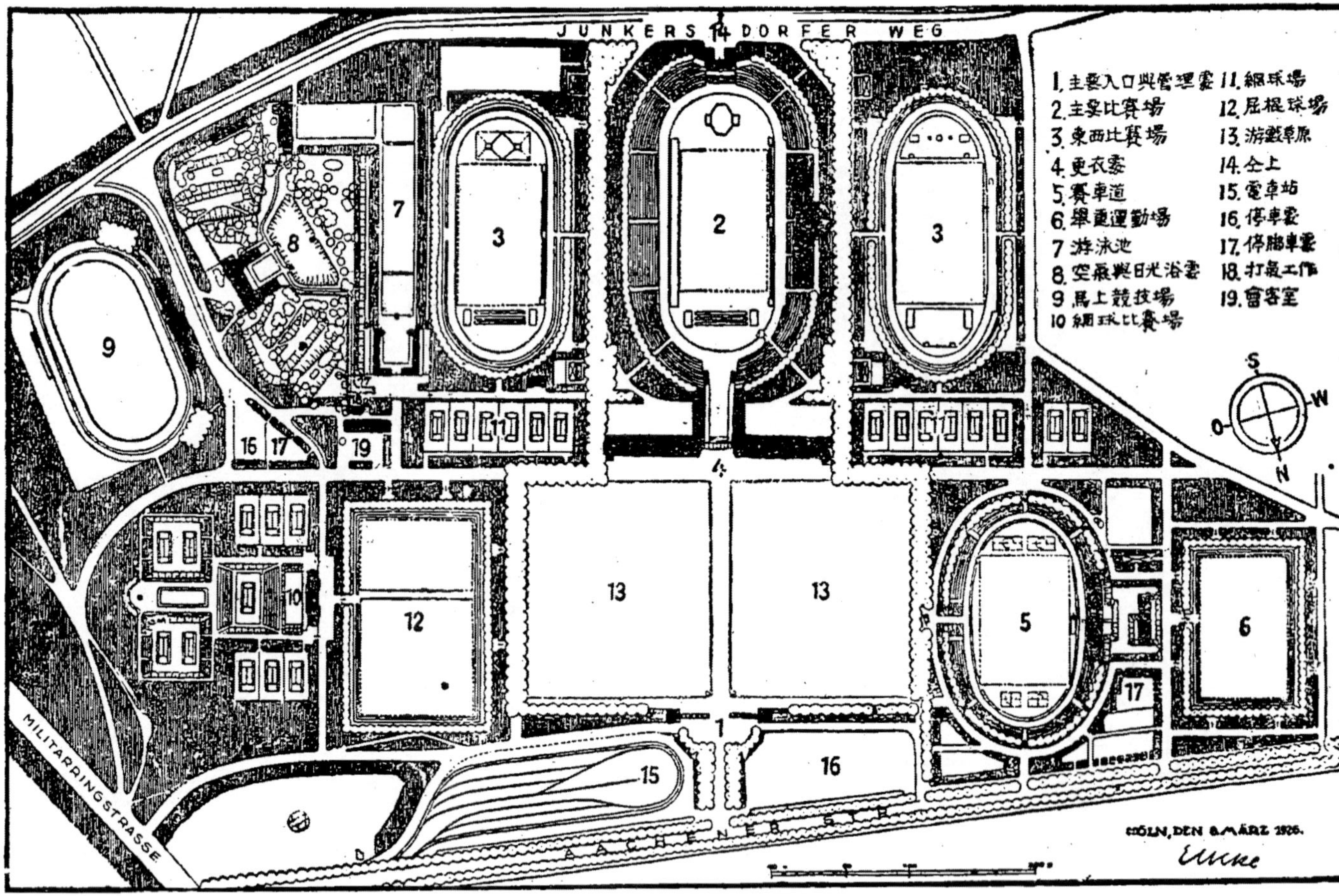

第十一图　德国侃仑城之运动场计划

广。跑道有三,互相并立。一在中央为主场,跑道长五百米。四周有看台,可容五万人。附场之上,亦有参观之地位,但不多用。主场之北,有更衣室,分东西两座。中有大道向北行,其两旁有草场各一。在其左方,有曲棍球场一,四周有参观之堤。在其左右又有网球场一群,比武场一所。华美之会所,亦厕其间。此一群之网球场中,五场作比赛之用,四周有看台。此五场之外,尚有网球场二十个,故此全体计划之中,共有网球场二十个。在草场之右,有脚踏车道,四周有看台,可容二万人。所有拳术,举重运动,跳舞等场所,均在此道之中。游泳池在附场之左,四周包围,不甚合宜。游泳池之左,为空气与日光浴场。再左有马术竞技场。尚有客厅管理室,停车场,均在一处,所占面积极广。

(三) 佛兰克伏阿埋音(Frankfurt A. M.)之运动场　佛城之运动建筑,伟大一如侃仑,而完备之程度,规模之洪大,与天然界之调和,以及吸引民众诸点,则为他城所不及,更非美国之运动所能望其项背。在全部之中央,有极大之游戏场,主要之竞赛场在其西南,由该场之有屋面看台及管理室与游戏场为界。看台向南边倾斜,其所见之面积极广。其中央部份特坚固而广大,其目的不但可用以远眺,并能用作表演之舞台及后台,其呈半圆形也以此。

露天游泳池规模极大,建筑之精美而雄壮,为全德之冠,其长有一百十八米之多,其旁有日光浴及空气浴之场,其边上有更衣室,十分精美。更衣室建筑之间,更有浅水游泳池一个,供不能游泳者之用。池之旁,更有林木,绿荫缤纷,暑天最多之消遣场所也。

佛城运动建筑之中,尚有记述之价值者,莫如机车道,位游泳池之后方,呈卵圆形,不但实用,且极美观,实为全局中之点缀品。网球场共有十四个,互相围抱,另成一局。其中有一场较低,四周皆有看台,作比赛之用。在全场之西南角,有健身房一所,为德国最大最先建筑。其操室之大,为 50×25 米。跳坑之大,为 19×10 米,底系柔软。在室之中央,有嵌木地板一方,大等于网球场。室周有室内跑道,宽三米,作冬季练跑之用。

(四) 道脱蒙脱地方之赤土运动场(Kampfbahn “Rote Erde” in Dortmund)此场所在之环境不良,附近既无水,又无林,赤土之名,千分确当。然而庄严

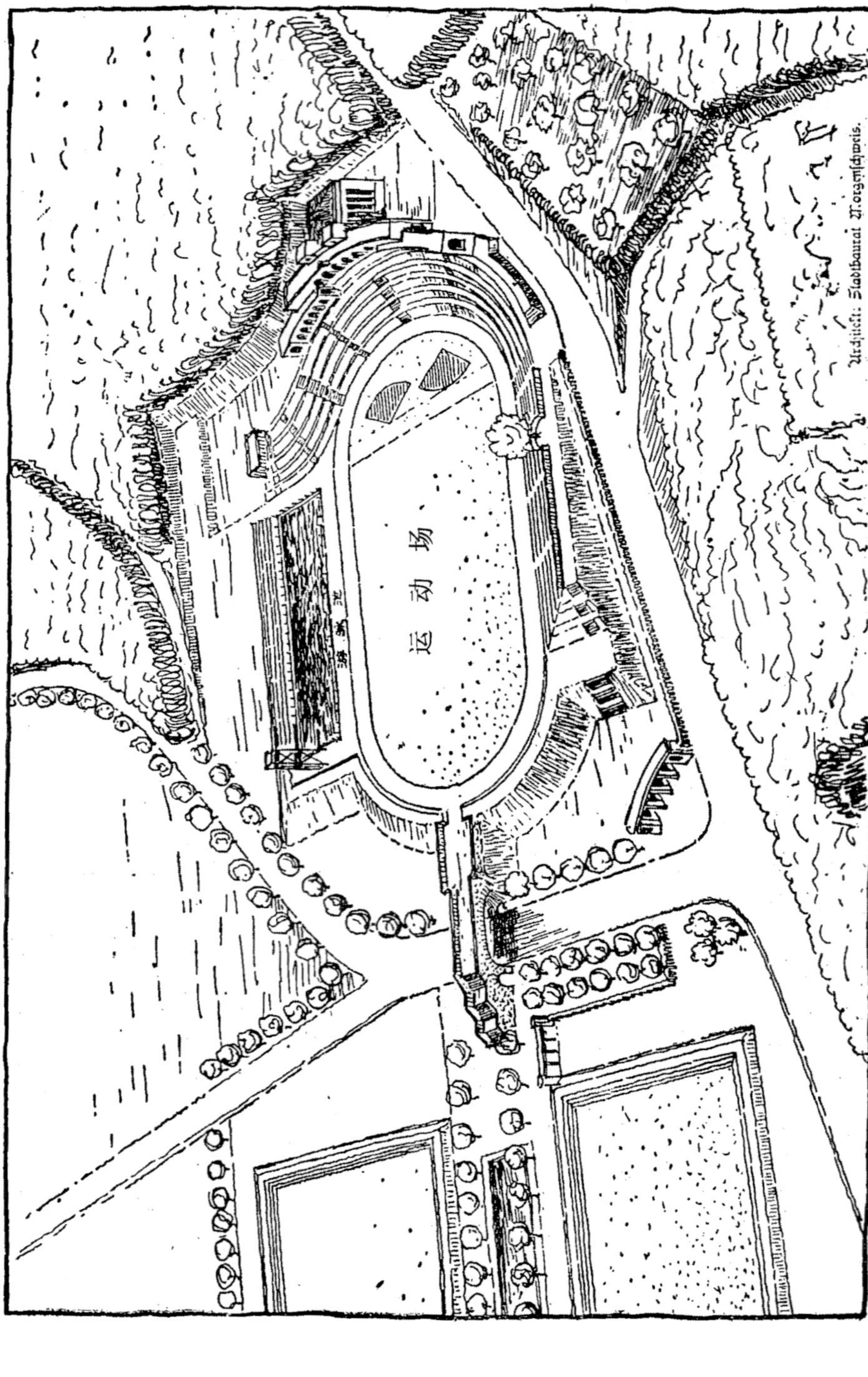

第十二图　德国佛兰克伏城之东马克运动场

第十三图　佛兰克伕城东马克运动场之主要竞赛场景

第十四图　佛兰克伕城之主要竞赛场

第十五图　道脱蒙脱地方之赤土运动场

第十六图　道脱蒙脱之赤土运动场

伟大,则非寻常运动场所可及。本书之所以亦列入者,因其看台系阶级立台,可立可坐,十分经济。

此外特实道夫(Düsseldorf)获斯盘(Disburg)哀而裴非而(Elberfeld)汉堡(Hamburg)勃娄门(Bremen)达恩切舒(Danzig)特娄斯屯(Dresden)诸大城,均有运动之建筑。

三、荷兰

甲、公园

在荷兰大城市中,必有公园之建筑。近来益形扩大。将城外多数民众游散之处,作为人民出城游散之所。因之游散面积,大大增加。今之讲市政建筑者,不可不注意及此也。

乙、运动场

全国之最大者,莫如阿姆斯脱屯(Amsterdam)之运动场。是为一九二八年亚林匹克运动会而建筑。场内跑道为四百米,宽八米,跑道中含有 70×105 米之足球场。所有跳高跳远,撑高跳之砂坑与跑道均在跑道曲段之中。四周之看台,可容四万人。网球场有十个。比赛用网球场有三个,并于一处,四周有看台可容七千人。游泳池宽十八米,长五十米。重竞技(Scheverathletik)(含举石担,拳术,角力等)运动室一所,看台可容五千人。停车场可容四百辆汽车,五百辆公共汽车,四百辆脚踏车。军棍球场(Cricket Platz)为 120×125 米。他如击剑厅,练习运动场(Ulungsstadion)均在此全部之内。

四、英国

甲、公园

伦敦市政之建筑,可以见其公园建筑之注意。市民房屋均绕一公园建筑,几多市房,必有附属之公园。任何居户,皆有其规定之公园,他家庭之人不得入内。园中有网球场及沙盘等。此种公园之外,尚有大公园,供一般市民之游览。

乙、运动场

伦敦之运动场与阿姆斯脱屯相仿，盖后者之建筑，全模仿前者而来也。惟伦敦之看台，可容十二万人。英人之于军棍球竭力提倡，而市民亦乐睹之。故四周看台，亦可容数万人云。

第二章　竞技运动场地之建筑

第一节　要　　义

按近体育之趋势，宜注重户外运动。其有益身体，而为室内运动所不及者，一在空气之新鲜，二在日光之充足。为保持此二种利益起见，竞技运动场万不可建在工厂附近，以受湿气及煤气之侵害。

为建筑运动场而选择场地时，地质之成分，宜加注意。在繁华之城市中，建筑运动场于法定之地域，因土地之难得与地价之昂贵，往往获得场地，已觉满足，土地之情形与性质，不加注意。实则此点颇关重要。在城市地域计划之扩张时，在确定城市之地点时，此点即应注意。

场地须较周围之地为高，于是四周之水可以不流入场中。他如不良之沟渠，万勿准其流入场附近之地，所以防污水之流入也。此外场地宜在会局之东北方，所以防风之侵凌也。凡高大之建筑，宜在西南两方，所以掩蔽日光也。

一、普通组织

运动场之面积，依运动之种类而定。为游戏练习之所，面积 110×140 米已足。在数场鳞比一处时，中间宜栽草地，运动员觉困倦时，可作休息之用。在建筑竞赛场及操练场时，尤宜注意及此。最妙之法，得地之后，暂停三月，以后再行建筑。于是草根深蒂固，不致为运动员踏死。

凡运动场以游戏运动为主者，一种球场建筑之后，须预备再建他场。场之四周须围以行走之路。每种运动场之四周，宜围以寻常之栏杆。其结构须与场之界限，艺术及建筑相称。水沟须宣通，以免水积场上或器械附近。

体操场之围墙，可极简单，遇必要时，可设篱笆或木栏。万一有何表演售票时，可以由其门进场，以资管理。至于栏杆之构造，亦有种种，最简单者，木柱之上，围以铅丝或刺铅丝，勿可太低，盖低则无效也。再进一步，莫如栽矮树，(如冬青)，密布于场之四周，高可五六尺。上方修平，既属雅观，又省金钱。遇必要时，中间尚可连以铅丝或刺铅丝，以防止越规之人。更进一步，则用木栅，其构造有单复之分，其价值亦有高下之别，可视经济之状况而定。其高大概由二米半至三米。凡比赛及售票用之场地，须有栏杆之设备。此外尚有以下诸点，须注意：

（一）入各种场内，其管理之方法，只用一种，使管理容易。

（二）出口处须注意免除拥挤。围路旁之网，亦须正当设置。

在场之四周，如有民房毗连，则须有二至五米之间隔。中间隔以篱笆或木寨，时常关闭。木寨须固以铁柱，入场参观之人，可安靠于其上。

在场之旁，须有荫蔽之所或厢房。遇天气有特别改变时，可作躲避之所。此外尚可作更衣室及运动器具储藏室，在必要时，亦可紧闭。更衣时，儿童及女孩须有洗涤及大小便之便利。最好有雨浴一对，供儿童洗浴。

竞赛场上，须设无屋面及有屋面之两种看台。因日光关系，有屋面者，常在南面或西面之长边建筑，无屋面者，可在东北两方面建筑。在有屋面看台之下，得附有更衣，洗濯，雨浴及食堂等建筑。

二、场地之建筑

（一）普通条件

地土之成分，场地建筑中之重要条件。首要者，即场地须易于泻水。因之不论何种天气，皆可应用。次则地面宜平，灰尘稀少。

草地平坦，不起灰尘。砂地易松而易起灰尘，石子地则崎岖易松，且有蹶伤身体之虞，尤宜避用。

（二）泻水

欲泻水便利，场之四周宜较为低。地面下有松土或砂，则易建成极好之场地。若地下系粘土或黄土，则渗水不易，不得不有特别之泻水设备。新栽草地之上，在最短期间，不可即作运动场。因地土踏实，水积面上，空气之压力不足以使水下渗，使草难于发达。在建筑场地时，有时为节省金钱起见，用瓦砾煤屑堆于地下，不知用之未久，是等物质完全显出，此时再行修理，既费周折，又耗金钱，故为一劳永逸之计，宜照以下方法，正式建筑。

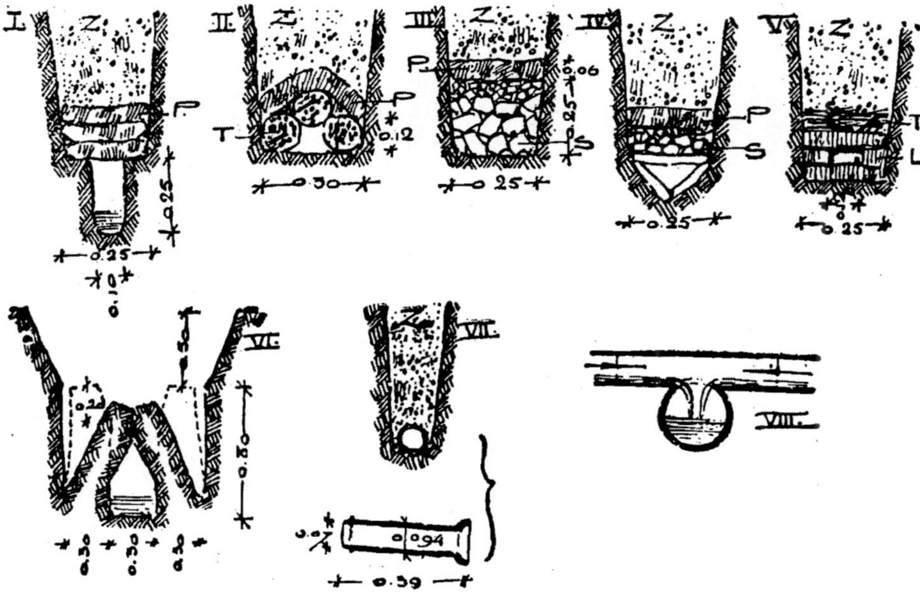

第十七图　泻水系统之结构

I—V 在坚实之地中　VI 在泥炭地中　VII 带有导水管　VIII 导水管通入总导之情形
Z.沙　P.芝土　T.薪束　S.瓦砾　L.泥炭

欲场地易干，则出水之建筑，不仅限于运动场本身面积上。即在草地之四周，切去草皮，起深〇·四至〇·五米深之沟，作排铺阴沟之用。最深之处为〇·七五至一米。从此水可直接向地下流去。此围绕之沟，直接与场上之沟相通，使场中之水得流至场之四周而流去。场中之沟间距离，照例是五至二十米，建筑时，可按地之厚薄及渗水之难易而定。在阴沟之外，通总导水管，由之而再向大导水管。是等管子,均须向下外倾斜,俾泻水快速。大导水管须在深处,总导水管可以稍短。

阴沟之建筑,有各种方法。其最简单者为开掘水沟,用通水之质料,如碎片石子及炭楂等实之。若用碎片,则大而锐尖之块向下,使水由较大之空间流过。德国用泥炭石砾,砂与树枝等,作成种种形式之沟。大有可供吾人参考之处。吾国泥炭不易得,但可用各种形式之砖瓦替代。

最好用有小孔之土管,栽在〇・二五米厚之煤灰石子及碎片之上。上再覆以小石子及砂,以防管外有泥土进管。管长由二十五糎至三十糎。内面直径三至八糎。各管用阴阳笋相接。水可在中间流行,不致泄出。最重要之点,为导水管与总导水之缝合方法。

三、面积之覆盖

在导水管之上,所掘开之地,勿填积太厚,但须注意压实,微呈凹形。所以使易流来也。地面倾斜之度,每百米有三十糎已足。并不妨碍运动。若人们欲有良好之游戏建筑,管上之填积,不可不注意。污泥之地,不可混合砂土,使之坚实。若系砂土,可微和以黑土或粘土,便于栽草。铺草皮时,先用黑土铺地面上而重压之,上再铺以碎泥屑而压平。于是上铺草皮。若草皮由播种而长成,最好在三四月中莳种。草出之后,须定时刈剪之。其间若有杂草,宜用小刀连根掘去。各种运动场,以短草为宜。施肥料时期,从十月至三月底为止。每十五亩之地,用智利硝石二百瓩,汤末氏粉六百瓩,加里盐五百瓩。

第二节　更　衣　室

在运动场上,更衣室万不可少。场上男女齐集,在露天更衣,实不雅观。加以夏天炎日,冬季冰雪,在场上更衣,有碍卫生。有看台之运动场,可利用台下之一部份为更衣室,如东北大学之运动场然。无看台之场,则须另建房屋,作更衣室,同时又可作保藏游戏器械之用。

第三节　看台之建筑

吾国运动，正在萌芽。频年战争，经济竭蹶。有运动场而兼有看观席次者，除东北大学运动场及南京中山陵中央运动场之外，如上海棒球场之有木看台者，已不多觏。即如日本东京之神宫外苑运动场，亦只有西面一边有看台。如德国伯林或侃仑之大运动场，在东亚诸国实不可多得。无他，困于经济也。吾国欲提倡体育，又非有供民众参观运动之机会不可，参观席次，在所必建。兹按国经济状况，搜集各种方式，随意采择。

一、倚山为台

古代罗马，运动场建山谷之中，民众立山坡上看观。为经济起见，此法亦何尝不可采用。况凿石成级，可立可坐。直高而上，地位无穷，容量可多。在多山之城市，大有可利用之处。

二、土台

择较高之地，中间开低，其面积以至少能容四百米之跑道为度（至少180×100米）。开去之土，填场四周，作参观之台。倾斜之度，以三十度为率。过大则土下泻，且看客站立不稳。场面如能高出外界地平线，则出水甚易，用阴沟经台下通外方可也。若低于地平面，则用导管通出，在管委非用风车戽水不可，手续较烦。因此此种建筑，所以不得不择较高之地兴工也。

三、木台

此种建筑，建造经费，多则万余元，少则数千元。如上海之棒球场，杭州梅东高桥之全国运动会场其例也。惟此种木台，外面须及早涂以柏油之类，使用之时，可不致沾污衣服。一方可不致受日光雨水之侵害而毁烂。否则数年之后，必须重建，统盘计算，反不经济。

四、立台

(一) 平斜立台　即在场之四周,筑无阶级之斜坡。倾斜之度,不可过于一比十一(即勾一尺,股十一尺也)。经长时间之站立,方可免脚痛之弊。其建筑须宽广,足够群众自由活动。每人所占地位,以前一人勿遮后人之视线为度。普通一方米之地占一人,与跑道上所占之地位同。如是则斜度为一与十一之比,前后两人之间隔为一米,而两人间高度之相差,适一英尺也。

(二) 阶级立台之一　一方米之地,占二至三人,如德国道脱蒙脱(Dortmund)地方之赤土(Rote Erde)运动场,每级宽两米,其面有百分之十倾斜(二十糎),而两级间面高之相差亦为二十糎,故一级与他级高低之差为四十糎,与二米之比为一比五。在一级之上,立二三列人,各人之视线,均不致遮断。即第二列之视线,从第一人头间看出。第三列可由身体高大之人排入,继立第二列之后方,视线可由第一排人之头上经过。三列人若尽前面之低处而立,占一至一・二米之前后距离,则三列之后,至少有八十糎之地余多,可为自由活动之余地。(因其后再立一人其视线完全遮去。)如是可免久站之后,两脚酸痛之弊。

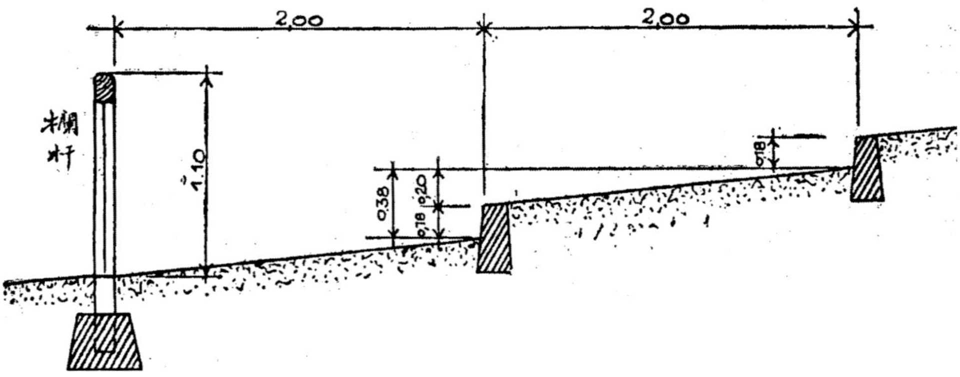

第十八图　阶级立台之一

(三) 阶级立台之二　在一方米中立四人,两方米中立八至九人。其前后排列悉仿前台,惟将其后方移动之余地缩去,与每级本身之斜度由〇・二米缩至

○·一二五米耳。

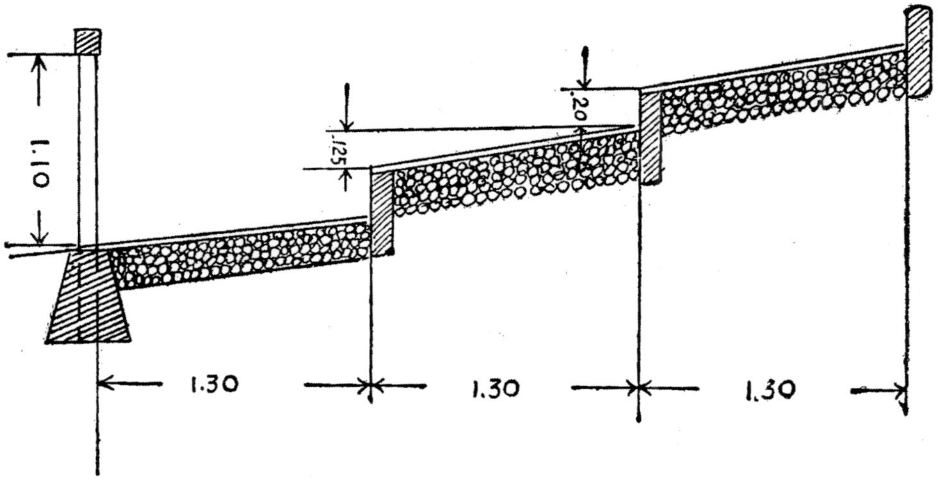

第十九图 阶级立台之二

（四）阶级立台之三 在一方米中立五至六人，每级之间最密接。此种建筑，倾斜之度较大，前后立台之间，离四米或至多五米，有气管做成之栏阻隔于其间，以防止上层之人向下层拥挤。此外由上层至下层之通路，须自由贯通。欲阻止上下流动，不能用工人管理之方法，乃使通路与每间隔之立台之间，参差较多，用惟一之侧路（与通路成正交），而交通。

欲立台牢固其边上须用坚铺之石条或水泥作缘。立面须坚实，以免积久凹陷。

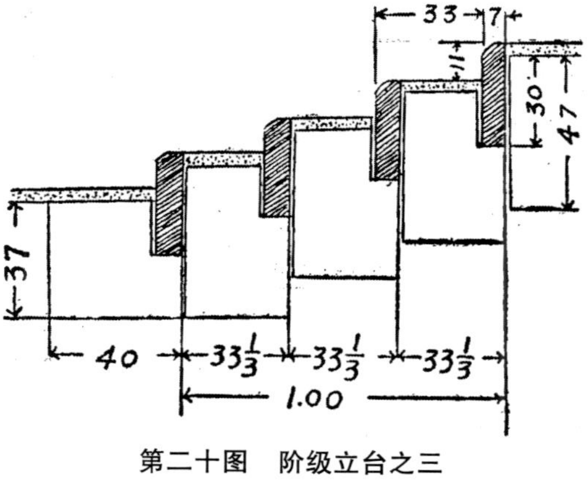

第二十图 阶级立台之三

五、无屋面坐看台

（一）坐位无靠背者　坐位之前后须靠紧，即其深度不向太多。按向来之经验，座间之走路太宽，易致观众挤入已坐定各行之前。通常凳间之空间，宽五十粴至五十五粴，连凳一起深至多八十粴。凳无靠背。凳面之下，阶级之边，须向后缩进，以留脚向内缩之余地。因场上若有兴味之项目可看，在此种坐位之上，觉极舒服。

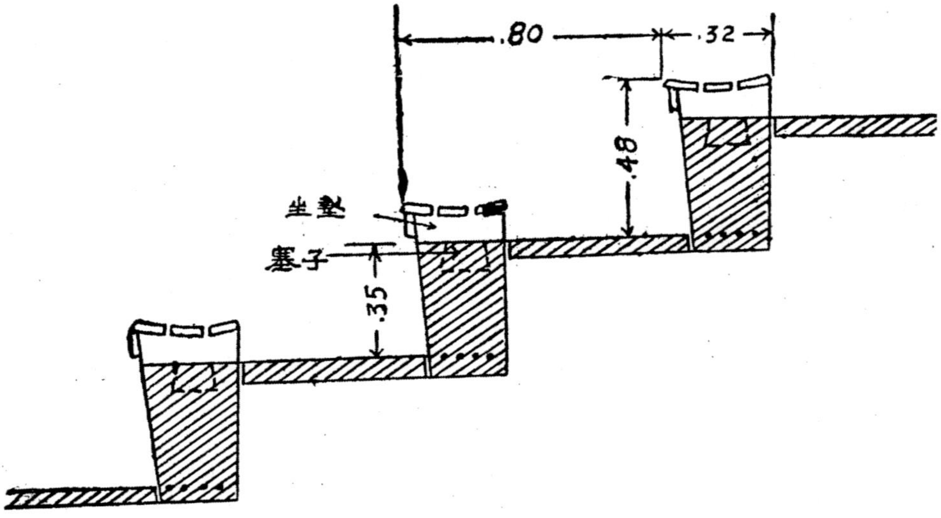

第二十一图　德国柏林运动场之坐位

东北大学运动场看台，每级高二十八粴，深七十一粴，坐板与板垫高十六粴，故坐面之高，为四十四粴，板与板垫突出四粴，坐时脚可缩进。德国柏林运动场，深八十粴，坐面高四十八粴，东北大学之坐位建筑与之比较，实属不相上下，足见看台之建筑，尚属合式。

（二）有靠背坐位之看台　建在球场外者少，在跑道外者多。深至少一米。凳之靠背依理高四十粴，微向后倾。

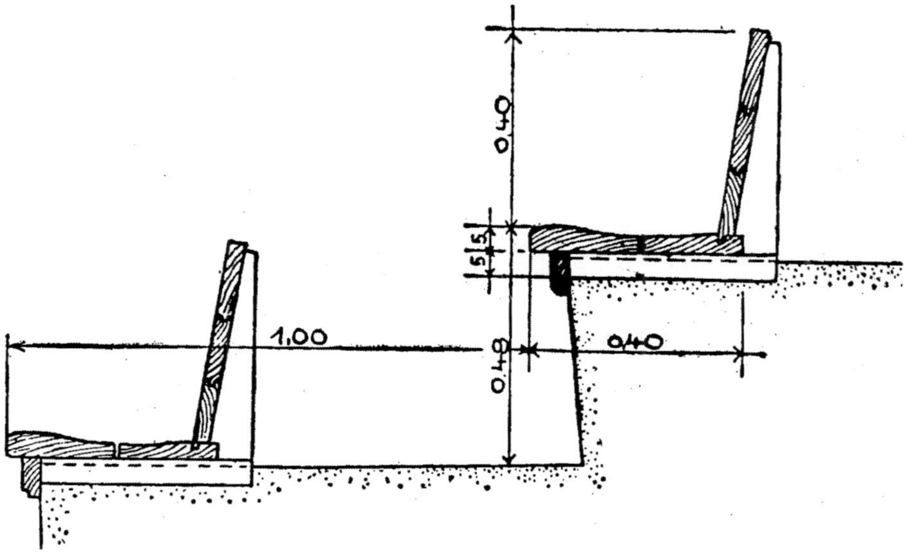

第二十二图　有靠背坐位之看台

六、有屋面之看台

建筑有屋面之看台，入口问题最难解决，入口如在前方，则观者进出，有时防碍运动。入口在后方，前弊固可免除，而出入自由，位置易于占去。东北大学之有屋面看台下系出入之大厅，上等看客，由后方进，再由前方升台，并不经跑道之边，无妨碍运动之弊，建筑颇为合式。

第二十三图　有屋面看台之结构（德国勃娄门体育会之竞技运动场）

看台之高，视与场之距离而定，以能自由看到全场，不为立于场边上之人所遮去视线为度。坐位须丰富，以铁骨水门汀浇成，上置有靠背之坐位。按吾国情形，每次大运动会，有司令台及长官席之设。有屋面看台，可供此等用途。故每级之深，至少能容一长桌及一列椅子为度，中间若须置陈列奖品之大桌，则深度或须增大。东北大学运动场之有屋面看台，每级深一百四十五糎（四呎五吋），高五十一糎（一呎八吋）。每级之间似相差太多，实则为视线关系，不能不如是也。

看台之屋面，以不当遮视线为原则，尤以柱子稀少为妙。前面之顶，须高耸而突出，于是前方之一列，亦可不受雨点之侵害。坐位既渐渐高起，最后方之一列，亦须舒泰而看得全场清楚。后墙亦须建得通空气而亮光充足。建筑之最好方法，看台最高之部份，完全用铁骨水门汀做成。载铁骨水门汀之柱上，柱脚下埋于砖或人造石之中，亦用水泥浇牢。此种看楼，较用木屋面者为贵，比木看台而用木屋面者为尤贵。然统盘计算，仍是经济，因铁骨水门汀之看台与屋面，不需何等维持费用也。

第四节　出　入　口

出口与入口之问题，与会场管理及秩序大有关系。所谓出入口者，大概可分两端而论：（一）看台之出入口，入口宜少于出口，盖入座之容，到场先后不齐。入口之少，可以便于验票，管理之人可少。至于出口则宜多，因运动完毕，看客齐散，众如群鸟，出口若多，则在最短时间，观众可迅速走尽。如东北大学之看台，出口共有十三个，开会之前，可关断大半，节省验票之人。在大会将完之前，则各口齐开，便于离场。（二）进运动场之入口，须极少，至多东西各一。如德国运动场，进运动场者，须从东西各一之地道而入。实为免除非运动员窜入运动场之惟一良法，东北大学运动场，看台下之房间，留作运动员住宿之用，用意甚善，惟入运动场之口，共有三十个，运动员固可自由出入，而非运动员亦可任意窜入场内，秩序最难维持，最好之计划，将此等入口，改为窗户，场中号召之声可以传进,只留东西各一之入口,便于运动员进场。

第五节 看台之形式

看台之形式,视跑道之形式而定。德国及其他欧洲诸国之跑道。全体成椭圆形,故围于四周之看台亦属椭圆形。惟因短距离跑,速度加增,如二百米及四百米,成绩之进步,一日千里。向在曲道上比赛者,今知与成绩有损,故美国跑二百米,亦如百米之在直道上举行,四百米向经三百六十度,今亦主张径一百八十度,而马蹄式之跑道以起。跑道既呈马蹄形,看台亦不能不随之而建马蹄形矣。美国之费城(Philadelphia)匈亚利之葡特配斯脱(Budapest)两运动场,及芝城之士兵运动场(Militär Stadion)①,看台均呈马蹄形。东北大学运动场之看台亦如是,其亦采美国建筑之意味欤。

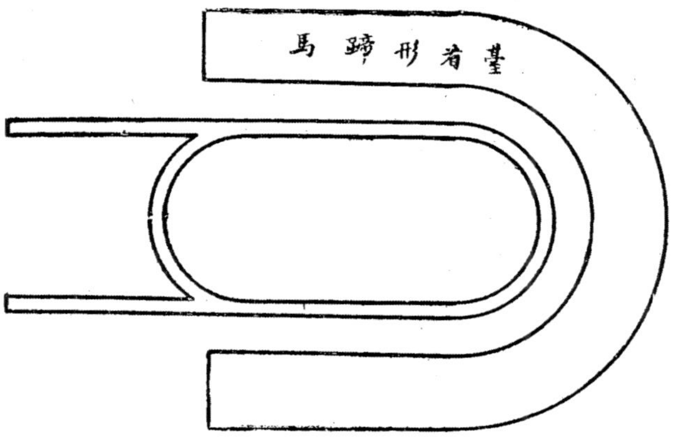

第二十四图 美国费城运动场跑道与看台之形式

第六节 跑道之长短

跑道之长度,根据以下诸要素而定:(一)跑道内须容一足球场,其大小最好

① 即后文本章第八节列的 Soldier Field。此处标注的应是德文译名。

为 70×105 米，跑道之少于四百米者，不能达此标准。（二）观众之视力问题。运动场之建筑，固以适于运动员为原则，然举行运动会时，民众来场，得有极合式之参观场所，亦是重要条件。若跑道之长过六百米，则场内地位太大，观众视力不能及，不论田赛或径赛项目，必有一部份观众不能看到。故有主张建八百米之跑道者，实未明此点也。（三）计算问题。径赛项目，如中程为八百米及一千五百米，长程为三千米五千米及一万米。若跑道之长为四百米或五百米，则计算圈数，非常便利。例如三千米一项，在五百米长之跑道上举行，则共计六圈，在长四百米之跑道上跑，则为七圈有半。若跑道长三百五十米，或四百二十五米，则不但计算为难，且起跑之点，致各项目不同，甚至时更终点，裁判时感觉不便。（四）成绩问题。按力学离心力之公式 $F=\frac{mv^2}{r}$ 即人体之质量及跑之速度为常数。离心 F 与半径 r 为反比例。跑道之长度愈小，半径愈小，则离心愈大，身体不得不向内倾斜以应付之，于是向前之速度减慢（参观《运动学》二十七页第十五节）。据德国体育专家地姆博士（Dr Diem）之经验，跑道之半径，不可小于二十四米。若一跑道短于三百米，则跑道不论何式，其半径必小于二十四米。若跑道短于四百米，则篮曲式跑道之短半径，亦必小于二十四米。总观以上四点，跑道之长，至少三百米，至多六百米。

第七节　跑道之形式与设计方法

跑道之形式有种种，而最合式者不过一二种。然如学校之中，有时受地方之限制，不能照理想实行，不得不有变通之方法，以因地而致宜。爰举各种形式而讨论于下。

一、篮曲式

是又名正常式（Normalkernplatz），为德国地姆博士所创，其优点有数端：（一）跑道两直段开之距离（即跑圈左右径）不变，而直段之距离，可较同距离之

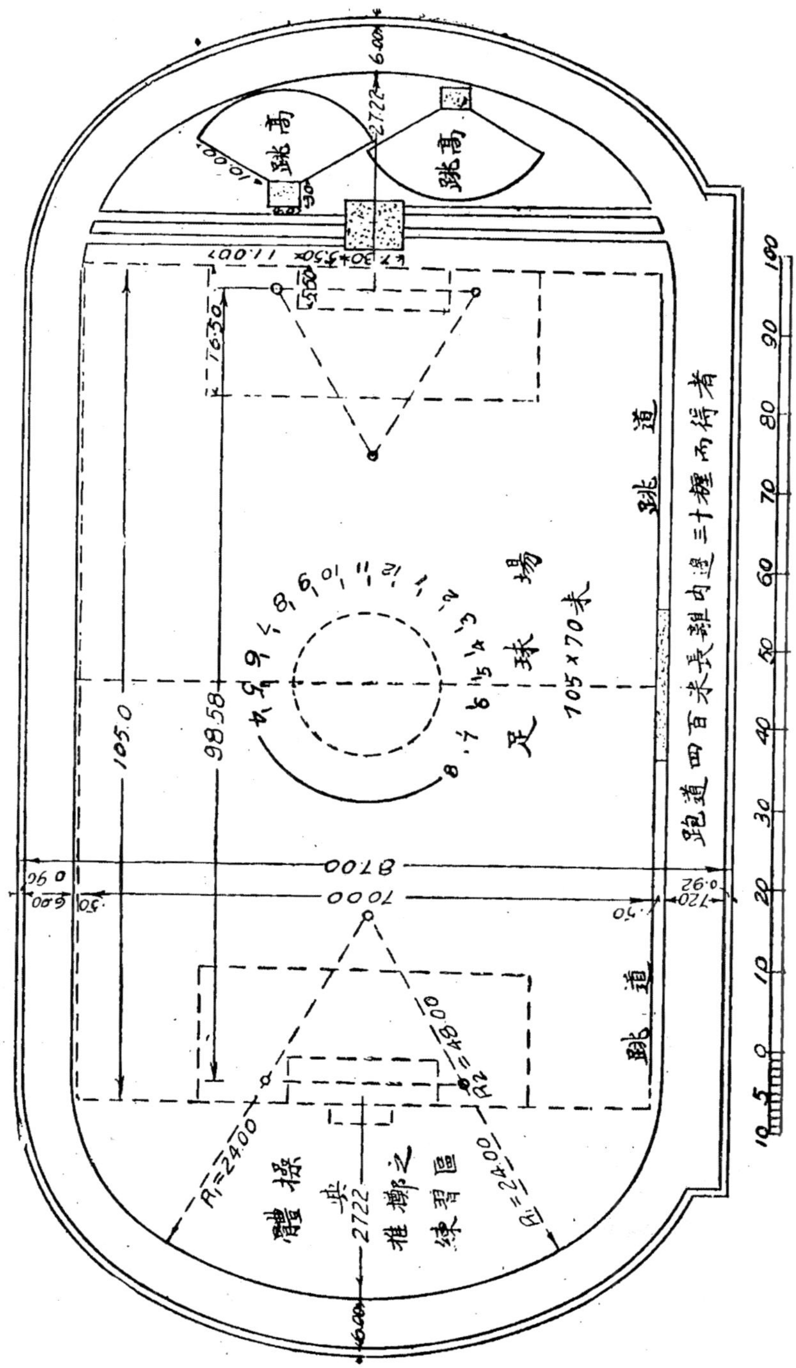

第二十五图　德国地姆博士所发明之蓝曲式跑道

跑道建筑之计算表

沿跑道内边30米而量之跑道周围长度	跑道曲线之种类	曲段之半径	跑道周围		直段之长度	横径直径之大小		在跑道内长方形球场之大小
			两曲段之总长度	两直段之总长度		余均为6米宽	其一百十米之直段均为7.20米宽	
						直径	横径	
300	正常式跑道	$r_1 = 18$；$r_2 = 36$	152.68	147.32	73.66	128.66	68.20	50×90
325	同　　上	$r_1 = 19$；$r_2 = 38$	161.06	163.94	81.97	138.75	71.20	55×90
	半圆形跑道	$r = 26$	165.24	159.76	79.88	146.08	66.20	50×90
333⅓	正常式跑道	$r_1 = 20.5$；$r_4 = 41$	173.63	159.70	79.85	140.55	75.75	60×90
	半圆形跑道	$r = 29$	184.10	149.24	74.62	146.82	72.20	55×90
350	正常式跑道	$r_1 = 21$；$r_2 = 42$	177.80	172.20	86.10	147.92	78.40	60×100
	半圆形跑道	$r = 32$	202.96	147.04	73.52	151.72	78.20	60×95
375	正常式跑道	$r_1 = 22.5$；$r_2 = 45$	190.38	184.62	92.31	157.53	82.90	65×105
	半圆形跑道	$r = 34.5$	218.64	156.36	78.18	161.38	84.40	65×100
400	正常式跑道	$r_1 = 24$；$r_2 = 48$	202.84	197.16	98.58	176.22	87.40	70×105
	半圆形跑道	$r = 36.35$	230.28	169.72	84.86	171.76	88.10	70×105
425	同　　上	$r = 36.0$	228.00	197.00	98.50	184.70	87.40	70×110
450	同　　上	$r = 36.0$	228.00	222.00	111.00	197.20	87.40	70×115

他式跑道为长(参观《跑道建筑计算表》)。(二)跑圈之直径较他式之四百米跑道为短(参观《跑道建筑计算表》),因之在看台曲段上之观众。亦易见在远端曲段内举行之田赛项目。(三)跑道间之空地。较同长度之他式为宽,因之足球场亦可较宽(与半圆式及尖圆式内之足球场比较即明了)。故篮曲式为最新而最合式之跑道,德国体育大学运动场,即采用是式。

(一)计算方法　此式之两端之曲线成纯半圆形,各经一百八十度。曲线之在两角者,为半径,二十四米计算时加三十糎画六十度之圆弧。在顶端者,为半径四十八米计算时加三十糎画六十度之圆弧。量跑道之长度,须从跑道内边外三十糎之处量之,至四百米而止,其计算如下:

(1)角上之曲线距离为半径二十四米各动六分之一周(或六十度)之圆弧。全体有四角,故全体为 $4\times\frac{1}{6}=\frac{4}{6}$ 周。因之四角圆弧之长度为 $\frac{4}{6}\times2\times24.30\times3.14=101.736$ 米。

(2)跑道两顶端之曲线距离,为半径四十八米各动分之一周(或六十度之圆弧。为全圆之 $2\times\frac{1}{6}=\frac{1}{3}$ 周,其长度共为 $\frac{1}{3}\times2\times48.3\times3.14=101.108$ 米。

(3)若跑道之总长为四百米,则两端圆弧间之两直径,各由 $\frac{400-202.84}{2}=\frac{197.16}{2}=98.58$ 米。跑道之宽,至少为四·八米。普通为六米,而划分为五人之跑道。短程赛跑跑道,其阔至少七·二米,分六路。若跑道全体总长五百米,则短跑道可至多十二米,划分十路。凡全国运动会场,或全省公共体育场,皆当有十二米宽之短程道,庶可减省豫赛之次数。其长至少一百二十五米。一百十米高栏亦可在此道上举行。其终点之后续余十米。起跑线之后,亦至少留数米,以为起跑时之余地。最好全长为一百三十米,则两端余地可多。

(二)篮曲式跑道计划之步骤

(1)丈量空地　设空地长一百四十三米,宽七十五米。

(2)估计空地　欲筑四百米之篮曲式跑道,空地须长一百七十米,宽九十米。欲筑三百米之篮曲式跑道,空地须长一百二十八米,宽七十米(参观《跑道建筑计算表》),否则不够。今所量得空地之大小,在三百至四百米之间,可向三百五十米建筑,有时较多或较少,不妨有出入。惟因计算上之便利,最好成十数,如三百八十或三十四米是也。

(3) 求半径之长短。半径之大小,与地之宽度有直接关系。以上(1)节测量之结果为七十五米,则小半径之长必为:

$$\frac{75\text{ 米}-(6\text{ 米}+7.2\text{ 米})}{3}=\frac{61.8\text{ 米}}{3}=20.6\text{ 米}$$

因六米为一边直道之宽,七·二米为百米跑道之宽。小半径为七十五米减去两边直道宽之三分之一。惟因跑道之外边宜留一点余地,故定小半径为二十米。大半径为小半径之两倍,故大半径为 $20\times2=40$ 米。

(4) 求大半径与小半径之圆心,先在距场地边上(不预备筑百米直道之一边),三七·五米之处,作与边并行之直线,大半径之圆心必在此直线上,而此点距空地之极端,为大半径之长与跑道宽之和,即 40 米 + 6 米 = 46 米。O 点即为大半径之圆心,复在离 O 点 $20\cos 30^\circ=20\times0.866=17.32$ 米之处,作 OA 之垂直线 BD,则小半径之圆心必在此垂直线上,而与 OA 之垂直距离,必为小半径之二分之一,即由 C 点向两边各量十米,即得两半径之圆心 o' 及 o''。

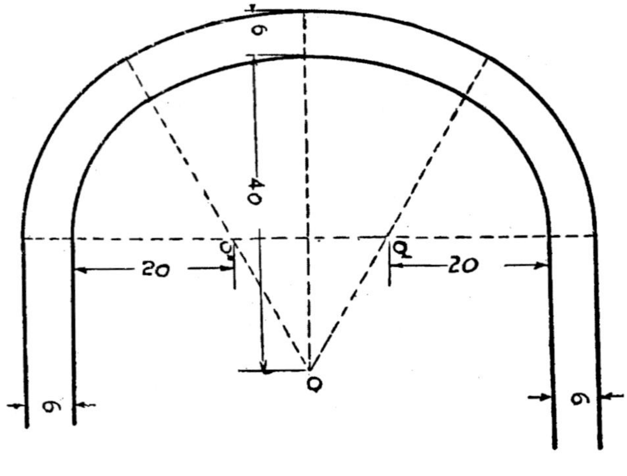

第二十六图

(5) 画曲段之方法延长，oo'及 oo''，可作大小半径所画曲段之界限。两小半径及大半径各在其范围内动六十度，即得 bd 弧，为曲段之内边。三半径各加六米，各动六十度，即为曲段之外边。他端之曲段，以同法画圆弧而得。

(6) 计算方法

(子) 四角之曲线总长为半径 20.30 米，各动六十度圆弧之和，其长为 $4\times\frac{1}{6}\times2\times3.14\times20.30=84.99$

(丑) 跑道两顶端之曲线长为$\frac{2}{6}\times2\times3.14\times40.30=84.36$ 米。

(寅) 估计跑圈之总长与直段之长度

以上测量之结果，地长为一百四十三米，今去两段曲之高 AC 之两倍距离：(143 米 $-(40-17.32+6)\times2=85.64$)，尚余八五 · 六四米。若将此直段之长，即作为此跑圈直段之长，则全跑圈之长必为 $84.99+84.36+85.64\times2=340.63$ 米，可见欲凑成三百四十米整数，两直段须各缩短$\frac{0.63}{2}=0.31$ 米。为便利计，只将 oA 大半径向内移动○ · 三一米可矣。

二、半圆式

是式与篮曲比较，则缺点有三。(一)同长之跑道，其内所含之足球场较窄。(二)曲段两项端之距离较长(参观《计算表》)。(三)直段之长度较短(参观《计算表》)。除以上缺点外，半圆跑道亦有优点。即运动员将身体之斜度与速度一经配定之后，因半径只有一种之故，可不必时时更变身体之斜度。

(一) 计算之方法　此半圆形，由一种半径画成。

(1) 两端圆弧之长为 $2\times33.30\times3.14=209.124$ 米

(2) 若跑道之总长为四百米，则两端弧圆间之直径，各为$\frac{400-209.124}{2}=95.44$ 米

(二) 半圆形跑道之计划　半圆形跑道之计划方法，与篮曲式相仿。惟较简

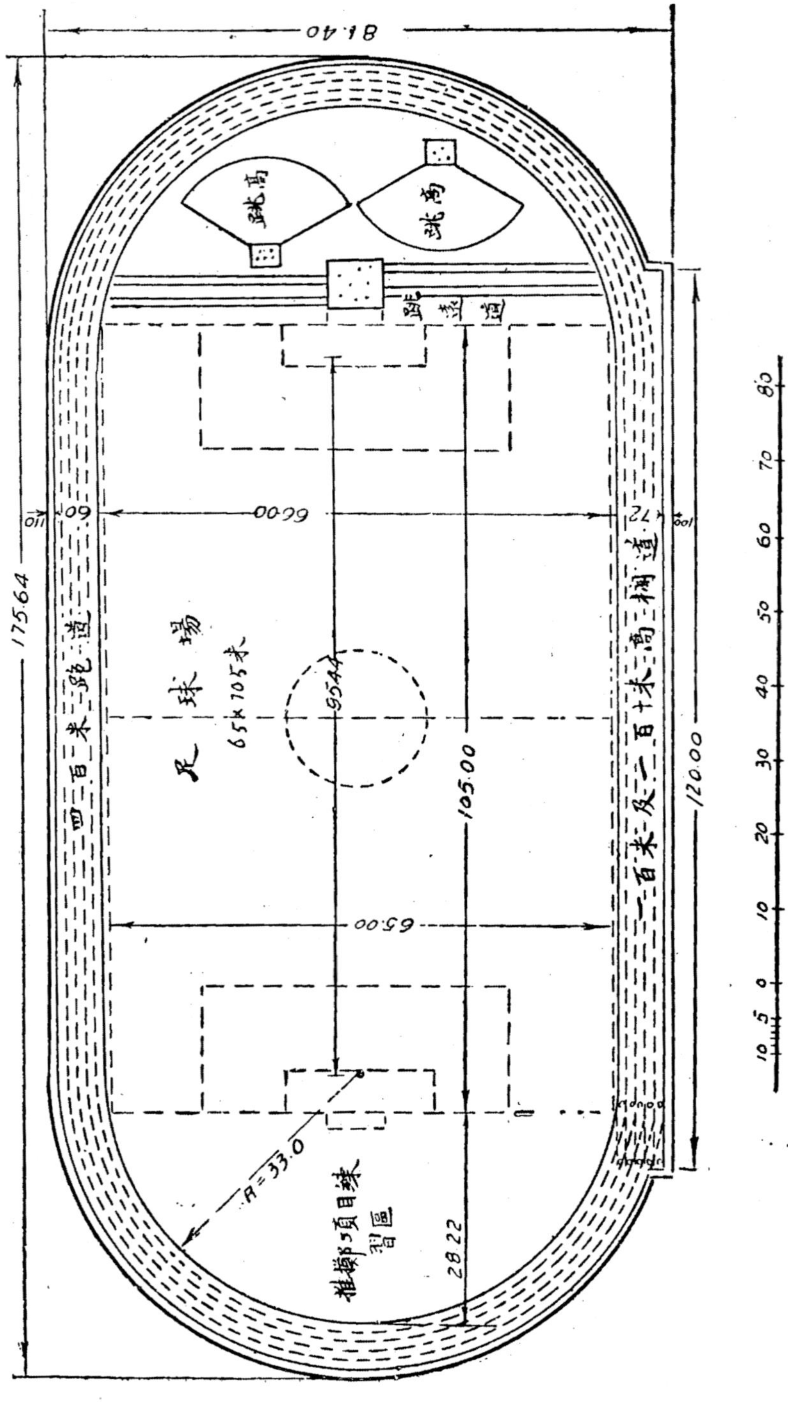
81.40
175.64
120.00
105.00
66.00
65.00
28.22
R=33.0
足球場
65×105米
跳高
跳高
跳遠道
四百米跑道
一百米及一百十米高欄道

第二十七图 半圆形跑道

单耳。

(1) 测量空地　假定长一百八十五米宽九十米。其外面可不再留余地。

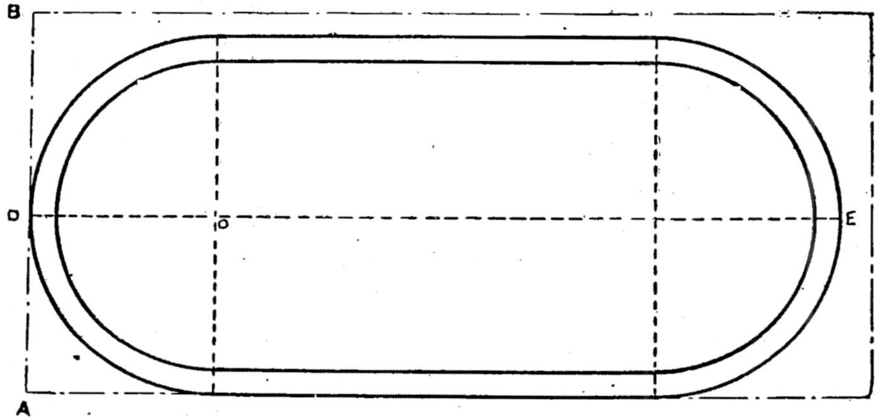

第二十八图　半圆式跑道计划图

(2) 求半径之大小　此种跑道,半径只有一种。其长当然$\frac{90\text{米}-7.2\text{米}-6\text{米}}{2}$$=38.4$米。但参观《建筑计算表》,此空地之大小,合于建筑四百二十五米之跑道,若即将求得三八·四米作为半径,则不免太大,而直段为之缩短,故不如直接抄袭四百米半圆形跑道之各种尺寸,反觉便利。于是定半径为三十六米。

(3) 圆心之位置　该空地之长与跑道之直径比较,尚多185米－184.70米＝0.30米。故两圆心均在该地纵行二等分线DE上,而距场之两端各为$36+6+\frac{0.30}{2}=42.15$米。于是由$D$点内量四二·一五米,即得$o$点。

(4) 计算方法　与(二)相同,学者可自行计算之,兹不赘。

三、尖圆式

此种跑道在欧战后发明,有人谓有脚踏车道之跑道,建此种形式,可以使速度甚快而无阻碍。然详细研究有种种缺点:(一)直段太短,为最大缺点。(二)所容足球场亦较窄。(三)跳远及撑高跳坑只能在直段之内边建筑。

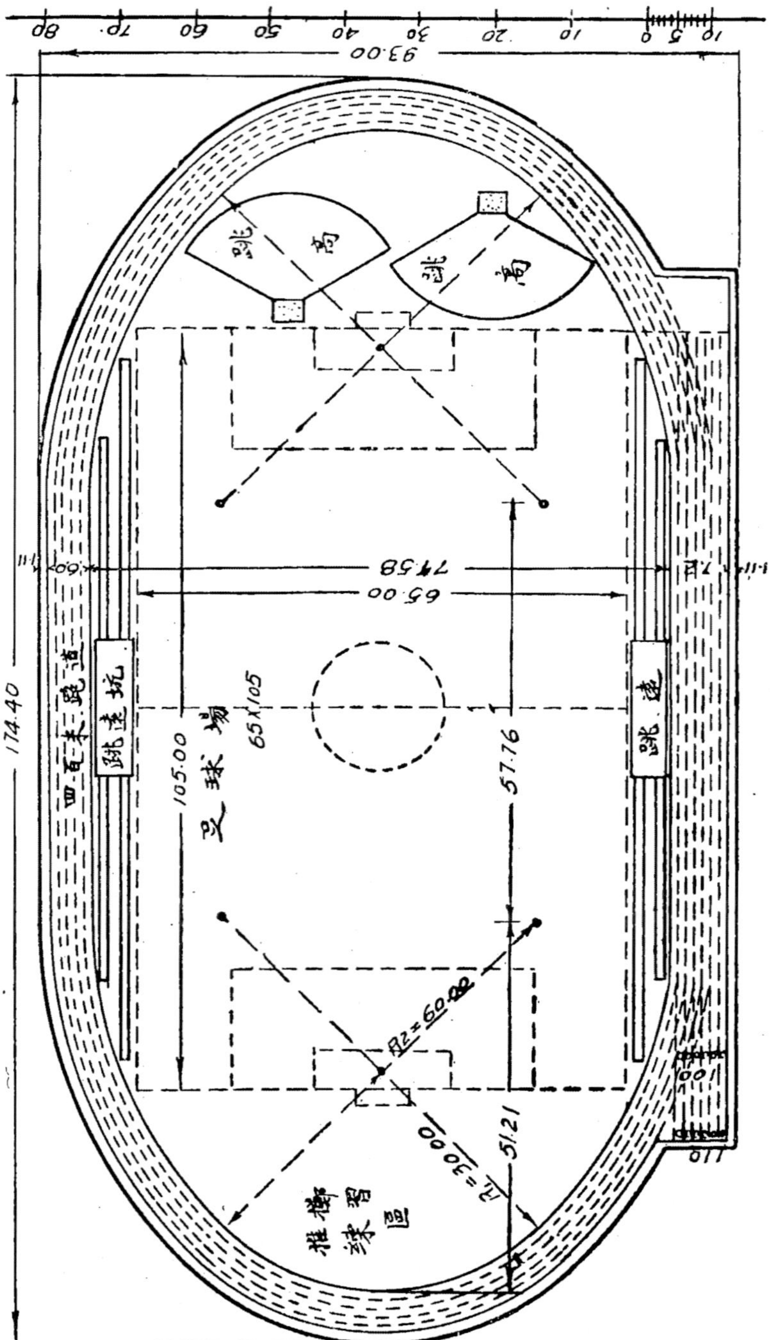
93.00
174.40
跳高
跳高
足球场
65×105
105.00
74.58
65.00
57.76
51.21
跳远坑
百米跑道
跳远
推铁球练习区
R2=60.00

第二十九图　尖圆形跑道

(四)空地大而所建筑之跑道之尺寸小。故此种形式,在五百至六百米之跑道尚可应用。否则,除非地方有限制之时,皆不宜采用。

(一) 计算步骤　此种跑道,亦有两种半径,与篮曲式同,大半径亦为小半径之两倍,惟大小之位置适相反,且所经之角度亦各有不同。

(1) 角上之曲线,为半径六十米各动八分之一周(或四十五度)之圆弧。全体有四角,故全体共为 $4\times\frac{1}{8}=\frac{1}{2}$周。因之四角之共长为$\frac{1}{2}\times2\times60.30\times3.14=$ 189.342 米。

(2) 跑道两顶端之曲线,为半径三十米各动四分之一周(或九十度)之圆弧。为全圆之 $2\times\frac{1}{4}=\frac{1}{2}$周。其长度共为$\frac{1}{2}\times2\times30.30\times3.14=95.142$ 米。两端圆弧所有之曲线共长为 $95.142+189.342=284.484$ 米。

(3) 若跑道之总长为四百米,则两端圆弧间之直段,各为$\frac{400-284.484}{2}=$ 57.758 米。

(二) 计划方法

(1) 测量场地　假定长为一百八十米,宽为九十八米。

(2) 求半径之长短　此式之半径,不如前二式之易求,不得不应用代数及几何之方法以求之。

设大半径 $o''A$ 为 x,则 $o''D$、$o'B$、$o'E$ 均等于 x。DE 为跑道两直段之距离,等于 $2o''A-\sqrt{o''o^2+o'o^2}=2x-\sqrt{\left(\frac{x}{2}\right)2+\left(\frac{x}{2}\right)2}$。但 DE 即等于地之宽减去两跑道之宽,即 98 米 $-2\times7=84$ 米。故 $2x-\sqrt{\left(\frac{x}{2}\right)2+\left(\frac{x}{2}\right)2}=84$。应用 $\frac{-b-\sqrt{b^2 4ac}}{a}$之公式计算 x 之值,一等于六十三米,一等于三十二米,以六十三米为合式。小半径为大半径之半,故为三一·五米。

(3) 半径中心之位置　在场上作纵行线 ab,离一长边为七·二米,离他一长边为六·八米，则小半径之圆心必在此直线上，而距短边必为 $31.5+6=37.50$ 米。故从 a 点向内量三七·五米之处，即为小半径圆心 O 点。再从 O 点量 $Oa\cos 45^{\circ}=31.5$ 米 $\times 0.7071=22.27$ 米而得 e 点，再由 e 点以二二·二七米作半径作弧，与小半径之圆相交，而得 O'' 及 O 两点，即为两大半径之圆心。

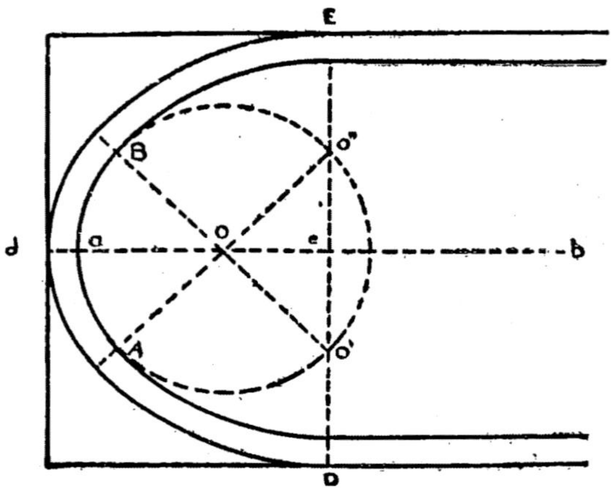

第三十图　尖圆跑道计划图

（4）计算方法　与篮曲式同。兹不赘。

四、四角形

在二十世纪之初，人们以有四直道及四小转角之跑道为优。其最大理由谓人在直道及曲段短小之跑道上跑，速度大而不易疲乏。盖在四角形跑道上跑时，跑完直道之后，经过小转角，而他一直道又来。所劳力者，不过在转角上之急转，其余皆在直道上跑。故四角形跑道为最好之形式。反对是种理论者谓在直道上跑，固属有益于速度，但在一圈之中，四次转弯，始而准备转弯，继而又上直道，既耗费时间，又疲乏身体。不但无益，反致速度有四次受挫，甚不利也。据作者之意见，此式利益少而缺点多，尚有其他缺点，即足球场之长度不足是也。但学校中或公共体育场，遇不得已时，不得不采用此种方式，故亦述计划方法于下。

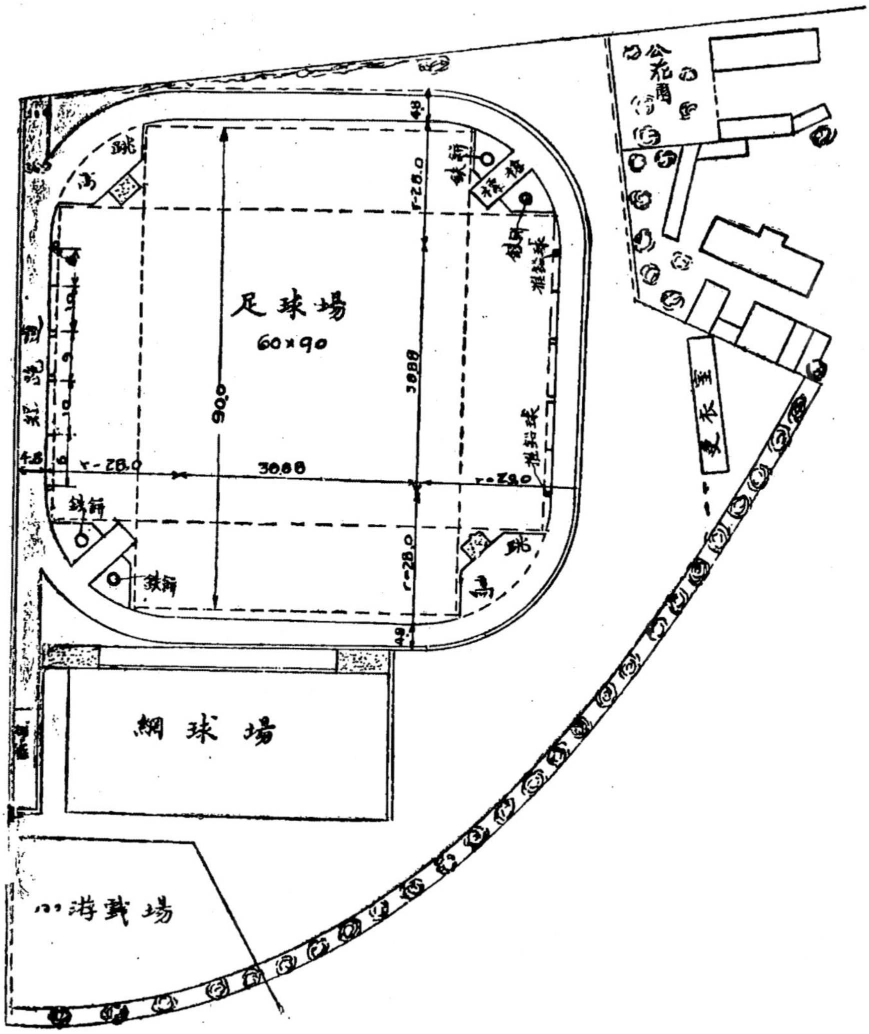

第三十一图　来泼切克之柳春运动场

（一）计划步骤

（1）测量　长一百二十五米，宽一百二十一米。

（2）定半径之大小　半圆形跑道，全体长四百米者，其半径为三十六米。四方形跑道，四边有四直段，其长度无论如何不得如半圆形跑道直段之长，故四角圆弧之半径不妨较大。三十米可也。

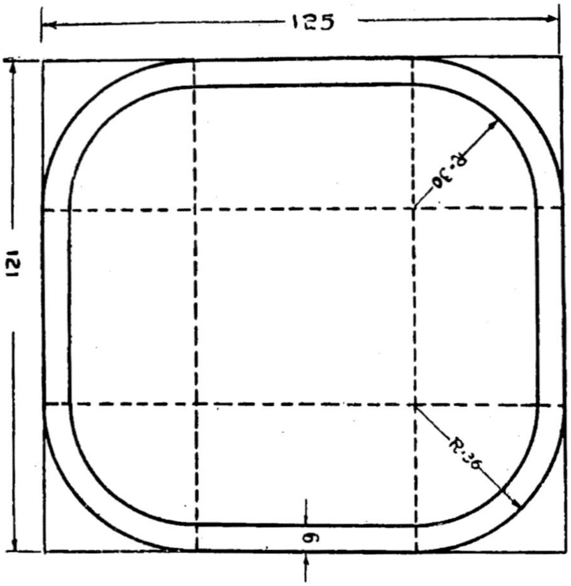

第三十二图　不等边四边形跑道计划图

(3) 半径之中心点　上节定半径之长为三十米，乃指跑道内边之半径也。跑道外边之半径必为 30 米 + 6 米 = 36 米。先从各边之内作相距(垂直距离)三十六米之并行线，则此四并行线在角内有四交点，即为圆心。

(4) 计算方法

(子) 四角曲段之总长　为 2 × 30.30 米 × 3.14 = 190.28 米

(丑) 两长边之总长　为(125 米 − 36 米 × 2) × 2 = 106 米

(寅) 两短边之总长　为(121 − 36 × 2) × 2 = 98 米

(卯) 全体共长　为 190.28 + 106 + 98 = 394.28 米

此跑道之长度非整数，平日使用不便，故在建百米跑道之一边，将半径中心缩进 $\frac{4.28}{2}$ = 2.14 米则跑道之总长为三百九十米。且将此二・一四米加百米直段上，可使直段加宽，极有利益。

若测量所得之地四边不相等。则以一边为标准，规划成正方或长方形，然后再计划。万一地域太小，不能规成正方形或长方形时，可就地之形势而建不规划之跑道，其步骤如下：

（1）测量结果　四边之长为一百米，一百二十米，一百十米，九十米。

（2）半径之大小　此道之长度，大约为三百五十米，半径可定为二十八米。

（3）半径之中心　跑道之宽为六米，则半径中心至各边之垂直距离为 28 米 + 6 米 = 34 米。于是在各边之内作距三十四米之并行线。各并行线之交点即为四米径之中心。

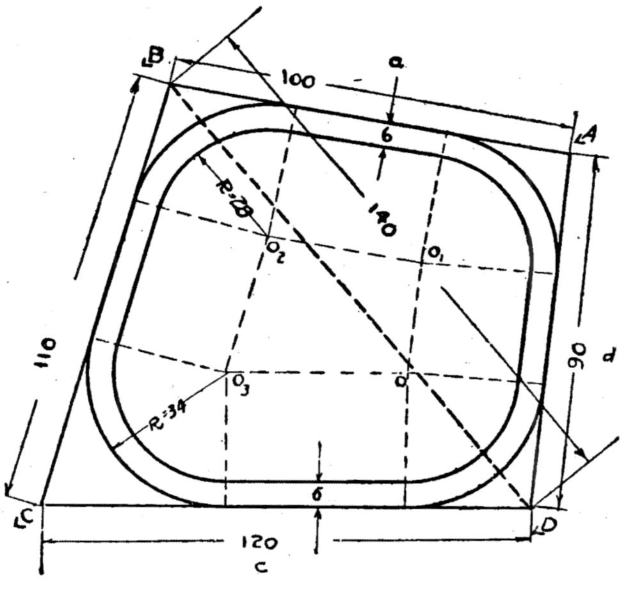

第三十三图　不等边四边形跑道之计划图

（4）计算方法

（子）四角曲段之总长 28.30 米×2×3.14 = 177.72 米

［注］画四角曲段时，先由半径中心作其与邻近二边之垂直，此垂直与边之交点，*ef* 即为曲段之极端。

（丑）四直段之总长　*a* 边之直段为半径中心 O_1 及 O_2 间之距离。*b* 边之直段为 O_2 及 O_3 间之距离。*c* 边之直段为 O_3 及 O_4 间之距离。*d* 边之直段为 O_4 及 O_1 间之距离。在实地规划时，可一量而得。若欲用几何方法计算，须量四角之对角线，再应用三角求四角之大小。然后再求每边两端应去之尺寸，而得每边直段之长。其法与下节三角形跑道之求法同。

五、三角形

是种跑道，在特殊情形之下，不能造以上各式时采用。其最大缺点，在跑道中所容之足球场太小。

（一）计划之方法

(1) 测量场地　甲边长一百九十五米，乙边长一百七十二米半，丙边长一百六十五米。

(2) 求半径之大小　跑道角之半径，至少二十四米；多则无限制。三角形跑道之半径若定得较大，固于跑者有益，而对于跑道之直段与足球场之长度则大有妨碍。故三角形跑道之半径，以采最小限度之尺寸为宜，即二十米亦不妨。

(3) 半径中心位置　半径既定为二十四米，则乙丙两边之内，各作距 $24+6=30$ 米与乙丙两边之并行线，在甲边之内，作距 24 米 + 7.2 米 = 31.2 米之并行线(因甲边最长，一百十米高栏跑道筑在此边建筑故较作边多留一・二米余地)。然因多留余地，故三角形三边各自缩短，即甲边 $=195$ 米 $-\dfrac{1.2}{\tan C}+\dfrac{1.2}{\tan B}=195-\left(\dfrac{1.2}{1.3198}+\dfrac{1.2}{1.5108}\right)=195$ 米 $-(10.90+0.79)=193.31$ 米，乙边 $=172.5$ 米 $-\dfrac{1.2}{\sin B}=172.5$ 米 $-\dfrac{1.2}{0.8339}=178.18$，丙边 $=165-\dfrac{1.2}{\sin C}=165-\dfrac{1.2}{0.6038}=163.70$。于是此三并行线在三 ABC 角内相交，此三交点即三半径之圆心。然后由圆心作邻近两边之垂直线，此线之脚，即为曲段之极端。

(4) 计算之方法

(子) 三曲段之总长　为 $2\times3.14\times24.30$ 米 $=142.60$

(丑) 三直段之长　甲边之直段为半径中心 O_1 及 O_2 间之距离。乙边直段为 O_2 及 O_3 间之距离。丙边直段之距离为 O_3 及 O_1 间之距离。在实地规划时，可一量而得。如用算学之方法求之，则方法较烦，其步骤如下：(一)先求三

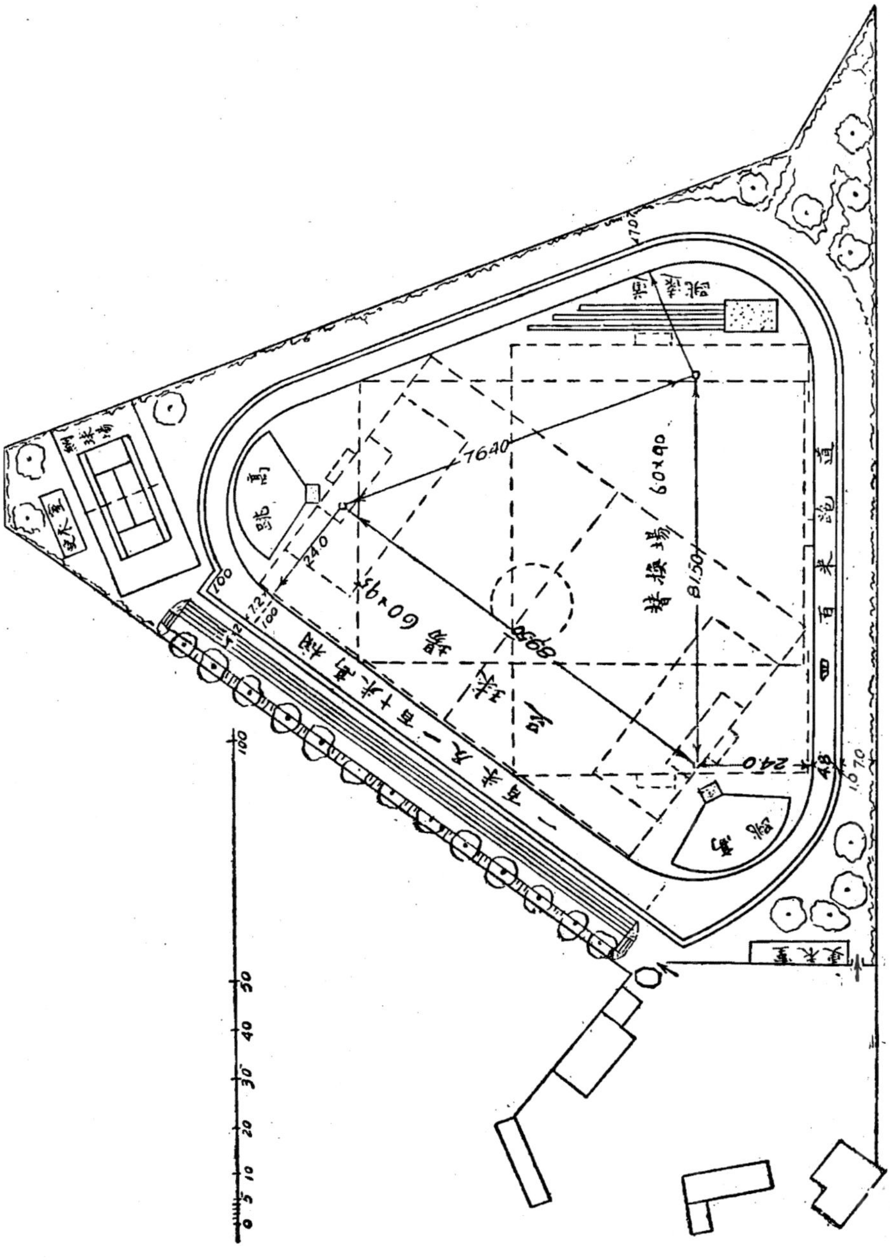

第三十四图 堪尼世斯罗推城之运动场

角之大小，得 A 角(甲边之对角)为七十度三十八分二十八秒，B 角(乙边之对角)为五十六度三十分，C 角为五十二度五十一分三十二秒。于是三直段之总长为：

$$(甲+乙+丙)-\left(\frac{r}{\tan\frac{A}{2}}+\frac{r}{\tan\frac{B}{2}}+\frac{r}{\tan\frac{C}{2}}\right)\times 2=(193.31+171.18+163.70)$$

$$-\left(\frac{24+6}{0.4970}+\frac{24+6}{0.7086}+\frac{24+6}{0.5373}\right)\times 2=538.19-(60.36+42.33+55.83)\times 2=$$

215.46

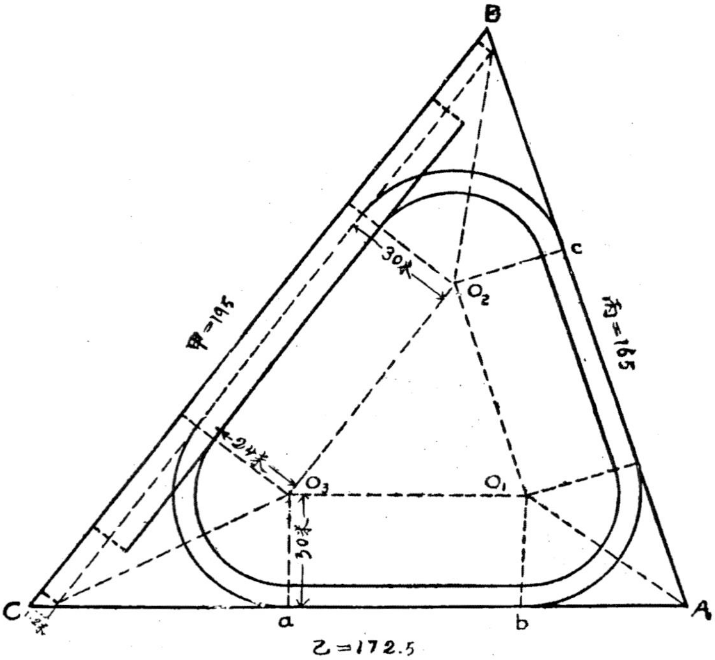

第三十五图　三角形跑道计划图

(寅) 跑道之总长　为 215.46 + 142.60 = 358.06 米

(卯) 三角形跑道距离减缩之方法　三角形跑道三边之和，若有十数以下之零数，可将此零数缩去，惟三角形三角之度数及两边之长均改变，而其计算方法十分复杂。例如第三十六图，CE 及 CF 等长，其和即三角形跑道所欲缩去之米数。譬如演之结果，须缩去八·〇六米，即 CE 及 CF 各为四·〇三米也。E 与 F 两点，以四·〇三米为半径，从 C 点作弧，与 AC 及 BC 两边相交而得。又 AD 使等于 AE，BD 使等于 BF，于是可照下列诸步骤，而求 D 角，BAD 角与 ABD 角之大小，及 BD、AD、DE 及 DC 诸线之长。

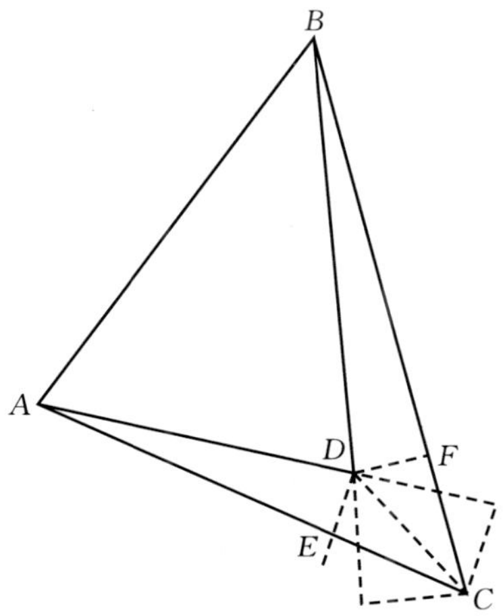

第三十六图　三角形跑道之两边缩短图

A. 求 BAD 角及 ABD 角　因 AB，BD，AD 三线皆为已知数，故可照三角上已知之边而求三角之方法求得之。

B. 求 BD 及 AD 二线之长　BD 为 BC 减 CF。AD 为 AC 减 CE。

C. 求 DE 线之长　AD 与 AE 二线相等，为已知数。DAE 角为 BAC 角减 BAD 角。两边及其夹角为已知数，故 DE 线可按三角之方法求得之。

D. 求 DC 线之长　AD 与 AC 二线及 DAE 角皆为已知数，故 DC 线可按三角之方法求得之。

第八节　短距离跑道之地位

短距离之项目为百米，二百米，四百米。故建筑亦可随项目之不同而分述之：

一、百米直道

在篮曲式，半圆式，及尖圆式之上，百米直道普通在西边之直段上建筑，南端置出发线，北端置终点线。因在同道之上作一百十米高栏之道，长至少为一百三十米，盖出发点之后，最好有十米之余地，而终点之后，亦至少有十米之余地，合计共为一百三十米也。道宽至少七·二米，分六路(lane)，每路宽一·二米。在省立公共体育场,或他种公共运动场,最好有九·六米之宽,分八道,每道可有一·二米之宽。

二、二百米直道

此种直道,在美国常见之。其位置有两种:(一)斜造,由跑道之西南角至东北角,穿过跑道中之足球场。此种方法,不但外观不妙,且有妨推掷区及跳区之设立。不论公共运动场或学校,遇空地不足而不能建二百米直道时,则宁牺牲而不造,万不可勉强从事。致妨害他区之建筑。(二)将跑道之两直段向南延长,令跑道成P字形,如匈亚利葡特配斯脱(Budapest)之运动场(如第三十七图),即采此种形式。起点及终点之后应各有十米之余地,故二百米之直道共为二百二十米。道宽至少七米二,容六路,在公共体育场及举行全省全国运动会之运动场至少应有九·六米之宽,容八路。若跑圈之总长为五百米,如东北大学之运动场,二百米直道应有十二米宽而容十路,少于十路,不免可惜。

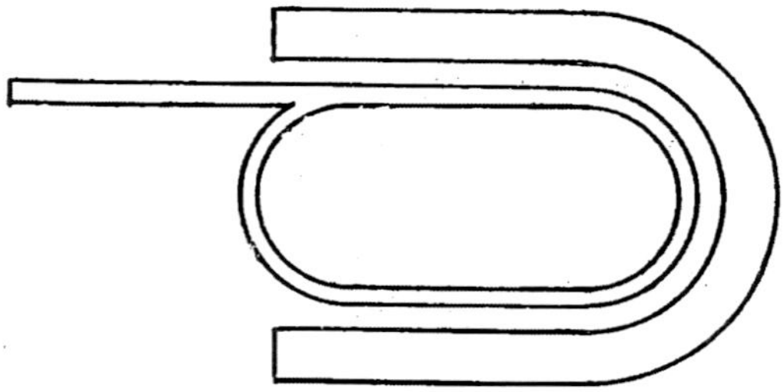

第三十七图　匈国葡特配斯脱运动场跑道与看台之形式

三、四百米跑道

四百米跑为精核计,内外各路之出发点,亦如二百米之前后相差(在外圈者在前,在内围居后),出发之点应在直段上,马蹄形跑道之发明,其理由一也。近今四百米之成绩大有进步,若仍经三百六十度,成绩不免有损,于是不得不将跑圈之两直延长,马蹄形之跑道之发明,其理由二也。在北半球之跑道,为日光关系,直段大概向南延长,在南半球则相反。马蹄形之总长,至少为四百二十米,留起跑及终点后之余地。道宽随二百米直道之宽窄而定。马蹄形跑道在跑圈外之延长段间，如美国芝城(Chicago)士兵运动场(Soldier Field)，中间并无他种球场，据作者之意见，其间可建篮球场网球场各一，两场之间更建有两面坐位之看台。东北大学之马蹄形跑道间，亦将采此意味，继续建筑云。

第九节　短距离跑路线之计划法

百米二百米按规则向划路线，以表公平，近今四百米一项，亦归入短距离，按新规则，亦须划路线。然遇一运动场，无二百米直道之建筑者，二百米至少须经一百八十度(三角形跑道不在此例)。因之内外圈之出发点，外圈不能不提前，内圈不能不缩后。每路间究相差若干米，不可不有算学之根据，否则不能谓之公平。四百米跑道亦然，内外圈出发点之宜有先后，更不待言。

运动员在跑道上快跑，决不依跑道之内边而前进，故运动规则上，规定跑之距离，以跑道内边向外相距一呎之线为标准。量跑道全体之长度，可先量内边，再加 $2\pi \times 0.30 = 1.88$ 米，即为跑道之实长。设跑道之实长为 400 米，则其线之

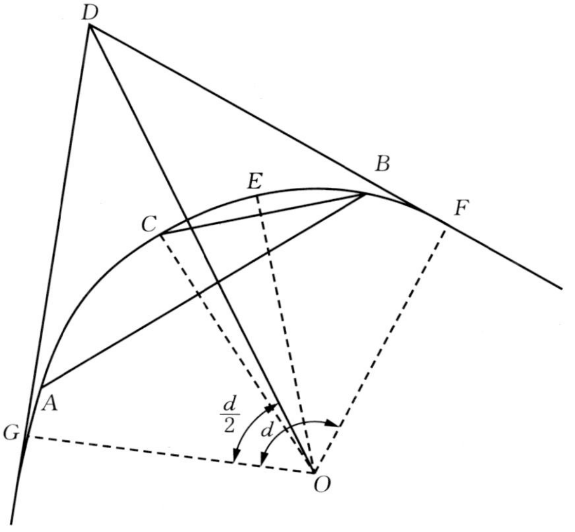

第三十八图　求角上之半径与角之图

长当为 $400-1.88=398.12$ 米。欲量二百米之跑道，沿内边量二百米后，减去 0.94 米可矣。此在二百米经两直角时，（不论篮曲式或半圆式）均可通用。若在三角形跑道上，所经角度，非两直角。如第三十九图，则经 d 角，而跑道内边之长当为 $200-\frac{b}{360}\times2\times3.14\times0.30$。若 d 角为未知数，则须按以下之步骤求之。

一、求曲段之半径

在跑道之曲段任作 AB 弦，其圆心必在此弦之垂直二等分线 OC 上。后由 C 点与 B 点连成 CB 弦，其垂直二等分线 OE 与 OC 之交点 O，即为该跑道曲段之圆心。继由 O 点作二垂直线 OA 及 OF，与跑道之直段交叉，此曲段之两端，即在此 AF 两点上。故 OA 及 CF 间之夹角，即为曲段所经之角度。

二、求 d 角

引长跑道之两直段，交于 a 点，则 $\triangle aoF$ 为直三角形，而 $\angle aoF=\frac{d}{2}$ 则

$\cos\frac{\angle d}{2}=\frac{oa}{oF}oF$ 为半径，上节已求出，oa 之长可量得。

三、二百米跑道之计划法

二百米跑道，如经一个以上之转角，则外圈之起点当在内圈之前。其多少，依曲段之角及跑道之宽窄而定。如跑道之宽为 N，经过之角为 d 或经两角 $d+d'$，则外圈之起点应提前

$$\frac{d}{180}\times\pi\times n\ \text{米}$$

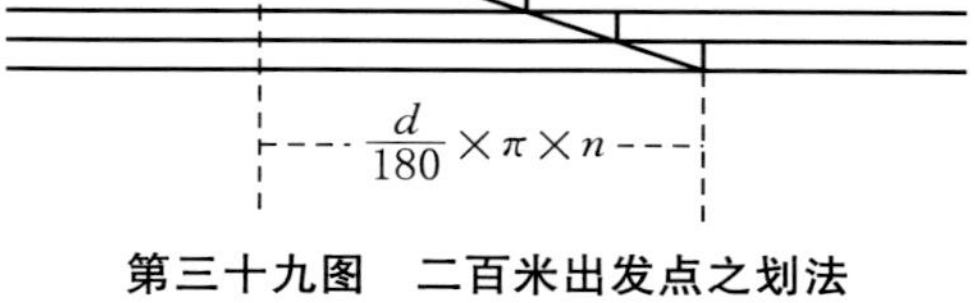

第三十九图　二百米出发点之划法

$$或\frac{d+d'}{180}\times\pi\times n 米$$

四、二百米低栏之位置

低栏间之距离为一八·二九米，直段之低栏易于排列，量一八·二米之距离可矣。至于曲段之低栏，则因其距离为曲线，不便丈量，故不量一八·二九米之曲线，而量其弦之长短可矣。但此弦之长短，随曲段半径之大小而定。因此跑道各路之弦亦不同：可依下列之表推定之。

半径	十八米之弦	半径	十八米之弦	半径	十八米之弦	半径	十八米之弦
18 米	17.266 米	25 米	17.620 米	32 米	17.666 米	39 米	17.839 米
19 米	17.339 米	26 米	17.659 米	33 米	17.787 米	40 米	17.852 米
20 米	17.404 米	27 米	17.669 米	34 米	17.799 米	41 米	17.858 米
21 米	17.464 米	28 米	17.696 米	35 米	17.801 米	42 米	17.867 米
22 米	17.508 米	29 米	17.713 米	36 米	17.813 米	43 米	17.879 米
23 米	17.554 米	30 米	17.742 米	37 米	17.837 米	44 米	17.886 米
24 米	17.587 米	31 米	17.763 米	38 米	17.837 米	45 米	17.892 米

设半径为十九米，跑道每路之宽为一米，则第一路之弦为半径二十米之弦，为一七·四〇四米。第二路为半径二十一米之弦，为一七·四六四米。余可类推。

五、四百米中栏在篮曲式跑道上之放置法

四百米中栏，按《万国运动会规则》，共设十栏，自出发点至第一栏，为四十五米，自第十栏至终点，为四十米，每栏间之距离为三十五米。关于此点，东北大学体育专修科第一班毕业生王锡九君及胡安善君，曾用苦心研究，得有以下之结果：

四百米半圆形跑道上之置法　此跑圈之半径为三十三米，每路之宽为一·二米。其各栏之位置如下表：

圈数	第一圈		第二圈		第三圈		第四圈		第五圈		第六圈	
出发点提前之数			7.54 米		15.07 米		22.61 米		30.14 米		37.68 米	
半径	33.00 米		34.20 米		35.40 米		36.60 米		37.80 米		39.00 米	
出发点至第一栏	直段	40.44	直段	32.90	直段	25.37	直段	17.83	直段	10.30	直段	2.76
	4.56 米之弦	4.55	12.10 米之弦	12.04	19.63 米之弦	19.39	27.17 米之弦	26.56	34.70 米之弦	33.50	42.24 米之弦	40.22
第一栏至第二栏	35 米弦	33.38	35 米弦	33.51	35 米弦	33.06	35 米弦	33.69	35 米弦	33.81	35 米弦	33.84
第二栏至第三栏		33.38		33.51		33.60		33.69		33.81		33.84
第三栏至第四栏	20 米之弦	28.98	26.23 米之弦	25.60	22.47 米之弦	22.10	18.70 米之弦	18.50	14.93 米之弦	14.83	11.16 米之弦	11.12
	直段	5.00	直段	8.77	直段	12.53	直段	16.30	直段	20.07	直段	23.84
第四栏至第五栏	直段	35	直段	35	直段	35	直段	35	直段	35	直段	35
第五至第六栏		35		35		35		35		35		35
第六至第七栏	直段	20.44	直段	16.67	直段	12.91	直段	9.14	直段	5.37	直段	1.60
	14.56 米之弦	14.45	18.33 米之弦	18.12	22.09 米之弦	21.74	25.86 米之弦	25.33	29.63 米之弦	28.89	33.40 米之弦	32.39
第七至第八栏	35 米弦	33.38	35 米弦	33.51	35 米弦	33.60	35 米弦	33.69	35 米弦	33.81	35 米弦	33.84
第八至第九栏		33.38		33.51		33.60		33.69		33.81		33.84
第九至第十栏	20 米弦	19.69	20 米弦	19.71	20 米弦	19.73	20 米弦	19.75	20 米弦	19.76	20 米弦	19.77
	直段	15	直段	15	直段	15	直段	15	直段	15	直段	15
第十至终点	直段	40	直段	40	直段	40	直段	40	直段	40	直段	40

以上之尺寸，均以米为单位。

六、四百米中栏在四百米篮曲式跑道上之放置法

篮曲式跑道与半圆形跑道不同，半径有两个，而孤线之曲度，因半径之大小而不同，弦之长短，亦因半径之大小而变，故每路各栏间弧线之弦，须逐一求出。其结果如下表。读者可按第四十图研究而应用之。

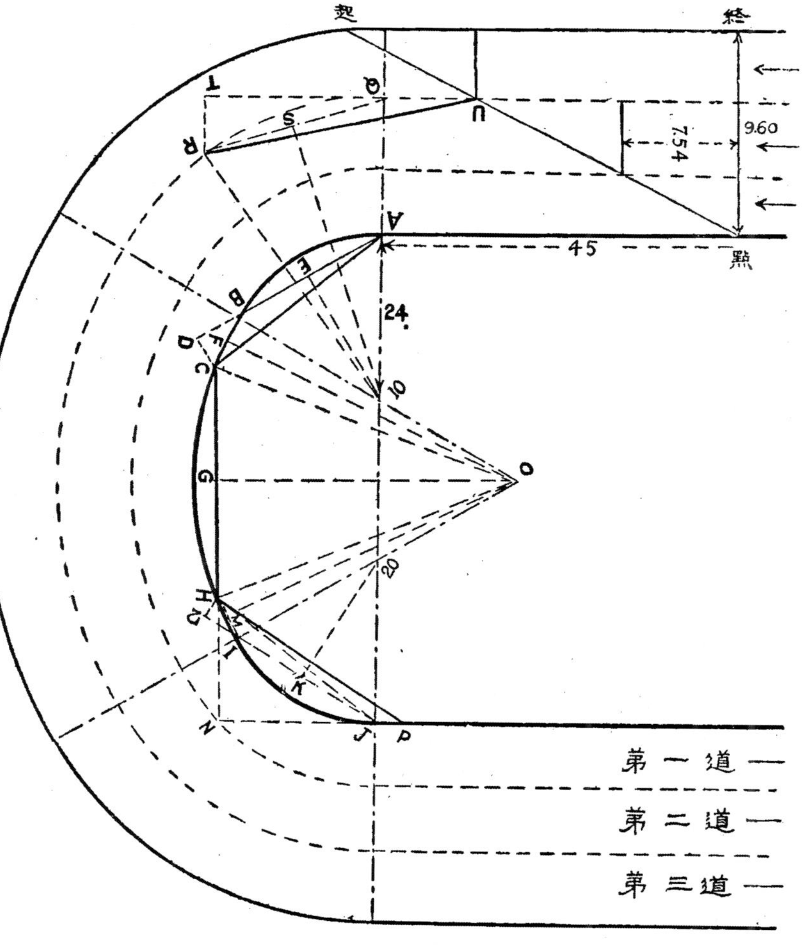

第四十图　四百米中栏在四百米篮曲式跑道上之放置图

四百米中栏各路，各栏间之直线距离表 （400 米篮曲式跑道）

栏数 弦长 路别	起点—1	1……2	2……3	3……4	4……5	5……6	6……7	7……8	8……9	9…10	10—终点
第一路	45.00	32.26	34.15	31.35	35.00	35.00	34.78	33.25	34.52	33.23	40.00
第二路	44.33	33.91	34.30	32.45	35.00	35.00	34.27	34.41	33.72	33.36	40.00
第三路	43.97	33.63	33.78	32.94	35.00	35.00	32.47	33.87	33.66	33.38	40.00
第四路	41.66	33.88	33.60	33.38	35.00	35.00	34.09	33.30	34.30	33.40	40.00
第五路	41.14	34.46	34.64	34.09	35.00	35.00	32.27	34.30	33.73	33.69	40.00
第六路	41.71	33.56	33.64	34.75	35.00	35.00	33.30	34.12	34.25	33.76	40.00
第七路	39.28	34.38	32.03	34.63	35.00	35.00	33.38	33.30	34.19	33.85	40.00
第八路	39.60	34.67	33.25	34.73	35.00	34.97	33.55	34.67	33.86	33.88	40.00

附注：上表之弦长均以米为单位。

第十节　跑道曲段之倾斜度

在曲段上短距离之最高速度，为二百米二十二秒，即每秒之速度为九米也。在篮曲式跑道大半径圆弧上，每米宽之高起尺寸，当为

$$H = \frac{9^2}{9.81 \times 48} = 0.172\ \text{m}$$

而小半径圆弧上每米宽之高起尺寸，当为

$$H = \frac{9^2}{9.81 \times 24} = 0.344\ \text{m}$$

实际上户外跑道，不能用是种斜度，因遇雷雨或久雨，圈外高起部份之煤屑，向内圈流泻，故跑道每米之高起，不得过六粴。德国柏林运动场之跑道，每米宽高四粴。此细微之高度，觉颇有效力。在跑直径之上，不可有向内之倾斜，但每米宽斜二粴，并无妨碍。在直段与曲段间之交叉处，该段跑道，至少宽五米，长十至十五米。至阔之处可达十五至二十米，因之超过之一段不致与弧形

部份重叠，则曲段虽在百米起点之前，终点之后，而百米赛跑，亦不致跑及倾斜之曲段。关于跑道之倾斜问题，向不甚注意，据试验之结果，实有必需之处，人在弧形跑道上快跑时，离心力迫身体向前进行，若跑道转弯太促而毫不倾斜，则无以反抗地心吸力，成绩为之减色，故室内跑道倾斜之度须大也以此。有人谓倾斜之度对于脚踏车及机器脚踏车是极紧要，对于寻常之跑道，可不必注意，此议有未尽然，人在慢跑之时，倾斜度之有无，毫无关系，惟在快跑之时，则觉转弯极难。须赖倾斜之度，以助转弯。但其倾斜之度不必如公式算出之多，盖人体非呆板固定之器械。关节肌肉，多有伸缩余地，可以用倾体向内之姿势助转弯。第四十二图所以说明离心力量可以用倾斜所生之吸力对抗之。使身体弗致向外投掷，跑道而不倾斜者，只能用身体之偏向以反抗之。力量之耗费，即足使速度减慢。以下一公式，凡脚踏车道，及图机器脚踏车道，皆可由之计算。用坚硬之材料建筑。至竞赛之跑道，用软材料建筑，其在内边。

记号

B. 跑道弧形部之宽，以米为单位。

S. 跑道之正射影，以米为单位。

Q. 运动身体之重量。

Y. 身体运动之速度，以秒为单位。

H. 应高起之度，以米为单位。

N. 高起之倾斜角度。

P. 地心吸力，使物体下落之速度。

R. 跑道弧形之半径。

$$(1)\ P=\frac{Q\cdot v^2}{G\cdot R}$$

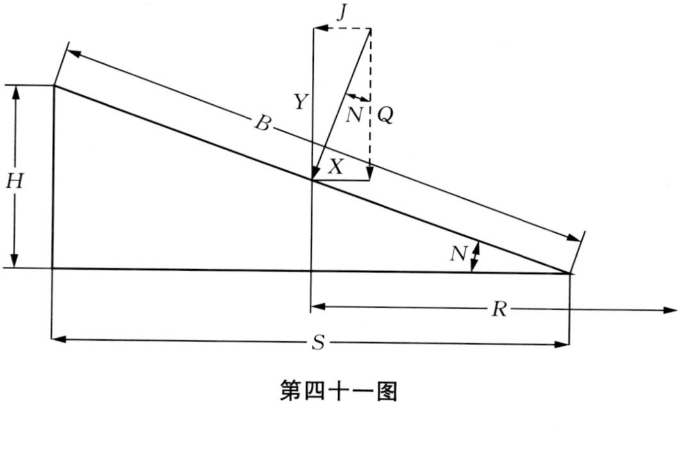

第四十一图

由上图跑者若在平衡情形之下则必为

$$(2)\ P \cdot Y = Q \cdot X$$

以 P 之值代入用必为

$$(3)\ \frac{Q^2 v \cdot Y}{GR} = Q \cdot X$$

于是

$$(4)\ \frac{Q \cdot v^2}{G \cdot R} = \frac{Q \cdot X}{Y},$$

$$(5)\ \frac{v^2}{G \cdot R} = \frac{X}{Y},$$

$$(6)\ \frac{X}{Y} = \frac{H}{S},$$

$$(7)\ \text{因}\ S = I\ \text{即}\ H = \frac{X}{Y},$$

代入(5)$\frac{X}{Y}$之值则

$$(8)\ H = \frac{v^2}{G \cdot R},$$

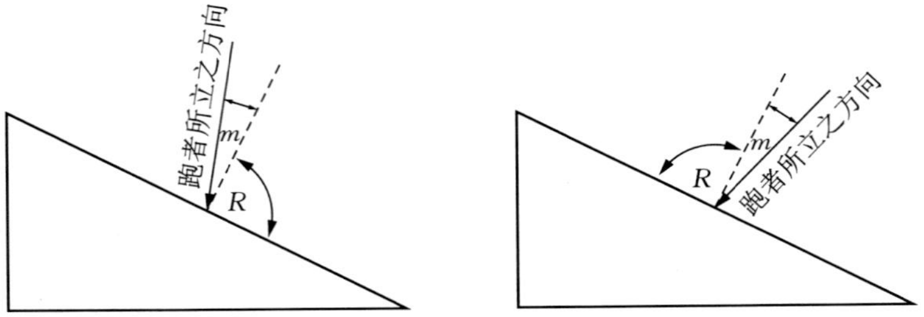

第四十二图

由此可知水平面上一米宽之高起度，为跑之速度之平方(以秒米为单位)，除以跑道之半径与物体下落加速度之积(二者亦以米为单位)。身体在高起之处，跑时身体与道面垂直，身体亦与弧成正交。身体运动之速度，若比高起所配定之速度大，则身体向下倾斜之度大，反之跑之速度，如比高起所配定之速度小，则身体向上而倾斜之角度小。赛机器脚踏车时，观察驾驶者之身体与道面之垂直线所成之倾斜角，亦有正负之不同。车走慢则成负角，反之则成正角，故车与身体有平直之分。此倾斜之角之大小，又视道面之性质而定，面愈粗糙，或摩擦力愈大，则此角可愈大。摩擦力小，则车必向内或向外倾倒。在水泥道上，此倾斜车度可至十八度，故速度增加，倾斜之度不可与之俱增。

第十一节　跑道本身之建筑

跑道须具两种性质，在积极方面，宜富有弹性，在消极方面，须不伤踝关节。寻常马路之上，路性太硬，易伤踝关节，在沙泥之上，虽觉柔软而舒服，缺少弹性，不易加增速度。在森林之中，落叶之上，则既有弹性而脚步安全，然充满湿气，在其中从事练习跑者，觉不舒畅。故欲得一种有利无弊之跑道，非研究特殊之混合方法不可。作者尚忆民国十九年春杭州全国运动会之跳远成绩，至多为六·三米，然其中运动员能过六·三米以上者不在少数，考其原因由于跳道之太松，因该跑道上层，全铺细松煤屑，弹性毫无，其影响成绩至巨。田赛之跑道然，径赛之跑道亦何独不然。惟不如跳远成绩之易显明耳。东北大学运动场之跑道，煤灰混合之比例，亦不合法。天干则松之不堪，天雨则粘泞非常，脚之起落，太不爽利，不论何时，成绩总是减色。无他，上层之混合成分，砂与粘土太多，而硬煤屑太少也。为富于参考计，搜集多种跑道本身建筑之方法分述于下：

一、柏林德意志运动场之跑道

此跑道依英国跑道建筑家潘瑞氏(Perry)之方法而建筑。氏曾在瑞典斯岛克霍姆建煤屑跑道，由三层而成，总深四十五粍。下层深十八粍，由碎砖及瓦片堆铺而成。中层为粗煤灰铺成，厚十五粍。此二层每次铺就之后用重滚或重蒸汽滚压实。上层厚十二粍，用以下之混合物铺成：

经五粍方铁丝筛孔筛过之火车头煤灰屑　　50%容。

经过五粍方筛孔之蒸汽锅中之煤灰屑　　20%容。

经过五粍方筛孔之沃土　　30%容。

经过五粍方筛孔之砂性粘土　　5%容。

经过五粍方筛之精细建筑沙　　5%容。

以上共计100容[①]。

照以上成分配定之后，即行平铺，并加水压实之。

结果此种跑道，常起尘埃，须时时浇水。大概因德国之粘土含砂质，不若黑土之有粘性，二因以上成分五分之三为煤灰。经男子跑道视察员Berndt之视察，后加粘土及细煤屑少许，始稍改良。

二、第二种跑道本身建筑法

以碎瓦片铺于最下层，厚十五粴，以滚压实。第二层加以较碎之片，厚十粴，上加以八粴厚之碎泥炭，或碎煤屑，用手牵滚压实之，终则盖以粉碎之混合物。此混合物由$\frac{6}{12}$容蒸汽锅或火车头所出之煤灰，由五粍方之筛孔筛过者。$\frac{3}{12}$容之林土。$\frac{2}{12}$容筛过之粘土。$\frac{1}{12}$容筛过之砂。

三、德国门兴高等学校之跑道

用以下之混合法：

最下层与中层与柏林运动场相仿。其最上层用以下之方法混合。

锅炉煤屑经五粍方之筛孔　　70%容。

沃土　　15%容。

粘土样之砂　　15%容。

四、德国Duisburger城运动场之跑道

用以下之混合方法：

① 以上数据相加超出100%，应有误。

经细筛孔之煤屑　　60％容。

砂状之沃土　　40％容。

五、德国 Krefeld 城运动场之跑道

用三分特别之重煤灰及一分之粘土。

六、法国 Colombes 城运动场之跑道

混合方法如下：

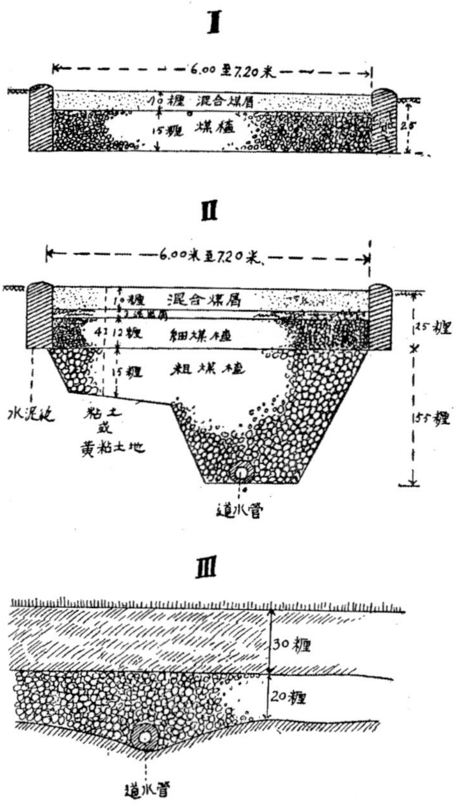

第四十三图　跑道下层建筑

Ⅰ. 沙地上之简单铺设方法　Ⅱ. 粘土地上之铺设方法　Ⅲ. 粘土地上之铺草法

跑道分四层建筑:最下一层厚十二糎,铺石块或瓦片。第二层厚十二糎,铺粗红煤灰及黑细煤灰。第三层厚五糎,铺红煤灰,用四粍之筛孔筛过。最上层厚五糎,由以下各物合成:

(一) 街道泥　此种泥土,由沟渠中挖出,当受车轮之重压,车上之油脂亦滴落其中,含有脂性。

(二) 红烟煤及人造瓦灰。

(三) 红煤灰。

此外尚有须注意者,即此跑道之内半为四十二糎深,外边加八糎。上面宜平,不可高起。全跑道及出发之一段,统如是建筑而坚实之。

[注]以上第一、二、三、四种之上层混合方法,作者在东北大学曾加以实地试验,结果第一种尚合式,第二种太硬,第三种太松,第四种尚合式。总之跑道上层各物质混合之成分,与当地空气之湿燥,雨量之多少有关系,筑者须加以研究,微行增减。

七、跑道之边

跑道之内边,用坚硬之物建筑,有一种弊端,即脚偶易损伤。若无硬边,则草易蔓生跑道之上,而跑道内圈一人所走之路放长。依实际之经验及美感上之根据,有内边较好。有主张用木桩栉比而钉之,再以木板附其上者。此种建筑,易灌水而腐烂。最好用木板外涂以水泥,比跑道之面高出一糎。

在跑道之外边,亦有建栏杆或缘边之必要。重要之赛跑圈用木为栏,内再贴以矮壁。栏之高度以外坐之客能置手于其上,并不阻当其视线为度。在特殊情形之下,石栏亦可用。但看客须能看到全场。此外尚有用金属之栏者,在内面须用矮树掩之。凡栏离跑道之外缘,阔为一米半。此一米半之空间,可掘有流水之沟,上须盖好,再栽草皮。

百米二百米等终点,从看台之各部,须能看得十分清楚。划场之时,将各项径赛之终点,最好合在一处。因起点可随意定在何段也。

第十二节　跑道之管理

跑道宜平正坚实而有弹力。跑者以钉鞋踏于其上，方觉轻快。以故跑道须每日爬平压实。经长时期之干燥天气，宜常浇水，保持润湿之状态。有时再三滚压，结果仍呈粉碎疏松之状者，因上层之混合物缺少粘性为之也。此时可将上层爬松，按其平时疏松之程度，再加干粘土若干，然后再浇水压实，其干后之情形，必比原来为坚实。最好此种改造工作，在秋天举行，在冬天受冰雪之影响，粘土难与煤灰结合。跑道之最大弊端，在干燥过度而少滚。如跑道各处高低不平，可在雨后测量之，俟跑道干后再行修正。平时最好有筛好之煤屑及粘土堆在一处，以供不时之需要。使不论何时，可行修正之工作。

寻常练习之人，多好在内圈练习，以上管理方法，尚是不经济办法。平时最好阻止练习之人，利用内圈，可用高栏或纵线纵隔跑道，免得平时多用内圈。跑道而不加管理，必致崩坏不堪，不堪应用，不可不注意保护。

一年之初，经冬天冰雪之后，不免变松（足球场亦然），须用重滚压实。在可能时，用一千瓩之重滚（愈重者愈好）压之。至于寻常用之滚，则重八百瓩已足，用两人拖之可也。

跑道建而不用，易生杂草。草生不多，则用手拔除之可也。若草生太多，可用加里盐类及亚硫盐铺于其上，使自枯死。

跑道干燥之时，用长柄泼水器浇潮。同时可灌许多场地之机器可不用。长形或圆形之喷水器具，亦可应用。

第十三节　跳道与推掷区域之建筑

近今所谓竞跳道，有主张在看台之前建筑者，有主张在跑道曲段内建筑者，两种主张互相对抗。经各方考虑，以后一主张为合理，因跳道地位不致侵入足球场也。此外尚有主张将跳道建于跑道之外者（在参观区与跑道之间）。三种排列之方法,以在曲段内为最合式。便于参观一也,不破坏足球场二也。跳道设于场中为最不合宜之方法,如杭州全国运动会场即蹈此弊。如东北大学运动场,初建之时,以两网球场建于曲段之内,更觉离奇。因网球身小,在跑道曲段中比赛,非看台上看客之目力所能及,不能饱群众之眼福一也。占去推掷区域及跳道之地位二也。后经作者之建议,遂变原来之计划。

一、跳道或撑高跳跑道

长三十五米,阔一·二五米。跳之区域在看台之前者,其砂坑为 7×8 米。三种跳道(即跳远三级跳远及撑高跳)之阔均为一·二五米,并设一处(参观堪尼世斯罗推城之三角式运动场),其排列如下:

(一) 三跳道中,中间一道为撑高跳道之用,两跳高架之距离为四米。

(二) 内一道作三级跳远之用。跳板离跳坑十一米。

(三) 外一道作跳远之用,板离砂坑三至四米。

跳坑之面,万不可比跳道为低。因成绩增长,无正确之记录。

跳高之跑道,直跑与斜跑者须相等,均为十至十五米。全体成扇面形。砂坑采用洗过之砂,不可有粘性,以致结实。以下之混合方法亦可用,即三分之二为砂,三分之一为锯木屑。

跳高之坑,四米方已足。

跳坑之三面,可用木板深埋作边。坑面无木缘者,有时亦通用,但不可与草地毗连,致草蔓生坑边,砂入草间叠成高堆。在德国恼滦宋(Neurossen)地方之运动场建筑,所有砂坑,均用坚固之木板作缘。惟其上缘在地面及跳道面下十糎。四周围以泥砖,使坑之边坚实。如是则砂面成水平,而坚实之坑成矣。

运动场之建筑,非为练习之目的,而为比赛时用者。为保持场之美观计,所有跳道,应建在百米终点附近。

二、推掷区域之建筑

推掷区域与跳区同,不可在跑道直段之内建筑,如图之布置,为最经济之办

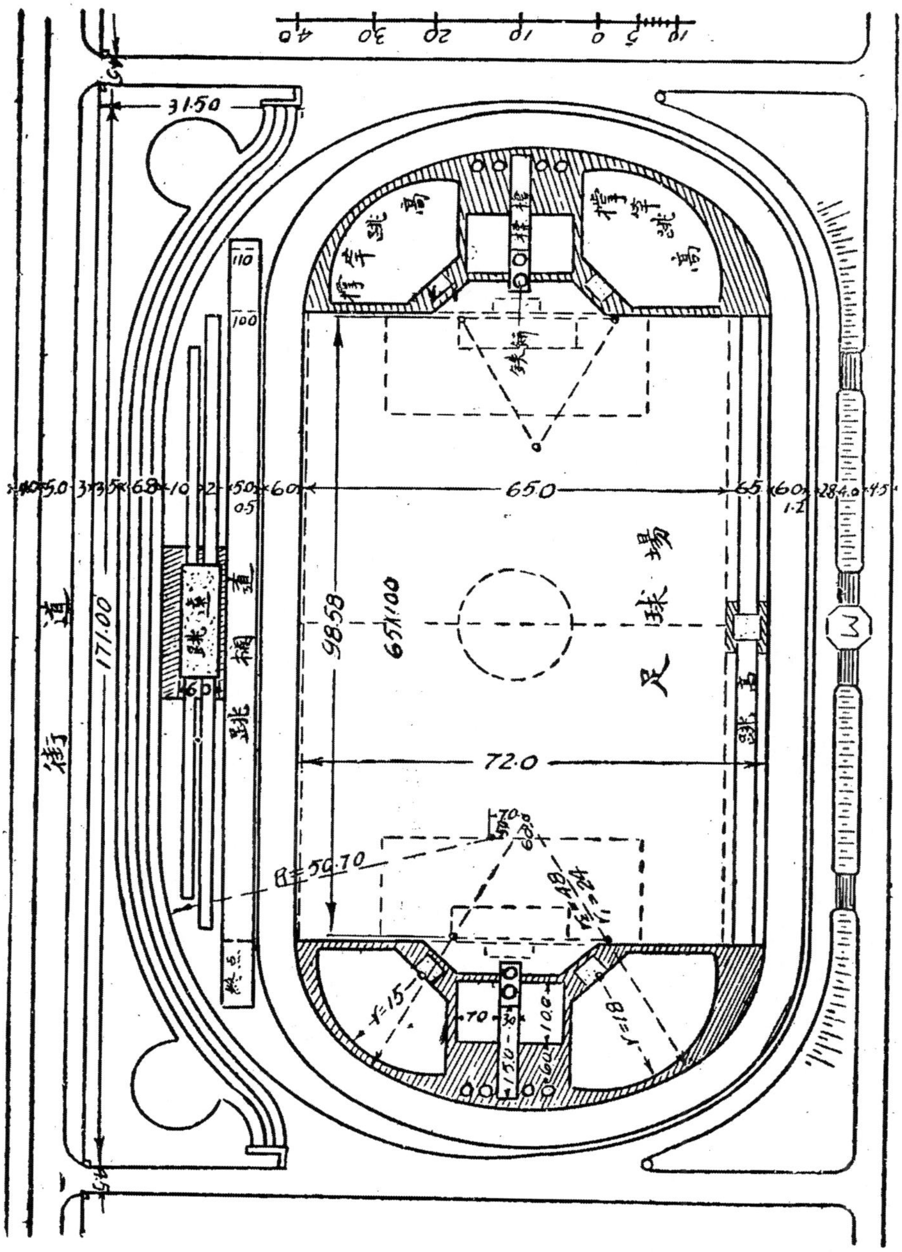

第四十四图 法国体育大学之竞技运动场

法。推掷区域,全在曲段之内,不致损坏足球场。

推掷之场,为练习时用者,当与比赛用者分开。比赛时,如掷枪,掷铁饼,丢重球,及链球,可在足球场上举行,对于草地之小损伤,可用铺地之木锤平之。惟推铅球,则地上往往推成深穴,非在曲段内举行不可。至于寻常练习,不论掷铁饼推铅球,均须在足球场之外,跑道曲段之内举行。

推铅球,抛铅球,推石头之操练场,铅球为 13×15 米,掷铁饼,掷枪及丢链球之场,须为 70×40 米(地上有草与否均可)。推铅球在直径二·一三米之圈内行之。铁饼则在直径二·五〇米之圈内行之。

掷铁饼推铅球,最好不着钉鞋。一方可不受钉之阻碍,一方不致损坏场地。美国人着有皮脚之鞋,鞋脚类似足球鞋下之皮钉。掷铁饼之圈,最好对风而设。为保护看客而用铁丝网,则极不雅观,可省。推石头,掷标枪,及掷重球三项,须向起掷线跑任意距离,布置之时,须留余地。

掷铁饼或推铅球之圆圈,往往因练习太多,受磨折而损坏。圈为练习之目的而设者,以石灰画成,或竟代以铁圈,置于含粘土性之地上,而推之地位可随意移动。铁圈直径二·一三米者须两个,直径二·五〇米者,亦至少两个。运动员可任意择用。圈内之地,经长时之练习,因雨水之冲激,脚之践踏,易致不平,宜用粘土与煤灰匀平之。练习更多之处,则可调之圈须多几对。

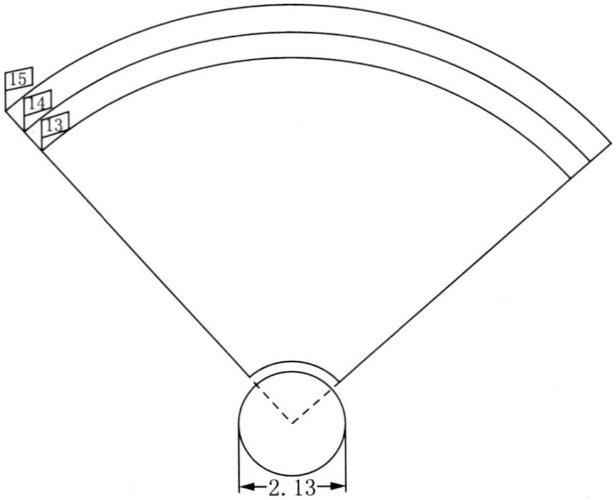

第四十五图　推铅球场区

练习推铅球与掷铁饼之场所，在球与饼下地之处，用砂或木屑铺地。推球处之旁，插有米特柱，在从抵趾板端所划之辐射线上，此线与抵趾板成直角。为掷铁饼，则从圈之中心，作掷出之边境，两线间成九十度之角。米特柱即竖一边线上。

不论推与掷，均须在平坦之地上行之。在推掷起线上，铁质之抵趾板免用，木质者软为合式。

总之推掷之建筑，可随风日方向之便利而调换，关于铅球及石头之推出，则风之方向无大关系。

第十四节　脚踏车及机器脚踏车道

脚踏车道有露天及屋内两种，二者建筑之方法不同。露天者须宽广，道上有树木遮盖。道之长轴系东西向，因之在道之南面，可有屋面看台之建筑。绕道之四周，最好有坐看台及立看台之建筑。各看台相当分开，而以阶梯达台上。看客绝对不准立于道中之空地上，因不但阻当看客全场之视线，且脚踏车之避开或倾倒等不幸事件发生，易危及场中之人也。

此外所应有之设备，为赛者之特别更衣室。每个大为二 · 五乘三米，中设有休息椅子及保存车子之所。在该室之旁，附有便所，浴室，食堂，及急救室。靠近急救室，有一保存负伤担架之室，寻常紧闭不开。此外为脚踏车赛员设阅杂志及修理车子之所。同时为机器脚踏车赛员设相当之空所。所有此等房间，均须注意免避火之危险，能设在一小建筑之中最好。尚有管理员新闻员逗遛所，俱乐部，电话间，亦在不可少之数，为参观者之便利起见，须有广大之停车场，及买糖果及点心之所。惟后须有多处之入口，以免拥挤。

有屋面车道，建筑费实较大。惟比露天车道用处为大。因道中之空地，可作他种用途也。例如该道不行比赛时，中间空地可作陈列场，或可作室内网球场。至于建筑方面，屋面宜成弓形，且支持之点宜少，在建筑术中并不为难也。

脚踏车道，由两直段及两半圆组成。其周围距离之最小一边，称内边，最大

第四十六图　哀而裴非而城裴极书运动场

之一边，称外边。荷兰《脚踏比赛规则》内圈之长度，离内边〇·三米量得。并用极清楚之白线，作测量线，由起点至终点，每隔十米之距离，须在白线上作分段之记号(参观第六十二图之脚踏车道面)。离此测量线〇·七米，更作一平行于该线之红线名曰追越线(Überholstrich)，此线须分明。终点线至少在道外边之栏杆上高起一米，而横截车道，由起点量起，至车道之半途，作第二条横线，横截道面。亦须高出栏杆一米。

车道之长途，视可利用之地方大小而定。遇地方不宽大时，二百五十米长者，亦可建筑。有屋面之车道，尚可更小。在柏林 Sportpalast，车道之长，不过一百六十米。最大之车道，可在三百米至五百米之间。从前有一处建过极长之车道，如在巴黎皇太子公园中之车道，其长为六百六十六米又三分之二。道长短之分，其利弊在速度。盖车道愈长，则车之速度愈可增加，此为极易了解之理。根据吾人之经验，车道之长以四百米长为最有价值。因此种车道，可以加相当之速度，可以合于脚踏车及机器脚踏车之用。且计算便(五圈得两启罗米突)，亦其重要之优点。

车道之圆半径不可太短。半径愈大，则速度愈易快。至小不可少于二十五米，至大不可过四十米。其中数为三十米，最为合用。

设车道之长为四百米，则计算极易。即两端圆弧为一八八·四米，而直段之长为$\frac{400-188.4}{2}\approx 106$米。车道之宽为五至十米。若同时用机器脚踏领头之脚踏车比赛(Motorschrittmacher)，则宽至少十米。道愈宽，则冲撞之危险可愈少。在出发点与终点同在一处者，则车道宜多宽一米。因出发之时，机器车脚踏车同时出发，占极大之面积，同时达终点之时，各车互竞，欲试同达终点，或竟欲在最后数米，突出他车之前。故终点之道面亦须较宽也。在曲段之上，欲免离心力之阻挠，道面须向内倾斜，其度数之多寡，视曲段半径之大小而定。以下一公式，可以应用计算：即 $\sin\theta=\frac{V^2}{rg}$(参观《运动学》二十九面公式(24))，$\theta$ 为倾斜之角度，V 为每秒之速度以米为单位。r 为车道曲段之半径，g 为地心吸力之加速度。在以上之公式中，r 之值变更，即道之截面亦变更。道之内边之 r 最小，向外则 r 渐渐放大，因之 θ 角渐渐变小。于是横截面成抛物线。在实际上，最大之弯曲。至多以倾斜之直线补偿之。故其横截面取第四十七图之式样。

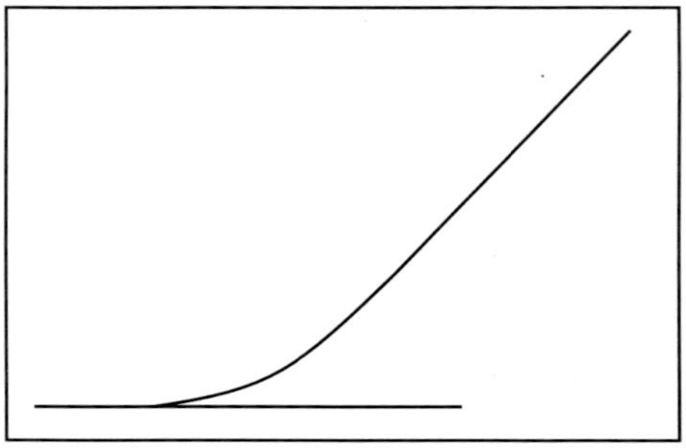

第四十七图　脚踏车道曲段之横截面

吾人宜先确定道之一定长度间，可达何种最大之速度（例如每点钟九十粁），于是确定每点之倾斜度。惟该车道，究属为脚踏车，为用机器脚踏车开路之脚踏车，抑为机器脚踏车。不能不求其最适合之建筑。

直段之中间，道近水平，其倾斜不过为 1∶10 至 1∶12。在两极端之内，道之倾斜，照常建筑。

沿车道之内边，筑一米宽之平车道。在此道上不能快踏或开快车，但沿之慢走，甚平稳也。沿道之外边，有栏杆围之，由木或铁骨水门汀做成，高一米二五。车道可由木材及铁骨水门汀筑成。从前人们以木道为上选。因其便于加增速度而有弹力，且脚踏车易于稳立也。建筑之方法，先铺横木作楞，其间隔不可过半米。于是以木条铺于其上作道面。木条之宽由二糎至四糎，由油松锯成，铺时以钉钉之于楞上，使上下牢固。木条铺之方向，与车道之身平行，以免行时车身震动。此种铺法，道面易干，亦其利也。

木车道上面无屋面时，其价自然低廉，同时维持之费用亦不多。此等地域，亦可建铁骨水泥车道。使任其在户外。遇需要之时，可以扩大。木车道之上，可擦以油漆，如是可以保持长久。道之修理，大概因道面不平，而使之平而已。水泥车道，破坏较易，且修理不易臻十分平匀之境，故人皆反对用之。

在车道之中间空地上，除小屋之外，须有一固定之建筑，为评判之席次。为免去道上之视线受阻及一切跌落之危险等，此评判席次，须离道之内边十米，与车道相距十米，最好由篱笆隔开。在评判屋之附近，须有闹钟一只，又须有木板一块，为踏车者记圈数于其上。所有物件，如椅子长凳(为检察员用者)及其他各物，均须尽量离开车道之内边。所以使运动者，随意中途离道或休止也。在各方均能看到之处，须竖有白木板，上书运动之进程，便各方能看到。

在无屋面之车道，道沿内边，中间之空地，须由水沟泄水而干之。下雨之后，水由道全面而流入道之内面。故在短时间之内，此等地面，不堪践踏。道面宜速干。若场内之泻水不畅，欲道面之快干不易。其解决之方法，惟有使场中之地，高于周围，则道下之水，可从速流去。

木车道与水泥车道之外，尚有可建煤屑车道者。在四周建筑多取自然风景之处，与夫与运动程序，无关之引诱物极多之处，均属合宜。在此种道上，速度可臻极大。惟炭屑太硬，有损车胎。微尘易起，对于运动员有害卫生。故此种车道，非不得已时不建。

第三章　各种球场

第一节　足　球　场

足球场为长方形，长一百至一百十米，阔六十五至七十五米。寻常之大小为 105×75 米。在特殊情形之下，长可自九十至一百二十米，宽可自五十至九十米。

场面须完全平正，但倾斜之度，短边可有百分之一，即阔七十米，左右边可有七十糎之倾斜。长边则只可有三十糎之倾斜，如是则不致一队上坡，一队下坡，比赛时可免过逸过劳之弊。凡场倾斜过多之场，重要之比赛不宜举行。

场地之处理，在竞技运动之建筑上，占重要之位置。若欲场地在任何种天气能用，须有极好之出水机关。

足球场以草地为上选，不能生草之地，既不雅观，又碍卫生。雨后欲场上，易于干燥，地下须有水道之建筑。土质如系赤土或粘土，则场面须掘去五十糎，距最低之水平面须距三十五糎（高三十五糎）。在此掘开之面上，铺砂砾，厚二十糎。在此砂砾之上，至少覆以二十五糎至三十糎厚之沃土，上再栽以草。

地下有几分渗水之作用，则足出水。若土地不渗水，则非赖导水管出水不可。其深浅与距离之远近，视土地之性质而异。此种工作最好请专家设计。

足球场四周，须画有石灰路线。在左右两旁者为边线，在两端者为球门线。二者互成直角，每四角上各画四分之一圆，半径为九十一糎为踢角球之置球处。

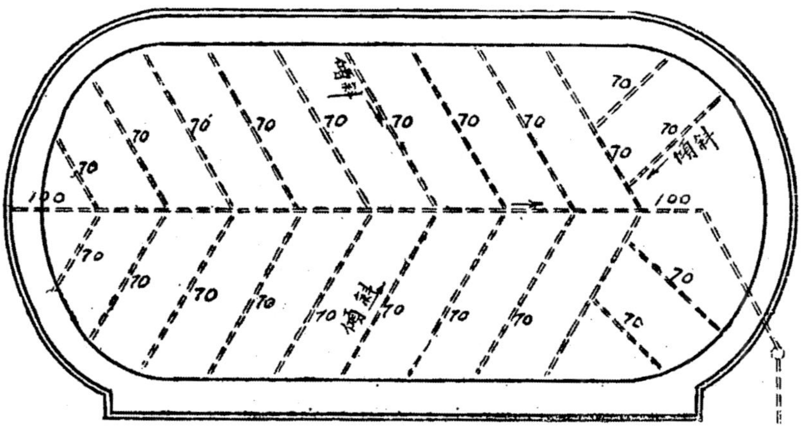

第四十八图　通出水阴沟之计划

角上插一旗，其竿至少一米半。

在场之中央，作与两端门线等距离之并行线。由此线之中点，作半径九米（十码）之圆。

球门之球门线。两柱中距七·三一五米（八码），上连以横木，高二·四三八米（八英尺）。柱阔与横木之厚，至多十二糎半（五英寸）。球门之后面张以网。网之顶，紧架张之绳上。下脚向后下斜，如第四十九图Ⅲ。

在球门之前，作与球门线成直角之线，长五·五米（六码），其远端间后联以与球门线平行之线。在此等线间之区域，名曰球门区域。再由球门两边外一六·五米（十八码）之处，作两条与球门垂直之线，其长亦为一六·五米（十八码）。再联两线之远端与球门平行之线。此等线内之区域，名曰罚球区域。后距球门中心十二码之处作一大点，是为罚十二码球之点。

足球场在跑道圈中之地位，足球场在篮曲式半圆形及尖圆形跑道之内，若跑道之总长在四百米以上，则足球场至少可为 70×105 米。如跑道不到四百米，或跑道之形式为四方形，则足球场必小于 70×105 米。倘足球场在三角形跑道之内，则靠百米直道之一边建筑。但不可因跑道内长度不够，而足球场占跑道之一部份，致踢球时损坏跑道。在四方形跑道内之足球场亦然。

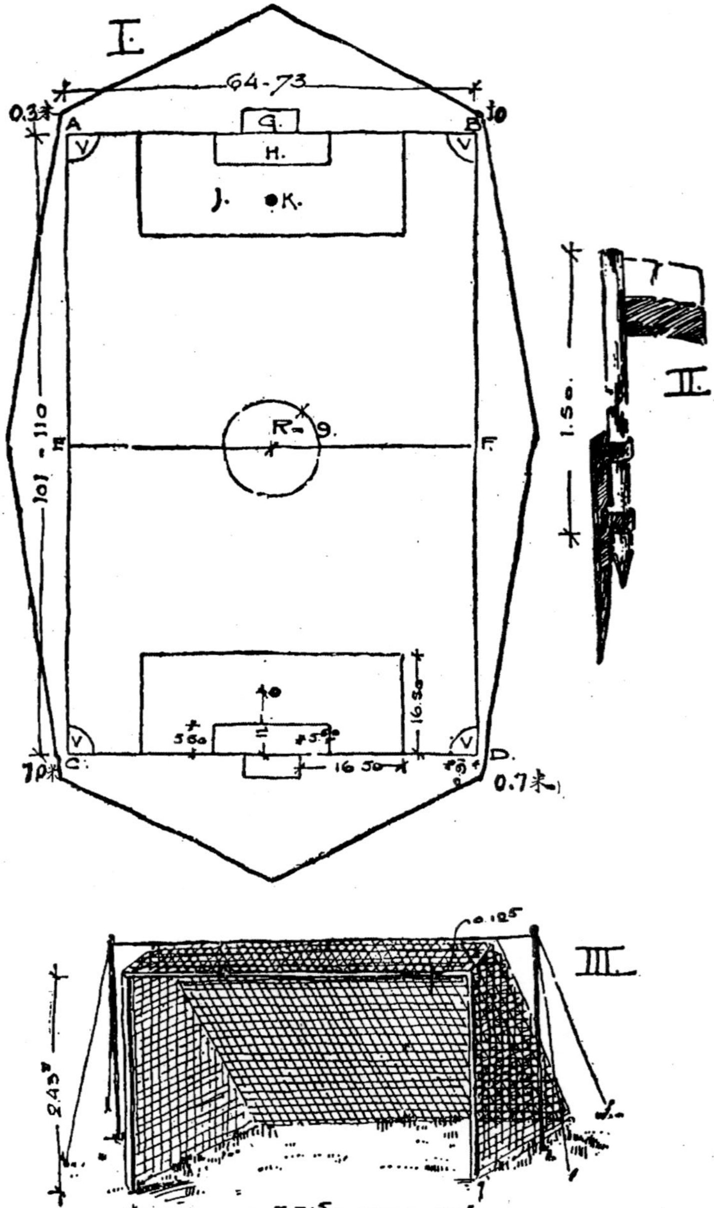

第四十九图　足球场

Ⅰ. 场之分区　Ⅱ. 角旗　Ⅲ. 球门　AB.及 CD.为端线　AC.及 BD.为端线　EF. 中线　G. 球门　H. 球门区域　J. 罚球区　K. 罚十二码球点　V. 角旗　四角者之数字 0　0.3　0.7 及 1 表格起点之尺寸

第二节　网　球　场

场之环境　网球场须建于平坦之地，为出水便到起见，场面不可太低。多大风之区域，建筑时须顾及避风之设备，因风有时能阻球之进行也。场上不可有一部份受遮盖，能全部不受太阳之侵犯最好。场后之设备，亦极重要。最好有暗黑色之木篱笆，或有矮树亦可，惟须离场有相当之距离。如外围有白色或红色之物，或有影子射于场上，则拍时耀眼，看球不得清楚。

场之方向　场之短边宜与光线之方向平行。于是下午三点钟之后，光即不能射眼。（人立角上之方向与经度所成之角度，小于日光之斜度。）即以右手打球之人，在长边向南东南与北西之之场上，亦可少受日光之照耀。一场为朝晚间用者，场之方向可向正南北建筑，尤以四围无高墙者为然。

场之大小　场坐落之地域，至少宽十九米，长三十四米。外面走路之宽，至少五米，至多七米。场外之余地太少，则打时极感困难。故场两边之余地，须有四至五米。若数场栉比，则两场长边之间隔五米可矣。

普通要件　网球场第一须使用舒服，场面须纯粹而平正尤须软韧盖嫌太硬，则球跃太远，迫球员后退，动作难快。又场面不可太滑，宜含有几分粗糙性。因此脚易于稳立。场须能反抗天气之侵凌，一降雨雪，即不堪应用之场，非特极不便利，且维持之费亦大。

欲建一极好之网球场，需要极大之经验，在建筑之前，须征求一般专家之意见。于是不论建筑之时，或修理之时，可均合学科之方法。网球犹其他游戏，参加人之多寡，与参加之便利有关系。网球之发达与否，场之好坏有极大影响。况网球为较难之游戏，其环境须尽量造好。兹按其场地之种类分述于下：

一、草场

网球原在草地上举行，草场之名即由是起。美国近今之场地，尚多草场，上有短韧之草面，使用至为合式。除时行轧短之外，其维持费用亦极节省。印度

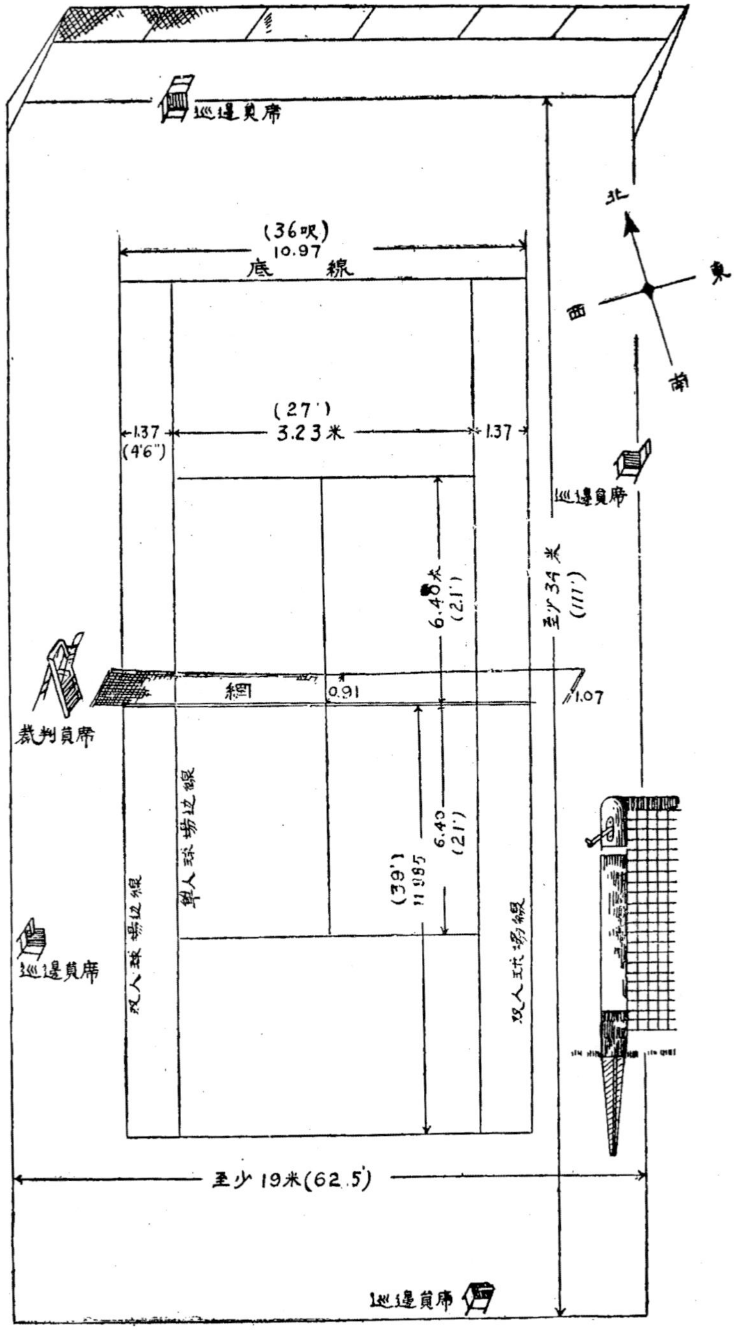
巡邊員席
北
東
西
南
(36呎)
10.97
底線
(27')
3.23米
1.37
(4'6")
1.37
巡邊員席
6.40米
(21')
至少34米
(111')
網
0.91
1.07
裁判員席
單人球場边線
6.40
(21')
(39')
11.885
雙人球場边線
雙人球場線
巡邊員席
至少19米(62.5')
巡邊員席

第五十图　网球场之布置

奥国亦多用草场，德则多用硬场，因其地质使然也。吾国华南华中华东亦可多草场，东北及华北地系砂质，气候寒冷，草不易生，草场无从建筑，故宜多用硬场。

二、粘土场

粘土在南方有三种，黄色，青色，及黑色三者是也。黄色粘土最普通，几各处多有。青色粘土较少，人多以之为玩具及泥偶等。黑色粘土最少，往往在地下深层有之。三者之中，黑色者粘性最大，若捶结晒干，坚韧逾常，即倾盆大雨，亦不易使之软化。黄色者次之，因其材料易得，故在南方大有建筑黄粘土场之可能。爰述其方法于下：

（一）美国网球联合会维帘氏（Paul B. Williams）之提议，谓掘地深一呎，掘地之面宜匀平，以直径长一至二吋之石子，填于其中，厚六吋。此层完全压实之后，上再加以三吋厚之细石子或细碎片。最上一层用粘地与砂之混合物，惟其混合之比例，则可有种种。寻常八分粘土中，混砂一分。若觉太松，可多加粘土，如觉太粘，则多加砂。此层厚自三吋至六吋。场建筑之后，须浇水滚实，在使用之前两星期，每日须滚两次。如有凹处及高块，宜慎事浇水滚压而修平之。有时无须有石子之基础，则掘地数吋，及下层之硬底。于是以粘土与砂土之混合场面建于其上，厚可三四吋。此种建筑方法，宜注意上层与原土之结合，若上层为划然之一层，与原土分离，结果必致断碎。

（二）美国一九二三年《斯保定网球年刊》（Spaldings Tennis Annual）上，Albert D. Taylor 氏称，欲建粘土网球场，须将原来之土掘去，深一呎。将底压平，铺瓦厚四吋，其上更煤灰一层，压实之后厚五吋。其上再加一吋半大之石片或粗石砾，压实之后厚三吋。其面上孔隙之中，用碎石屑或细煤屑填充，其粗不可过四分之三吋。上层须为硬粘土，不可有沃土及有机物混杂于其中。粘土打成粉末，由四分之三吋大之筛孔筛过。此层之厚，不可过三吋。此上再加经四分之一英寸筛孔筛过之粘土粉及经过八分之一吋筛孔筛过之砂，二者之混合，重量相等。铺上之时，宜十分平匀。此最上层之中，须混盐若干，其成分占表面质料之四十到五十分之一。

三、硬场

首引人注意者，莫如硬场。平日维持之费用节省，而耐用之时间亦长。建硬场之材料，大都为柏油，水泥三合土，石子等。

（一）柏油场　此种网球场之色暗，对于视觉，较三合土为舒服。此外柏油场之利益：一在一年四季可用；二在其无吸收性，大雨之后，水即流去，不几分钟即能使用；三在维持费毫无。美国密西根省提曲劳欧(Detroit)城之柏油建筑法如下。掘地深八吋。若地土需导水管，则用四吋导水管埋于其中。在此掘地之上，铺捣碎之石灰石块，或花岗石，厚五吋。块大须划一，大两吋。匀铺之后浇湿之，然后用蒸汽滚压实。其上更铺碎石屑，其大小自粉末而至四分之三吋之石子。全场匀铺，将小孔均填满。结果此层厚一吋半。其上用筛过之石粉末，用冷垦塔沟(Kentucky)柏油浇于其上，厚两吋。然后以手牵滚压平之。终用干水泥洒于其上。隔两星期方能使用，白线可用熟油煤油与细石膏粉混合画成。此种在华北极合式，在气候炎之处，则有软化之弊。故华南不适用。

（二）水泥场　美国明尼阿波立斯公园部所采之方法如下：

（1）下层　地系粘土，掘地深九吋半。如系砂质及其他渗水之质，则掘四吋半可矣。前者之底，平均压实，铺石子或汽锅煤灰，块之大至多四吋，此层压紧，至多厚六吋，距场面至少四吋又四分之一。导水管装于沟中，其所垫之石子或石片至少不可小于一吋半。

（2）上层　上层为水泥层，不论有无下层，厚至少四吋又四分之一。每袋水泥和两至一立方呎半之细石屑及四立方呎之粗石屑或石子。每建筑完成之场面，分两平面，由场之底线至网线，各倾斜三吋。于是网球上显有凹沟。如两场毗联，则自两场接连之处，与他两场外边各倾斜三吋。凹沟距两边场之平面至多四分之一英寸。

在必要时，场下须出水导之建筑，有时四周亦须出水管，埋于瓦砾煤灰之中，其上盖以砂，厚约十粴。

硬场上打球,所需技术,不若草场与砂为多。因硬上场球跳太慢,不能发达最高技能。且球与鞋容易损坏。虽然硬场雨后即刻可用,洒滚之工作可省,此其利也。

四、半硬场

此类可有三种不同之种类

(一) 砂场　主要由细砂及粗砂之混合物而成,照寻常之规则,用粘土与石砂混合而成。其成分为粘土两分半及石砂一分。他如砖瓦屑及石砾,亦属有用材料。上层厚十粴,下层铺砖瓦片或煤楂。

南京中央大学及金陵大学之砂网球场　寻常掘地深十吋至一英呎,最下一层铺碎砖瓦片,压实后厚五至七吋。第三层铺细砖子及煤灰屑,压实厚两吋,此下两层取其雨时吸水而场地易干也。第二层铺黄山泥两吋。是泥为南京特产,砂性而兼带粘性,最合建筑网球之用。铺后加水滚平。第一层为砂两分,粘土一分混合而成,铺厚两吋。浇水后稍待即滚。此种场地,前数年七八十元一个,今生活程度加高,非一百二三十元不办。

辽宁网球场之建筑　辽宁地系砂质,易于渗水,下层建筑,可以省去。将地掘三吋,以粘土一分混砂两分,铺平压实之即成。惟东北大学之网球场,下层用石子铺厚约四吋,上层多用砂与石灰混合而成,约砂一分石灰两分。价在二百元左右,亦云昂矣。

砂场之维持方法,为时常浇水,达适当之湿度。又须隔日用寻常之石滚(不可太重)滚实,不可间断。滚始于场端,以纵行之方向滚压。先自场边,后及场心。至后则横滚一遍。若维持不充分,则场高低不平,而有起尘之危险。

(二) 砖屑场　此场步比利时之后尘,欧洲各国用之者仍属不少。下层用碎石砾填铺,与煤灰混合与否均可。此种结构,所以便于渗水也。上层在下层之上,由各种砖石之磨细粉末而成。若再混以石灰之粉,则上面易平而更好。上层不可太结实,亦不可太呈孔性。若起初觉场太硬,则是混石灰太多之结果。此场之建筑法,为荷兰网球会由比国抄来。以下之方法,为荷兰网球联合会中技术委员会所指示者：

(1) 下层　在渗水不易之地，下层须有石砾之通水沟。其余用石子铺设，石子用铁锤或大桩打实。石砾铺完之后，须更以捣碎者铺上面。终则再以滚压实。

(2) 石砾之上　再以煤灰盖一层，此项煤屑，须用四糎大之筛孔筛过。铺宜平匀，厚三至五糎。此煤灰易于铺平，易干，易滚实。

(3) 上层之材料为石粉或砖屑，分几部份：其三分之二，须经八至十粍之铁丝筛孔筛过。三分之一为未筛过之材料。此外尚有人主张用三分之一未筛过之粗材料，三分之一筛过之细材料，及三分之一未筛过之细材料者，其铺之次序如下：

子、先将粗材料匀铺滚过之煤灰上，以木板划平之，然后再行干滚。

丑、以未筛过之三分之一材料，加以上一层之上，以同法匀铺之，然后再行干滚。

寅、其余所用之三分之一细材料，则混以百分之十之风化石灰。混合时，经一次之搅拌，使十分混和。俟下面之水上渗，然后压之。终则浇重水而再压平之。二三天后，俟石灰与石粉干燥，再浇潮而上铺石粉与石灰之混合物，此时尚不能用，最好再浇水压实，然后再划粉线于其上。浇水最好用喷雾器。俾浇上之水以微点落于场面。

(4) 每日之维持方法　场地一经造成之后，最好常保润湿之状态。在浇水之时，须十分浇潮。每日须滚一次。若场上有孔或不平之处，则用五至六粍之筛孔筛过之石灰混合物，在未滚之前铺凹处。

(5) 一年内之维持方法　经二三年之后，场上有洞，最好上层完全耙松而筛过。再应用以上之方法重铺。第一年之后，在春天解冻之时，用纯刺耙将上层把松，将松层筛过，匀铺于原场上，起初干滚，终则浇水乘湿再滚。

(6) 上层太软之改善方法　将老而松之上层耙松，归成一堆。将坚硬之材料混合于其中，分配完毕，再行筛过，然后铺场上，照以上之方法重建。惟最上一层混百分之十石灰。

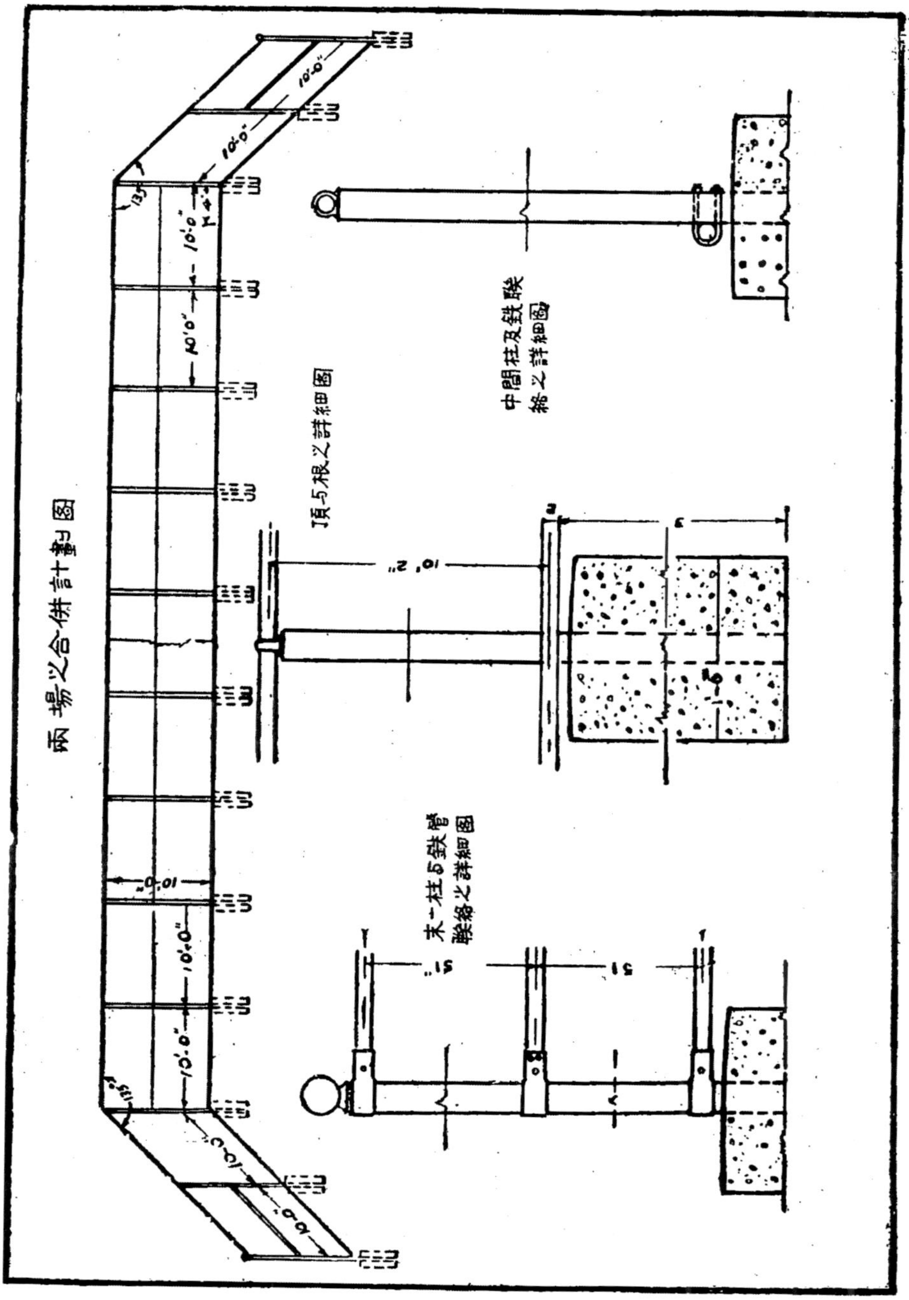

第五十一图　网球场后之挡网结构

(7) 建筑新场时材料填积之注意点　上层全体深二糎半至三糎半。一场全体有七百方米，二万瓩已足：每年用过之后，储数立方米于他处，以备修理之用。

在应用方面，此种碎石粉之场地，十分合用，且供人使用之机会亦较多。惟维持费用较大，此乃缺点。在夏天须浇水压滚，保持润湿之度。每年更筑上层之费，亦觉甚大。

户外网球场，前后须有挡网。普通高十呎，宽四十五呎。两侧转弯之角度为一百三十五度，各长二十呎。网离场之端线为十八至二十呎。网用十一号。孔大一又四分之三吋。

第三节　哥尔夫场

一、普通条件

哥尔夫场，在海滨者与在内地者不同。第一须有干燥之利益，并在运动之时有爽快新鲜之空气。但有时地之上层不易保持坚实而平。全场之大小视洞之多少而定。有九穴者，则全场须为七十五英亩。有十八穴者，全场须为一百五十英亩。

定建筑地点之第一要点，在地域宽舒，与交通车站相近。地之下层须干而坚实。洼下之地宜避开。一风景极好之地，四面有高起之地或树木围绕，可使场十分舒畅。虽然道亦不可太平，道面须有多少之高低不称之点，各处起有变化，作一种自然之障碍(Hazard)，使球不照直前进。

在建筑之前，须再三行基本考查。首先将轮廓确定，然后精细计划。最好之道，决非一天或一星期之短时间所能寻到。如一场为一机关或一俱乐部所建筑，则地点宜近交通之中枢，外观并须雄壮。

哥尔夫道，由定数之单位而成。九个或十八个单位，由穴之数目而定。每一单位，有开始有终了。即打出点(Tee)与打中点(Green)是也。前者为球打出之点，后者为球打入之点。一良好之道，有短洞四个，大约一百二十码，具各种式样。有两个长洞，至少五百码。其余各洞，长短不一，可由三百二十码至四百二十码。在道之头上，须有二或三个洞，在人多之时，可以予人以宽裕之机会。最后两洞，须有充分长度。

马赛氏所给之例如下表。

穴之次第	长度以码计算	方法	穴之次第	长度以码计算	方法	穴之次第	长度以码计算	方法
1	380	便当	7	522	便当	13	434	便当
2	434	颇便当	8	292	颇便当	14	153	为难
3	292	为难	9	315	为难	15	303	为难
4	325	为难	10	283	颇便当	16	325	为难
5	456	便当	11	292	为难	17	400	为难
6	120	为难	12	500	为难	18	434	颇便当

照以上之建筑，则道之总长适中者，为 6 000—6 400 码。道须有伸缩之余地，遇必要时，可以多设打出点，其穴之长亦能变更。例如在冬天与夏季，打出点之远近变更，因风及干热之天气，均与球之速度有影响。

每球须能用两种方法打出，一为为难之方法，一为便当之方法。如尚有余地可利用，每洞可备有三打出之点，排成三角形，其基础与穴宜靠最近。

阻碍物之地位与建筑，占哥尔夫道之重要地位。人工之阻碍物(Hazard)为沙洼(Bunker)，系一沙潭，在一垒之前。若垒高而潭窄，则觉太难，反之垒低而潭宽，则所罚太轻。寻常垒愈高，则潭愈宽。潭深与宽之比例为一比四。垒不能太高，致一近砂洼之打球者，为该垒遮去瞄准之视线。砂洼之地位，与打出之线成角度，距打出之点一百二十米。第二砂洼可稍近。其余之砂洼，不能任择地点，其位置须足以欲罚不打球。在砂洼之边上，须向秒洼渐渐下降，所以使球易于滚入砂洼也。打砂洼须在打良之出方向之外设立。不但可在右方，亦可在左方。惟不能与射出之方向成直角。宜偏过相当之距离。

人为阻碍物之外，尚可有许多天然之障碍。可以利用，例如矮树高木及水潭等是也。其数愈多，则场愈完美。惟建筑之时颇难，即人为之障碍，须设于正当之部位，而道须由天然障碍适当之所经过也。

二、建筑之注意点

建筑之时，地域宜使平匀。矮树树根或相类之物当道者，宜移去，洞须填满，林须伐去，草堆须烧去。地面锄过加肥栽草，方堪应用，打出点与打入点之建设，需专门之知识。此处建设须坚实平坦，不可太硬，土宜有渗水性，下雨之后，可不致泥泞浮起。遇必要时，地下有通水道之建设，如前章所述。上面之草，以栽种为宜，铺草皮之法，寻常不采用。已有之草面，可选草良种栽莳，以改良之，但此为极少之例。寻常宜重莳，在九月或三月为最合式时期。盖按期莳种，不久可得极好极密之草地。布种之后，杂草须照常拔去。若起初即注意，则草面栽成之后，杂草不足患矣。好草面既得，须注意善事维持，按期滚而剪平，并保持润湿。此外尚有数点应注意者如下：

（一）哥尔夫道建筑师，须利用自然的地理上之利益，及天然之风景，使此游戏分外有趣。若哥尔夫建筑师非机巧之风景建筑师，最好与此种建筑师会同商造。不但使风景建筑师注意已存在之风景可能性，并有产生新风景之可能。例如树秧之生在道中者，不但无需拔而烧之，反可移植于道之中间，使一部份之道有森林之外观。故对于生存之树木，宜避无故摧残。

（二）哥尔夫场之穴，起初相距不可太短，致游戏进行缓慢。短洞须在第三或第二洞之后，否则不相宜。短洞之数，在九洞之中不得过两个。

（三）一城市之中，如只有一哥尔夫道，而建筑之道不可太难，盖太难，则只可供有经验之人应用也。若一城之中有二道以上之建筑，一道须能供技术较高者练习之用。

（四）道之方向，能南北向最好。以免朝晚受日光之耀目。

（五）哥尔夫道，不能在靠近汽车路建筑，致有一二好路离该大道太近，或与之平行。如汽车路穿哥尔夫道，则更不适宜矣。

（六）规划哥尔夫道，由打入之点到次一打出之点，无容穿过他路之打球线。

第四节　棒　球　场

一场地不论地平线之高低，其面积有三百方呎者，均可筑棒球场。若地面能有三百二十五方呎，则尤妙。有时地域只有 250 + 250 呎，若用悬挂之挡球网，亦可应用。草地固甚好，但非必须者。如系草地，则场之几部份须将草铲去（容述于后）。以下为法定规则中所定之棒球场建筑法，由美国竞技运动出版公司所发行者也。

“用钢尺量地，划定垒线，照图设本垒（Home base）及发球员区（Pitcher's Box）。如场地适宜，本垒须在北面，发球员区在南面。各垒间垒线上之芝土铲去，发球员板周之芝土，亦可铲去。于是划垒线及发球员之踏脚板周之线。打球员立之区域，在本垒之两旁，用石灰或相同之物质划成。本垒与第一垒及第三垒间之犯规线，亦可划出，延长至第一第三垒之外。

本垒与第一垒之间为 90 呎，由第三垒至本垒亦为 90 呎。一垒与二垒及二垒与三垒间，皆为 90 呎。故绕四垒之总为距离三百六十呎。本垒至发球员之踏脚板为六十呎六吋。此距离由本垒尖端两垒线相交之点量起，非从本垒板前边量起也。由本垒至第二垒之对角线，长一百二十七呎三又八分之三吋。一垒与三垒间之对角线亦相等。打球员区为 6×4 吋。发球员踏脚板为 24×6 吋。垒为十五吋方。本垒板为对称五角形，两斜边互成直角，长十二吋，两短边八吋半与两斜边成一百三十五度。长边长十七吋与两短直成场角。合式之球场，由本垒至场后之栏杆及网，至少二百三十五呎。由本垒至看台，至少九十呎。

本垒后之网栏，用铁丝结成，宽三十二呎，高十八呎，用二乘四或三乘四吋之铁柱或木柱支持之。木板有时亦可用，须离地四五呎，六号铁丝网而孔大为二英吋者，可用为挡球网。

儿童棒球场之法定规则，在十六岁以下者，垒线长八十二呎，由本垒至发球员之发球为五十二呎。年少之儿童用七十五呎长之垒线，发球之距离为四十五呎，打出之远度，有二百呎之准备已足。

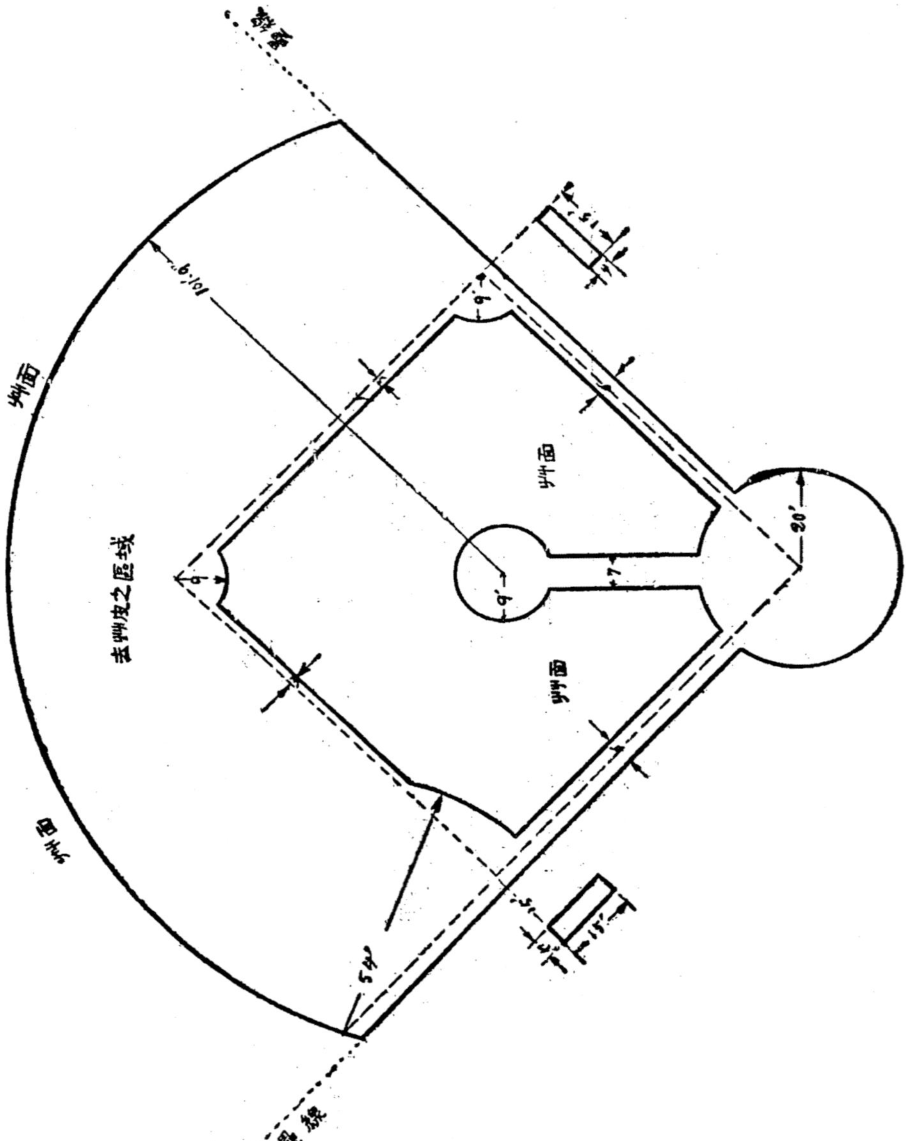

第五十二图　棒球场之建筑计划

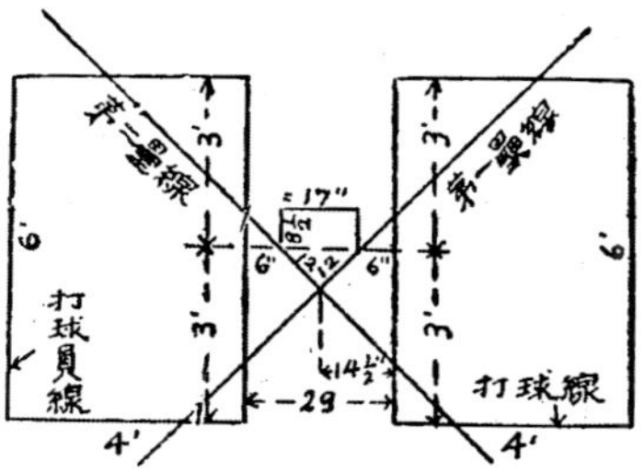

本垒与打球员线之详图

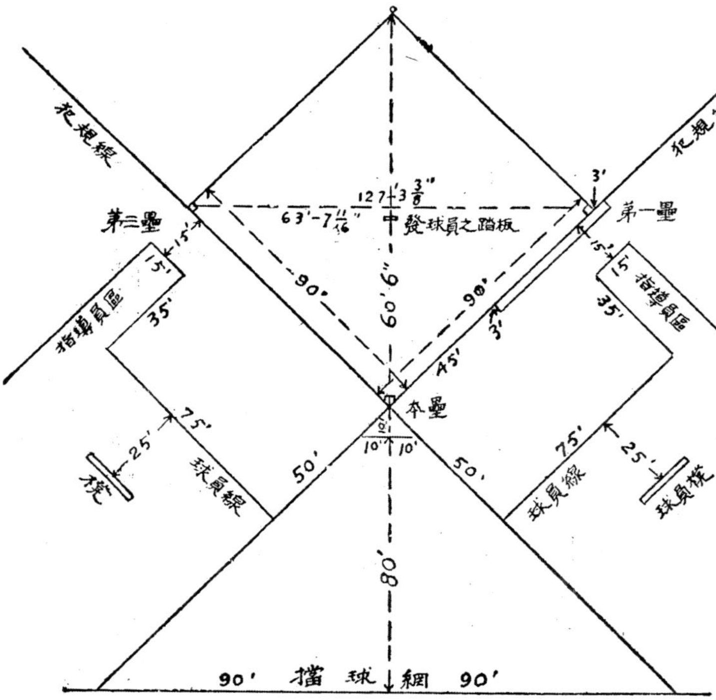

第五十三图 法定棒球场图

第五节 篮 球 场

篮球可在草地上或赤土上或特殊之地面上比赛。美国有许多城中，用柏油场者。在杭州全国运动会则用木板场。此种球戏美国人认为非户外之普遍球戏，因美国各城市各学校，不论公私，多有健身房，与篮球以在户内练习之机会也。至于在吾国,有体育馆之大学不多,有体育馆之中学更少,故宜暂认篮球为一种户外运动。专讲其户外建筑。

一、篮球架

最简单者,以左右六呎上下四呎之木板,钉一木柱上,以木柱竖地上即得。然按场地规则,两边之底线,在球板正射影外二呎。故此木柱,根本与规则冲突,不堪采用。其次莫如两柱篮球架。球板距柱三呎以上。恐两柱之支持力不足而板向前倾,可在板之下缘后方加斜撑,如东北大学之篮球架,即本此意装置。民国十九年杭州全国运动会之篮球架,结构颇有采用之处。球板距支持之架有十呎之远,即掷球时或抢球时有冲出者,可无撞架之虞,至为合用。不论何架,球板之上缘距地十五呎,下缘距地九呎。

二、球场

为长方形,至大之场长,为九十四呎,宽五十呎。至小之场,为阔三十五呎,长六十呎。线须阔两吋,距阻碍之物至少三呎。中央跳球圈之半径为两呎,其直径与底线平行。罚球区域,先由划垂直于底线之两线,距底线之中心三呎,长六呎。次划六呎半径之圆弧,两端与两垂直线相接。掷自由球线,横裁是圆圈与底线平行,距十七呎。

三、球篮

为金属圈其内边之直径为十八吋。篮系以网,须能阻球徐徐下落。篮圈须牢装于板上,在其两垂直边之中央,距地面十呎,在水平部位,最近之边,须距板六吋。

第六节　女子篮球场

女子篮球场,与男子篮球场大同小异。至大者为长一百呎阔五十呎。法定之大小,大学女生为 90×45 呎,中学女生用 70×35 呎,全场均分为三区。

第七节　场球(Playground ball)场

此球戏须在平坦之地上举行,草地最为合宜。若用十二英吋之球,成人之场须为一百五十呎见方之地。儿童之场地可为一百呎方,或较少亦可。若用十四英吋之球,场地更小亦不妨。场地之划定与棒球同。惟用十二吋球时,球垒相离四十五呎,由发球员踏脚板(6×12 吋)之后缘至本垒(十二吋方)之中心,为三十五呎,若用十四英吋球,则每垒之距离为三十五呎,发球之距离为三十呎。以上所述场之大小,可按能利用地方之大小,球之大小,球员年龄之多寡而变更。

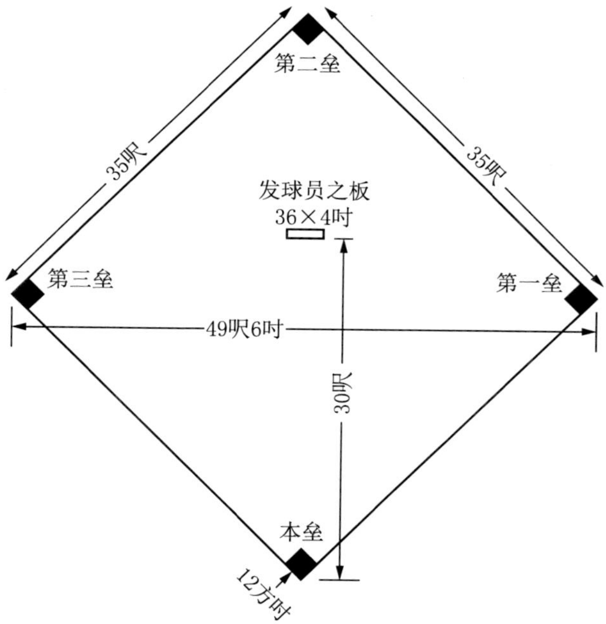

第五十四图　场球场

第八节　手　球　场

户外手球场有单墙,三墙之分。场地须为柏油水泥,或木板铺成。大小为二十乘三十四呎。单墙阔二十呎，高十呎以上。顶上须设有铁丝网，高六呎，以阻球之越墙。发球线距墙十三呎（有时十六呎）。两场相背建筑，则一墙可供两场之用。第五十五图为美国 Rochester 地方，C.B.Raitt 氏所提议之方法，四场建于一处，地方极为经济。其中含三墙场两个，一墙场两个，其互相拱围之结构，亦甚合式云。其计划中共含三墙，均高十呎，皆系双层，建六乘四吋之立柱上，柱为未铇光之松做成。各柱相离二呎六吋，入地深三呎六吋。入地之部份涂以柏油，以免腐烂。墙以一又四分之一英吋之木板钉柱上而成，外涂以漆。上面完全盖好，以防雨水入墙中。

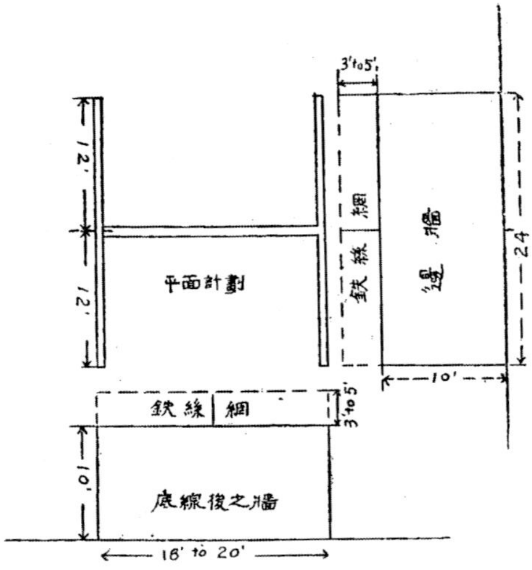

第五十五图　手球场之特别计划图

地面可由柏油做成，由横墙向后，微有倾斜。

第九节　场上曲棍球(Field Hockey)场

场上曲棍球可在任何高低之地举行，惟泻水须爽利耳。上栽草，须有强韧草面。场之长由九十至一百码，阔由五十码至六十码。场分为相等四分，由与球门线平行之三线分界。中央者曰中央线，其他二线曰二十五码线。有经验之球员，此二十五码线，从边线上内划七码长可矣。在两边线之内划距五码之平行线，曰五码线。球门系两柱及顶上一横木而成。柱相距离四码，高七呎，建于球门线之中央。球门之前划有两四分之一圆弧，半径为十五码，合有十二呎长之共同切线，与球门线平行。是四分之一圆弧之圆心，在球门柱之前内角上。由球门线上划起，至球门之前，以十二呎长之线正切之。若球场缩小，则缩小之处当全在场之中区，二十五码线距球门仍为二十五码。五码线亦不变。球宜用皮制成，上漆白色。

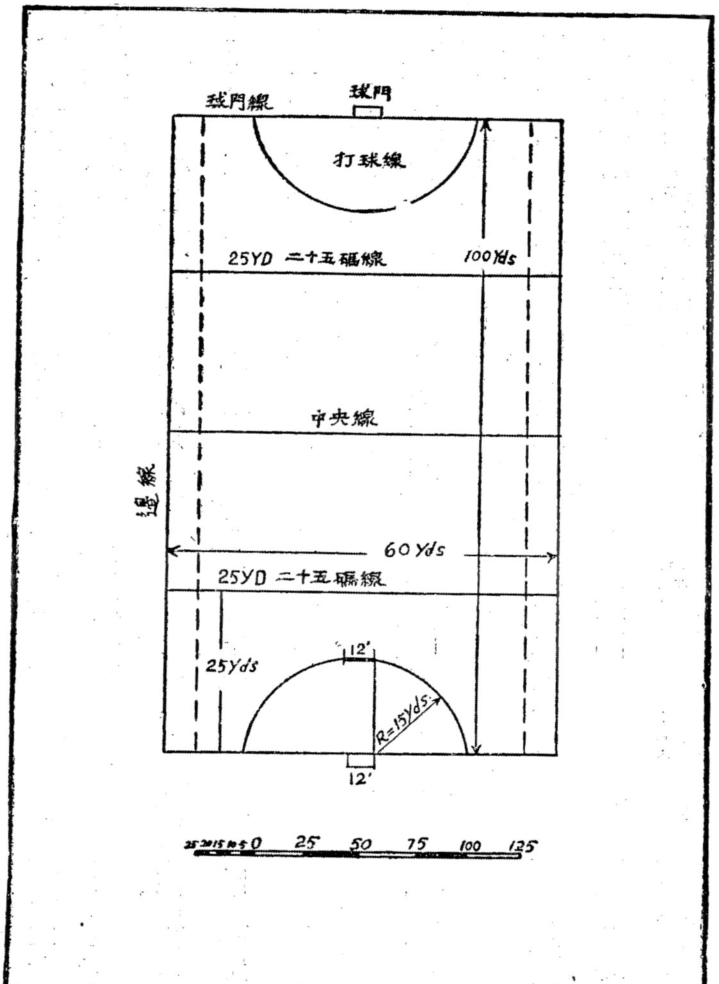

第五十六图　场上曲棍球场

第十节　美国足球场

美国足球场，须为草地而泻水爽利。若竖有美国足球与足球之混合球门，则场可两用。照法定规则，场地须展延，其条文如下。

“此球戏须在长方形之场上举行。三百六十呎长，一百六十呎宽。在场两

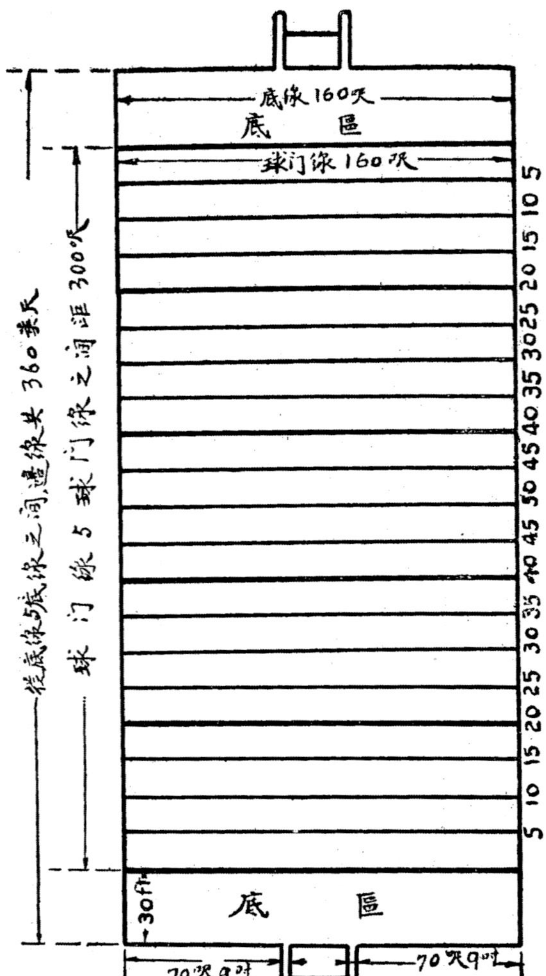

第五十七图　美国足球场

端之线曰底线，在场两边者曰边线，须延长远过其与球门线相交之点。球门线须划在距底线前十码而平行之。在球门线与边线中间之地域，为游戏区域。在底线边线及球门线内之地域，为底区。(end pone)所有此等线，须由白色灰线而成。游戏区域内每相隔五米，须划与球门线平行之线。球门装底线之中央。柱高二十呎，相隔十八呎六吋，横木离地十呎。”

第十一节　德国手球场

球场为长方形，九十至一百十米长，五十五米至六十五米宽。长边名曰边线，窄边名曰球门线。

在每球门线之中央，设有球门。高二米四十，宽七米三十。球门柱上，用四方横木制成。球门柱与横木，至宽为十二粴。

球门区域之划法，先在球门前，距离十一米之处，作七米三十长之线，与球门平行。在此线两端，同以十一米为半径，以球门角为中心所作之两四分之一圆相接，其中即为球门区。

离球门线十六米五十，作一平行之线，名曰越位线。越位线与球门线之间，统称越位区。

在越位区之内，作距球门十六米五十而与边线平行之线。此线为罚球区之侧边。

在每门中间之前，距十三米之处，作一·一米长之线。

在两边线之中点，连成一线，名曰中线。在场之中央，画有发球圈，其半径为九米。

在场之角上，越位线与边线之交点上，罚球区之侧线与球门线之交点上，均须插有边旗，其高至少为一米五十。越位区，罚球区，及球门区，不论何时，须能看得分明。

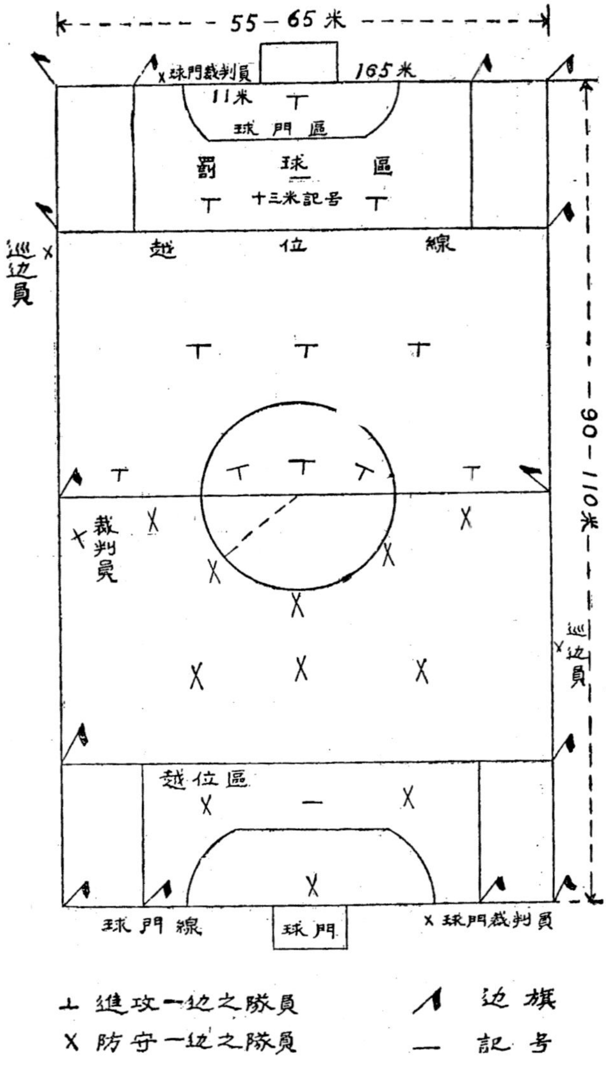

第五十八图　德国手球场

第十二节　克烈勾脱(Cricket)

克烈勾脱球为英国之极普及之球戏，须在草场上举行。其尺寸无定，至少一百方米至一百五十方米。关于地域之大小，在此赛未开始之前，由两队指导员决定,然后再划界线。地面须平,其上之草面须截短。

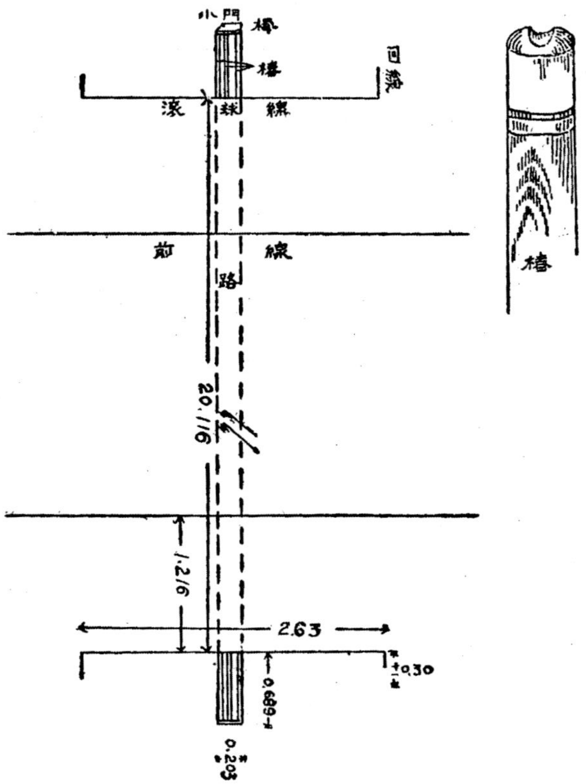

第五十九图　克烈勾脱球场

在场之中部,距左右两边相等之处,两端各设小门两个,其门距二〇·一一六米(二十二码)。门由三木桩作成,高为〇·六八九米(二十七吋)。桩之上端,刻有一小凹,一圆柱体样之棒架于其上,其长为〇·一〇二米,不能超过门一·二五糎。门之宽为〇·二〇三米。桩间之宽,须至少不能让球穿过。以下各线须用石灰画成:

(一) 滚球线(Bawling-crease)与两门并行,切小门而划,长二六三米,小门在此线之中央竖设。

(二) 在滚球线之两端,作向后两线,与滚球线垂直,长〇·三〇米。

（三）前线(Poping-crease)距滚球线一·二一六米(四呎)，并与之平行，其长无限制。

最难之点为路(Pitch)之建筑，此路筑两门之中间，须极平而有弹力，泻水亦宜爽。照法定规则，在两小门之间，须铺木栓垫，平而有弹力，固定于地上。垫之宽，以上述诸线能划上为度。在滚球线端后线之内边，设有一墊，宽二至三呎。递球者立于其上而发球。若垫不够宽，则递球者在草地上跑若干距离。地面为之光秃而显凹陷，于是泥与石子将带至垫上，与打球者以大不便。英国规则，可不用垫，德国规则，非有垫不可云。

场地勿用三合土或其他之建筑，因其太硬也。最好之场，场面须掘低四十五粴，上铺煤灰三十粴善滚实之。上铺石灰屑十粴压实之后，再行浇水，其上更铺花岗石粉，厚九粴，再浇水滚实。上可浇粘性材料，以防起尘。

球以木制成，上包以皮。重五·五至五·七五盎斯。其周围至少二二·九粴，至多二三·五〇。棍之宽不过一〇·八粴(四三·二五吋)。长至多九六·五粴(三十八吋)。

第十三节　槌球(Croquet)

此球戏在极平之场上举行。场之大为60×30呎，亦可缩至25×50呎。在边线之内三十吋之边线，为比赛线，可划出亦可想像。两桩各插两角之中央正靠比赛线外。第一门离比赛线八呎，第二门离第一门七呎。边门装第二门之平线上，离边线五呎九吋。中央之门为双为单均可。如设双门，须互成直角，斜置而成四门。

场划草地上，用白布带或石灰作线，如是则在场之任何部份，均能看到边线。场最好建成木菜盘形，四边高起五六吋，与场面最好成直角。从边之最高点至场外，则徐徐下降，至少须有四五呎之斜坡。场面须十分平匀，近于水平，草面宜强韧，时常轧短。通水管埋于地下，相离由十呎至二十呎，视下层土质而定。埋导水管之沟中，须实以粗碎物质，如煤灰，石子等，铺成上层之底，底向瓦导管倾斜，由四分之英吋至一呎。于是全场上面盖以四至六吋之面土。土须经半英吋大之筛孔筛过，以除去石子及他种硬块物质。若上层厚于四吋，则面土可分两层铺设。慎事滚压，使成平滑之场面。此而办到，则隔数日，始下草种。若不能办到，则全体浇潮，但须注意各部份湿度相等，不可将一部份面土冲去，使面不平。于是再盖土一层，滚成平面，用铁耙轻耙场面，下草种而微滚之。

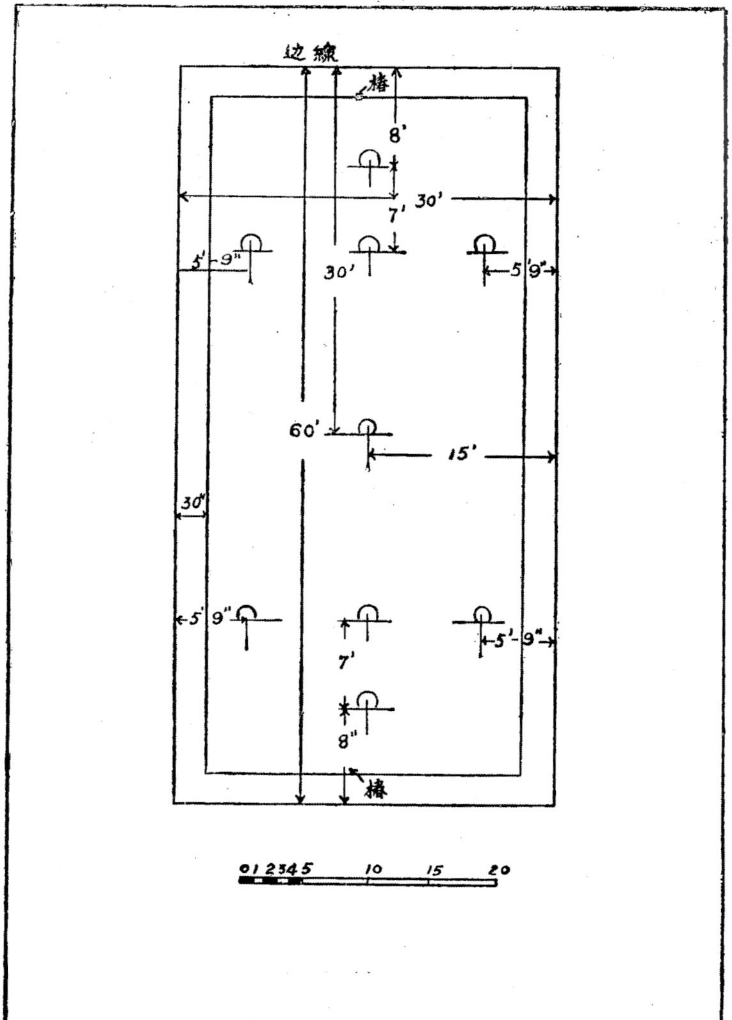

第六十图　槌球场

第十四节　罗克球(Roque)

罗克球与地球相仿,但永不在草地上举行。其场面极像粘土网球场。场六十呎长,三十呎宽,四场角切去,成六呎之斜线,此线与两边成四十五度之角。场之四周,围以高起之水泥边或木边,其厚与高,至少为四乘四英寸,边之内缘

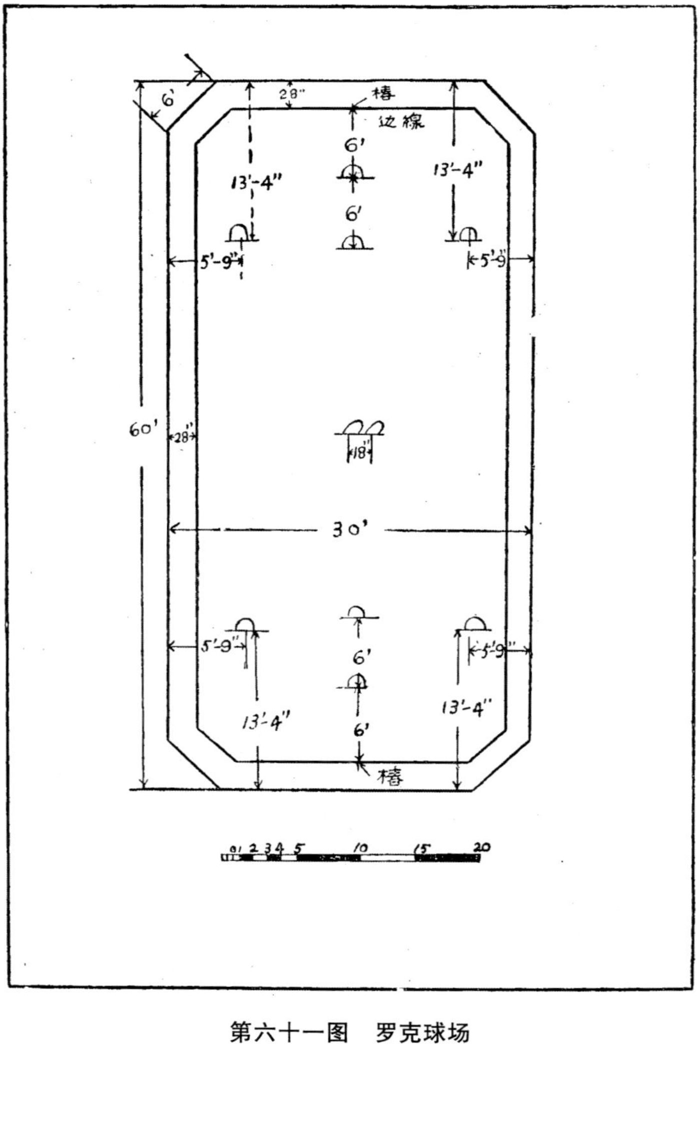

第六十一图　罗克球场

须倾出，以阻球从地上跳去。场面须尽量做平而光。能近水平面愈好。场面倾斜之度，宽至多二英寸。场面上洒细砂，使球易停。

边线离场边二十八英寸。桩粗之直径为一吋，竖场宽之中央。适在边线之外。桩高出场面上一吋半。第一小门离桩六呎，第二小门离第一小门亦六呎。二门均架场之中线上。侧门之中心离边线五呎九吋，离底线十三呎四吋。双门在场之中央，与底线平行，两门之中心，相距十八吋。门为钢丝做成，其粗之直径，至少十六分之一英寸，钉四乘六乘八吋之木板上。以之埋于地上，上盖一吋半之土。门高八英寸。瓦导水管埋于粘土中，各管相距十至十二英尺，若地有渗水之性，则相距可有二十呎之多。埋管之沟，垫以粗煤灰，碎石等，与下层之面平。下层面之各点宜向导水管而倾斜。于是全场之下层面上，盖以粗煤灰，筛过之石子及石片，厚至六英寸。其上再铺以经四分之一英寸筛孔筛过之细材料，厚两吋。每层铺时须压实。于是更铺以上层，厚二三吋，宜平匀。其材料须为坚实而带粘性之物质，同时下雨之后，须速变干燥。粘土与砂之混合物极适宜，可采粘土网球场场面之建筑方法。

第十五节　马蹄铁(Horse Shores)

地面须十分平匀。铁桩之粗，一英寸直径，钉入地中，两桩相距四十呎，向对面之桩倾斜两吋，高出地上十吋。桩之支持板成十字形，厚与阔为四乘四英吋，长三十吋。洞钻木板上，其直径微大于一吋。板埋地上，须使桩向对面之桩倾斜两吋。掷者之区域，系方形，各边离桩均三呎。四边用二乘八吋之木板框成(板竖埋地下)。惟不可突出于地上。框之角上，用铁皮包好，以免分开。掷区内实以粘土，深六吋，围桩至少十八吋。掷之距离，女子为三十呎。若数场建于一处，桩之间至少离八呎。在公共体育场中，须多设此种场地，其桩之距离，至二十五呎，供男女儿童之游戏。

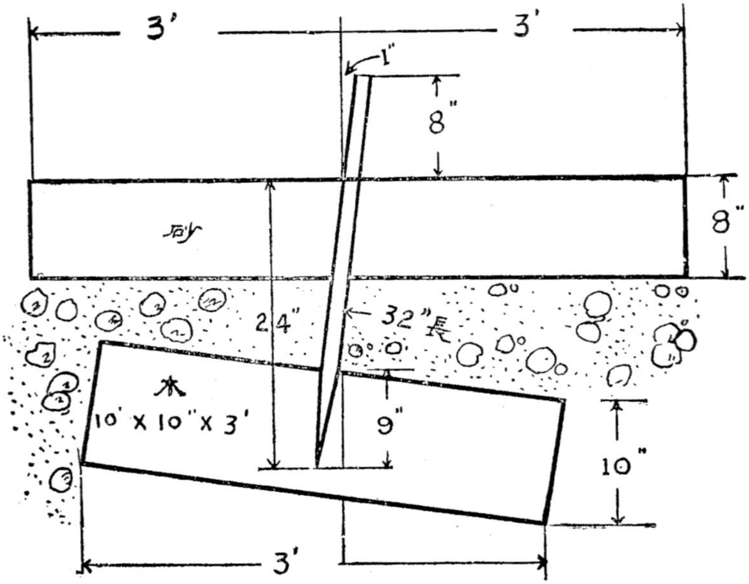

第六十二图　马蹄铁桩之设置

第十六节　木饼(Shuffleboard)

此游戏无一定之规则。常在户外之木地板上或水泥场上举行。场阔十呎，长四十至五十呎。一圆木饼以有叉之木杆推之。推时不可过犯规线。划场之方法，有数种，而记分之法亦有数种。如第六十四图所示者，在美国之总统号洋船上常用之，寻常学校之内，亦可采用。

第十七节　射　　箭

射箭之各种标准距离，若一概采用，则需一窄长之空地，其长应为一百五十码。此空地之宽度，视的之数目，所用之距离，及邻近地域之性质与用度等而定。普通之距离，分三十，四十，五十，六十，七十，八十，及一百码数种。的常成对设置，在道之两端。射者向一的射毕，则走至道之他端，再以箭回射他的。若

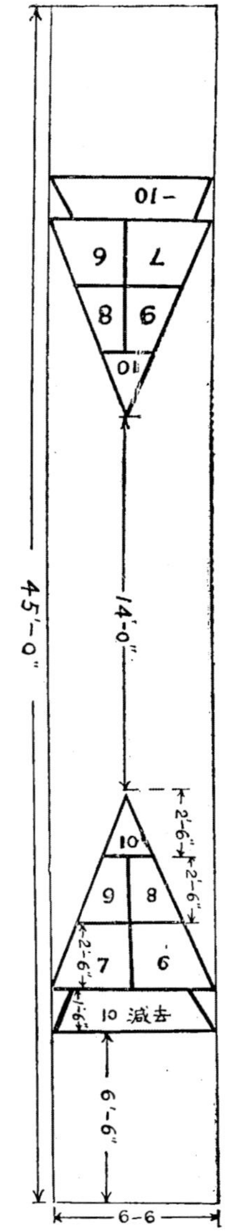

第六十三图　木饼格甲种

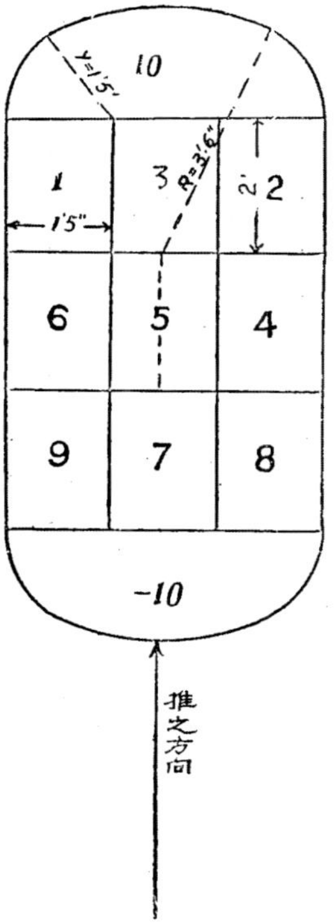

第六十四图　木饼格乙种

的设标准距离较五码之外，则可立的之前五码之线上射之。的之式样如第六十五图。有时的可用一铁脚支持之，的之中心离地面四呎。有人主张以四捆草相堆，作的之背景，上再贴以画成之的，可成极好之的。

射箭场须较平正，两的之间，须无障碍。的前二十五英尺，与的后之五十英尺内，地须特别铺设，以免坚硬物质，损伤箭头。的之后方，设以沙堆，以承不中之箭。射箭场除非有天然之阻碍物，与他区域隔开时，须用篱笆围于四周，并加以警告记号，阻止游览之人，闯入危险区域。射箭场能有避风设备最好，以免箭横飞过场。

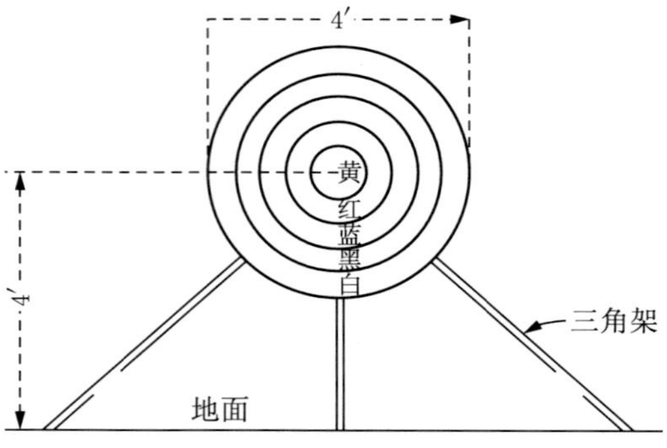

第六十五图　的之式样

第四章　学校体育建筑地面之标准

二十年前，体育所用材料，偏于室内运动。今受兴味说之激荡，体育上所用活动，须丰富而饶兴趣，于是风尚为之一变，游戏与竞技运动两项，占体育活动中重要地位。因之所需之地面，所用之体育建筑与设备，亦随之而扩大而加多。故今后不论大中小学校，以供给户外体育之机会为贵。美国消遣会议中讨论之结果，关于消遣之地域问题，有可采择之处。尚有其他专家研究之结果，吾国各级学校，体育建筑地面，尚未有过讨论，毫无标准可言，迫不得已，罗列美国研究之结果，以资参考。兹汇集而分述于下节：

第一节　小　学　校

一、小学校之面积

寻常以一童儿所占之方尺数计算。标准数为每人二百方尺。Strayer 及 Englehardt 主张学校之地域，须足供建筑应有房屋之用，若欲设立大规模之小学，则以四至六英亩(一英亩合中国六亩)为率。游戏场，除草地及花园之外，每学生应预备一百方尺。场上之设备亦须充足。一九二三年，春田地方消遣会议委员会之报告，得以下之结果：

(一) 小学校　极发达之学校，至多每学生占二百方尺(一百方尺为最小之数)。全校之面积至多为八英亩，学校本身之建筑亦在其内。

（二）初中　最少十至十二英亩

此报告经多方之考虑，切当之讨论，影响标准问题。按标准之决定，游戏空间之数量，须考虑以下数种情势而决定：

（1）儿童之年龄　若儿童年龄在十岁以下，则每英亩所吸收之儿童数较多。团体球戏如篮球，需较多之场地，因队员之数目固定也。在普通正当之组织及适当体育领袖指道之下，一段地域可建洋房一大进之空地，可供二百儿童游戏之用。惟有组织之高等游戏，如棒球足球，当然不能在此范围之内耳。照此种标准，每小孩之游戏地面，当以一百四十五方尺为率。

（2）计划之大小　游戏场之最经济之利用方法，即注重少占场地之游戏，使一最小限度之场地，各时间之内，能供各群儿童最大之利用也。譬如一亩之场，一日用六次，则等于六亩之场每天用一次也。近今之见界，谓学校校舍及游戏场须有一定之大小。此深足影响游戏面积之标准。一九一六年，美国消遣会当局，规定学校之校址，至少占两街道间之地位。一九二三年，美国消遣会议提出以下之标准：（一）小学校：全校面积须为八英亩，校舍之地址亦在内。（二）中学校：全校地面有二十至四十英亩；（三）乡村学校，亦须有丰足之空地，与城市生活之团体同。盖活动增加，则场地亦应增加也。美国特而惠（Delaware）省教厅所规定之小学场地则为单教室之学校，不可少于二英亩，三或四个教室之学校，不可大于四英亩。

Henry S. Curtis 提出之意见谓县立学校最小之地面，不可少于二英亩。若比此再小，则不能做棒球戏，若欲供年长之人星期六游戏之用，则不可少于三英亩。一邑之中，以十英亩为运动场及游散野餐之所，不为过多。一校之中，欲供全校学生游戏之机会，教室及宿舍，万不可居全局之中，应在边上也。

（3）每英亩人口稠密之程度及范围　不论何时，到场运动之儿童数，常较该场所能供给之儿童数为少。故享受该场利益的儿童数，常为平均到场之儿童之二至六倍。一场上虽不同时顾到邻近之全体儿童，亦应有充分之空闲以作运动场。

（4）利用场之团体　场邻近到场之儿童数，视人口稠密之程度而定。到场团体之大小，儿童家庭之习惯，场之利用时间之长短，及场之指导员对于邻近居民之影响而定。

第二节　中　学　校

美国 Curtis 报告：谓最近四年中，密熟立(Missouri)省新建二百四十二中学，共占地面一千零九百英亩。每校平均四五英亩。此种标准，实嫌太小。麻省(Massachusetts)每校二十英亩。加省(California)十五英亩。大规模之中学，应较小者更多。

春田城消遣会议提出之标准，中学校最小面积，应为二十至四十英亩。Strayer 及 Englehart 提出：校址至小须十至十二英亩，方足供女生游戏场男生田径运动场，网球场，篮球场，队球场，实习园，校舍址及草地之用。在一大城中，须觅一空地，建筑运动场，体育馆，浴室，更衣室，及其他建设之用。

地域须接近校舍呈长方形。课外活动，如庆祝，游行亦在中学活动程序之内。亦须有场地以行之。

一、活动所需之场地

空地之增加，因运动程序之改变也。体操及走步，每人所需之地，不过三十五至五十方尺。球戏及竞技，所需之场地较多。下表可以示室内外球戏所需之场地方数：

活　　动	场地之方数	运动员数	每学生运动员所需方数
棒球	80 000—1 000 000	18	4 444—5 555
室内棒球	2 000—2 500	20	100—125
男子篮球	2 100—4 500	10	210—450
女子篮球	2 450—4 500	12	204—375
钩棍球	45 000—55 000	22	2 045—2 500
美国足球	50 000—60 000	22	2 272—2 727
手球	1 080—1 440	4	270—360

（续表）

活　　动	场地之方数	运动员数	每学生运动员所需方数
场球	2 500	20	125
足球	45 000—55 000	22	2 045—2 500
网球	6 000	4	1 500
田径运动	80 000—90 000	20—60	1 200—3 000

下表为美国加省省体育部所规定之小学体育空地设备及运动器具数：

此为各种小学全体儿童同时出而运动，所需场地面积设备及运动器具等最少之数。

场地球场器械及运动器具之标准	各项运动场地之面积（呎为单位）	每项运动所含之人数	按全校学生数而定之各项地数之标准										
			50以下	51—100	101—200	201—300	301—400	401—500	501—600	601—700	701—800	801—900	901—1 000
（1）为年幼儿童者													
幼年儿童追逃游戏所用之场地	40×80	40	1	1	1	2	3	4	5	6	7	8	8
低单杠	12×27	15	1	1	1	1	1	2	2	2	2	2	3
圆形走吊环	20×20	10	0	0	1	1	1	1	1	2	2	2	3
做机巧运动之草地	20×20	10	0	1	1	1	1	2	2	2	2	2	3
（2）为年较长之儿童													
场球或足球棒球之场地	120×220	25	0	1	1	1	2	2	2	2	3	3	4
队球场	35×70	20	1	1	1	2	3	4	4	4	6	6	6
篮球场	45×70	10	1	1	2	2	3	4	4	4	4	6	6
双人手球场	30×60	10	0	0	1	1	2	2	3	4	4	4	4
单杠	12×27	10	1	1	1	2	2	2	2	2	2	4	4
横梯	10×25	15	0	0	1	2	2	2	2	2	2	4	4
跳高架及沙坑	10×20	20	0	0	1	2	2	2	2	4	4	4	4
全体面积以英亩为单位			0.22	0.83	0.97	1.11	1.96	2.18	2.30	2.43	3.22	3.47	4.9

（续表）

场地球场器械及运动器具之标准	各项运动场地之面积(呎为单位)	每项运动所含之人数	按全校学生数而定之各项地数之标准										
			50以下	51—100	101—200	201—300	301—400	401—500	501—600	601—700	701—800	801—900	901—1 000
(3) 为较大儿童所用之设备													
棒球			2	4	6	8	10	12	14	16	18	20	22
足球			1	2	3	4	5	6	7	8	9	10	11
队球			1	2	3	4	5	6	7	8	9	10	11
篮球			1	1	2	2	3	4	4	4	4	6	6
打气筒			1	1	1	2	2	2	2	2	3	3	3

费立特而非亚城 William A. Stecher 将游戏及球戏之所需空地，造以下一表：

游戏所需之空地

简单游戏	队　员	所需空地	每人所占之空地
圈形游戏	30—40	625 方呎	18……方呎
拍人游戏	30—40	1 400……	40……
躲避球	30—40	2 000……	50……
队球	20	1 650……	80……
大将球	20	2 275……	113……
场球	20	4 900……	245……
球戏			
棒球	18	105 625……	5 868……
足球	22	52 800……	2 400……
篮球	10	4 000……	400……
钩棒球	22	59 400……	2 700……
网球	4	6 608……	1 652……

美国消遣议会有以下之报告；跑道及竞赛场，亦有注意之必要。其地位之所在，视各地之情形而定。跑道短于$\frac{1}{4}$英里，则不合宜，最好围绕球场。田赛项目最好在跑圈之端举行。

健身房中普通装秋千，吊环，水平梯，缘绳或绿竿，滑竿或滑桥，单杠及一组走吊环。所占地位平均为一千方呎。

所有球戏场地之面积，以英亩计算如下：

棒球，足球……………………………… 四英亩

网球 ……………………………………… 两英亩

室内棒球 ………………………………… 一英亩

队球 ……………………………………… 半英亩

篮球 ……………………………… 四分之一英亩

跑圈及其他 ……………………… 四分之一英亩

全体共八英亩

二、每学生所占场地之标准

一九二六年十月，美国教育部份发关于学校运动场之大小问题，向三万城中之教育总监征求意见，其答案有种种，甚有答以无标准者。结果答每学生所需场地，三十方呎者有三处，五十方呎者有两处，六十方呎者有两处；七十五方呎者有两处，三百方呎者有七处，有三十七处答学校运动场之大小，以同时能容全体儿童为率。

美国之趋势，学校以多地面为贵，而教育亦信惟有提倡督促，足以使他日有正当之发展。本省(Pennsylvania)及佛安省(Virginia)教育厅。规定学校校舍及运动场之建筑，须经教厅批准。场地之不完足者，概不批准云。

第三节　小学校之设备

一、游戏室(Play Room)

每一小学须有游戏室一间，可兼作大会堂及健身房之用。男女小孩各有一间，尤为合式。最好与运动场，大小便所，及饮水所接近。墙下橙，铁丝窗网等须在此设备之中。

二、体育馆(Gymnasium)

小学校有充分之游戏室者,体育馆可免造。若学校无体育馆,则在游戏中须能举行篮球,队球,体操,跳舞及其他群众之活动。在健身房或游戏室之附近,能备有雨浴所最好,游戏室及健身房之高,至少十八英尺。

三、游泳池(Swimming Pool)

关于大小,与更衣室之距离,适合环境终点,水之供给等问题,须慎重考虑。关于清洁池身,过滤水之器具,洗浴水及毛巾等设备,亦在所必具。

第四节　中学校之设备

一、体育馆

一中学有八百以上之学生,则男女生须各有分开之体育馆,五百至八百学生之中学,即须有两体育馆,至小者须长八十呎宽四十呎。五十呎乘八十呎为适中,八十呎乘九十呎为最大。房中之设备,以供寻常之游戏及球戏者为贵。不可备瑞典操之器械,因风尚已过,不合近今之需要也。

二、检查身体室

是室须直接与体育主任室相连。在可能之时,与更衣室相接。如是则检查室之中,可不必另设更衣室。

三、改正操室

大概二十五方呎已足。供个人或小团体之用。日光空气须充足,其地点与其他体育之建筑相近,作体育建筑之一部份。

四、游戏室

专供角力拳术及手球之用。

五、更衣室

为赴运动场及体育馆前更运动衣而用者。须与健身房操室及运动场接近,以供给所有各正式之运动班及球队之用。其大小须与各班之人数相当。若为各校来之球队专设更衣室,显有提倡职业运动之意味,易致丧失运动家之道德,不足取也。衣柜及浴室,须包括在此设备之中。所有此等房间,须直接通体育馆内之操场,光线与空气,尤须充足而流通。各室之结构,须易洗扫清洁。若设备中有游泳池,此等室亦宜与之接近,以便交通。各窗上及电灯上,宜用铁丝罩保护,以防损坏。

六、女生更衣棚(Dresseing Booth)

一校应有一百个,二呎十吋方,高四呎。全体分两组,各五十个,一组在进健身房之前,一组在离健身房之后。若健身房与男子轮流使用,或健身房之使用不时时继续,则五十棚已足。有时两女生轮流应用一棚(即甲女上操之时,他一女生到甲女生之更衣棚更衣),则棚数亦可由一百而减至五十。更衣室内包含衣棚,排定之坐位,镜子,干发机等。

七、游泳池

地位亦须与其他体育之设备接连,日光空气均宜充足。至小者为二十呎乘六十呎,至大者,为二十五呎乘七十五呎。须注意卫生。看台亦为其附属设备之一。

八、雨浴室(Showers)

须与游泳池及运动场连接,其数目须视运动班之大小而定。

(一) 女生用者　须为个人之雨浴棚,四面有布帘,成方形小间,内含雨浴之空间,擦身之地位及更衣地位。

（二）男生用者　亦可用小格的各喷头隔开。擦身之处,须近衣柜。

九、更衣柜(Lockers)

有两种:一种为半衣柜十二呎阔,十二吋深,三十六吋高。每一学生各有其衣柜。第二种为全衣柜十二吋深,十二吋阔,七十二吋高,其数与最大之两班学生相等,同时为全校学生每人备一铅丝篮。其大小为阔九吋,高八吋,长十三吋。各衣柜以照须上之标准制造,排更衣室中。为田径赛队及足球队所设之衣柜,须为全衣柜。为他校来宾运动队特设衣柜,殊不合体育之本意,大可不必。

女生之衣柜,不论个人衣柜或铁丝篮,与男子同。其所占之空间亦同。上操时,寻常之衣服如能留在更衣棚中,则铁丝可用,更衣柜可省。

第五节　大学之体育馆

吾国大学之有体育馆者不多,即有,亦并不按学生之多寡及需要而建筑。故吾国对于体育馆,毫无标准之可言。美国向来亦无标准,既大学体育指导员会之委员会发出研究报告,始有约略之标准。如哥仑比亚,哈佛,耶鲁等大规模之学校,宜有以下之设备:

一、大规模之大学

（一）一年级之健身房须为六十乘八十英尺。

（二）二年级之健身房,须为六十乘八十英尺。

（三）高年级之健身房,作游戏及比赛用者,大概为八十乘一百二十英尺。

（四）为教职员及特殊团体用者,大约为四十乘六十英尺。

（五）为室内跑道,棒球等用者,大约为一百二十五乘二百五十英尺。

（六）手球场大约为十乘二十英尺。

二、小规模之大学

学生数在一千左右者，以下之标准似较合式：

（一）寻常之体育馆，大约为八十乘一百二十英尺。可分为两个四十乘八十之体育馆。

（二）教职员之体育馆大约为四十乘六十英尺。

（三）室内运动场大约为一百二十五乘二百五十英尺。

（四）手球场大约为六乘十英尺。

三、形状

最经济之方法，每室宜狭长，以减少梁之长度。

四、排列

各体育馆宜左右栉比。中留空地作游戏时站看客之用。建造单位之排列，须便于管理，在体育馆内各种之进行。墙须平直，免去突窗，凹间，及柱子等他种突出之物。

更衣室宜置体育馆与游泳池之间。赴更衣室，勿经长廊，须有坚实之墙与大门，走廊，及楼梯间隔开。于是房间内之温度，可以保存，而各室流通空气之关系可以免得通过。

看客之进健身房与游泳池者，免经更衣室之内。只有学校学生及会员可以进更衣室至健身房，由健身房而至更衣室，更进雨浴室及游泳池。

第六节　大学户外运动之设备

活动能在户外举行，胜过室内十倍。谈体育建筑，宜重户外而轻户内。然往往受天气之限制，运动常在健身房内举行。欧洲北部诸国，如瑞典挪威德意志诸邦，从前注重室内运动，即因地居寒带，冬天不能行户外运动为之也。近今风气为之一变，夏秋气候温和，因常在户外作田径及球戏运动，即在隆冬冰山雪地之上，亦行乘撬流雪(Skiing)滑冰(Skating)等户外运动。户外运动遂占体育程序中之大部份。今之德国其例也。吾国版图，南起北纬二十度，北至北纬五十二度半，广东夏季，旭日炎蒸，宜多提倡游泳，在秋冬春三季，户外运动，各项咸宜，未尝受暑天之限制。在东北，则一年之内，四月在冰雪之中，然气候干燥，奇冷尚可忍耐，未始不可援德国之例，作种种冬季活动。故按吾国情势，注重户外运动之议，亦大有可采之处。今后大学之体育建筑，宜注意此点。至于标准问题，则英美尚未提到，吾国更置脑后。据各人主张，大学之户外体育设备，虽不能供给全体学生同时出外运动之机会，亦当扩充至三分之一学生同时外出运动之场地。规模较大之学校如东北大学，各院各自为其学生建造网球场及篮球场，则设备之扩张较速。

（上卷完）

体育原理

本书初版由勤奋书局于1933年9月发行，1936年10月发行第3版。本次收入全集的为1936年发行版本。

本书为吴蕴瑞先生与袁敦礼先生合著，依本书弁言中所写，书稿第二、三、五、六、七、九各章由吴先生撰写，故全集收录上述所列章节。由袁先生所撰第一、四、八章本次不收录。

序

吴蕴瑞　袁敦礼

孔子曰："知之非艰，行之维艰。"孙总理曰："行易知难。"胡适之曰："知难行亦不易。"究竟孰难孰易，三人之见解不同，而对事之主张须先知而后行则一贯。体育为一种事业，讨究其学理上之基础，是从知的方面做工夫。办理体育行政管理公共体育场，开运动会，教授各种技能，是做行的方面之工作。吾国多数人士，莫不认体育为一种实践的工作，能行可矣，知否不可问；岂知不知而行，谓之妄行；妄行之结果，能与原来之目的相反，其为害也甚于不行。先知后行，实为从事万事之自然步骤，不可猎等。虽然知之程度有深浅，知之性质有真假。浅知假知而行，其弊或甚于不知而行，故知不可不深，不可不真。本书编辑之用意，在使人知体育，而又恐人知之不真，知之不深，故此书之作，尽吾二人之力量，经一年有半始成。虽不能担保人之深知，或亦不至令人浅知，更不至于令人假知也。

二十二年七月于师大

弁　言

我国出版之体育理论书籍至少,即有,其内容亦类多庞杂不堪,对于真正之原理,择焉而不精,语焉而不详,学者苦于无纯粹之参考书;故向著者征求是项材料者,繁实有徒。我二人每谈及此,辄为我国体育界羞。爰于百忙之中,互相督促,分工草成此书。只求其能略将近代体育之意阐明,不敢谓其有贡献于教育及体育界也。因急于付梓,未暇详为订正,误谬之处,定所不免,倘蒙读者指正,他日有暇,当再从事改纂。是则著者所深切盼祷者也。

本书内容系纯粹理论,关于行政,方法等项,除于必要时略为涉及外,概不讨论。至于与体育原理有密切关系之基础学术,只于引证时提挈要点,亦不能作详细之叙述。本书材料之来源,除著者个人之论断外,大都为美德两国出版之书籍与杂志,本国材料甚少。北平为文化中心,从各大图书馆中搜求有关之材料,尚非难事,此著者所不能不引以为幸者也。

本书不独可用之为体育系科,或体育专科学校之体育原理教科书,凡对于体育欲求深刻了解者,均可一加流览。

本书第二,三,五,六,七,九各章系蕴瑞所书,第一,四,八各章系敦礼所书。于付梓之前,未暇互相校阅,其有重复矛盾之处,尚祈读者谅之。

以后作者拟将本书之必要参考材料,汇集成册,以供学者之流览,但即以采择剪裁,亦非咄嗟可成,只得俟诸异日。

二十二年,七月,于北平

目录

第二章　历史的背景

第一节　历史之意义及其分析

历史为已往事迹之系统的记载。按近今史学上之名称，历史为研究人群循序发达之科学。按社会心理学之意义，历史为已往人群对于环境所起反应之记录，人类过去行为之遗迹也。当时社会及经济之状况，过去与当时社会之遗传，种族之结合与夫物质的环境，均足以影响其历史，使之发生特殊的色彩。一国国民行为、思想、艺术、教育、政治之所以不同，亦以此也。

吾人之研究历史，在明了其本体。欲明了其本体，可从下三方面研究之：

一、社会之政治经济状况

此为构成历史之重要原素，当时人群行为之形成及趋向，与此社会环境极有关系，盖人类行为，为一种对于生活有利之活动，乃反应刺激时经过的历程，何种环境，即有何种之人类行为，故研究历史，首须研究当时之社会环境。换言之，有十八世纪德国之环境，所以有德国体操之发明。

二、影响历史之其他要素

当时人类之社会行为，固为反应环境之刺激而发，其反应之方法，固受环境之影响，然同时文为风俗、思想、信仰、态度，及自觉的需要所左右，同一刺激，反应随时随地不同。中国之寡多守节，西国之寡常再醮，即足以表明是理。但今后中国守节之行为，或将从此转移，因目前对于人生之理想，已渐改变为之也。至于反应之是否合宜，其活动是否有利，观其结果即能判断。

三、过去社会行为之结果有善有恶

过去社会行为，以当时之眼光，当时之风尚来判断，或可称善，譬德国杨氏迫于环境，提倡德国式体操，属社会行为，树国家主义之基础。在战前世界人类之目光观之，莫不称善。然此国家主义之普及，即种世界战争时德国惨败之祸根。今有人主张以后各国本“爱国”的理想来训练青年，国际永无和平之希望。此种见解，是否合理，姑置不论；惟本此种见解以评杨氏之体育，可说行为不正当，结果是恶劣。故判评行为结果之善恶不易。杜威之善恶标准以凡行为对于生活之繁荣有助者为善，反之则为恶。杨氏所提倡之体育，在当时可称为善，因其对于当时之人民生活繁荣有助，而对于战后人民之生活有害。例如今之铁灰党犹被杨氏之遗风，若此党得势，足起德法间之冲突，于德国民生，究有何益，实属疑问。故同一行为，在一时为善，过一时则或为善或为恶。时间问题，至为重要。因社会时时在前进之中，时间转移，环境随之改变。固定之社会行为，决不适用于新环境，故一时之体育不适用于他时。

第二节　研究历史背景之重要

研究历史之目的，(一)在明了各时代之环境，与现在有何区别，有何关系；(二)在探究人群应付之方法，及其所以采此方法之原因，供吾人以方法上之参考；(三)在考查人群应付环境之结果，以判断其方法之优劣，与吾人以趋利避害之南针；(四)防止妄用异人异地异时之方法，以达本社会所希望之目的。四项之中，第四项最易玩忽，而造成之错误亦至大。读各国之体育史，不觉从前缺少历史之研究，造成绝大之错误，例如德国体操创于杨氏，适于十八及十九世纪之德国，三十年前，风行于美国，更向西传布，先风行于日本，从前所谓连续体操即德国体操之别号。二十年前，吾国亦会采用。美日华三国之实行德国体操，初未尝有何等之目标，不过将异人异地异时之产品移植本国而已。当时之不觉其为可笑者，因未尝用历史之方法，研究其历史之背景为之也。故体育历史之背景，不可不另立一章而讨论之。

第三节　体育在德国之背景

十八世纪之末，十九世纪之初，拿破仑蹂躏全欧，德国各联邦，分崩离析，一盘散沙，致一八〇八年间，各联邦全在拿破仑掌握之中。当时德人被法人征服之结果，全国民众教师，朝下领袖，一致抗敌，唤醒民众，激发爱国之心，以收统一救国之效。当时德国之此种局面，正与吾国现在之局面相仿，其宣传之方法，一方在言语文字上着力，一方从集会结社上落笔。杨氏（Friedrich Ludwig Jahn 1778—1852）为当代有志之士，有经纬之国家主义分子，用言语文字及体育，宣传国家主义。可见当时之体育，纯乎国家危险状况下之反响，藉以纠合民众，造成全国统一之基础者也。其体育之宗旨，初非希腊之真善美，又非美国之消遣余暇，乃为达新鲜，自由，快乐，及信赖四目标之体育。观体操家之标语，即可认知。最初杨氏之宗旨，颇不见谅于人，时与封建政府冲突，常受当局约束。至一八五〇年，风气稍转。然当时之言论虽自由，而教育之目的，仍在造成忠君爱国之臣民，杨氏之主义，尚不合国家当局之口味。

杨氏之自由主义的哲学，吾人应加探究，按当时之体育标语为 Frisch、Frei、Fröhlich、Fromm 四德文形容词，可译为新鲜活泼、自由、快乐、信赖之意。四字之德文原文，皆冠以 F 字母，当时将此四字，拼为卝记号，作德国体育会（Deutschen Turnerschaft）及德国体育学校（Deutschen Turnshule）之徽章。一见此徽章，即知与此两机关有关系者也。根据四字之意义即可明杨氏体育之宗旨，所谓拖能（Turnen）者，岂近代室内运动（Gymnastics）之意？今析其标语，可以知杨氏提倡体育之宗旨。

一、**Frisch**

新鲜活泼之意,从肉体方面说,运动之后,则体内之废料排除,经旺盛之新陈代谢之后,机能复新。从精神方面说,则脑经休息,紧张之状态解除,脑系之疲劳恢复,神经系统恢复原有活跃之状态也。

二、**Frei**

自由之意,身体之强健,固吾人之所欲也,然并非目的也。人们有强健之身体,目的在所以得自由,所以胜过环境一切困难。盖杨氏承拿破仑蹂躏德国之后,其远大之目的,在解除法兰西之束缚,又因当时之封建国家,压迫民众,故对内又谋解脱政治上之压迫。其标语中含自由一字,有重大意义。

三、**Fröhlich**

快乐之意。具此精神,则世上事业,皆可有为,不致消极,体育能培养此种精神。一国家在国难之中,体育十分重要,即以此也。

四、**Fromm**

信赖之意。信赖为近世紧要道德。因个人之价值,在能襄助社会,而社会中之中坚分子,即可为信赖之国民。一人缺此成分,不合于近代社会生活,即不配为现代国民。体育能训练忠实守法之国民,国家可靠之分子,俾成为国家之柱石。

总览以上之解释,所谓体操(Turn)者,其意义非仅做肌肉活动而已。在精神方面,交际方面,道德方面,皆有训练,皆施教育。杨氏常亲率儿童至柏林城外大地之上,行体操之练习,其体操程序中,含有自然之活动,唱歌与游戏,以及训练爱国精神之演讲等。盖氏了解人格之可尊,人权之宜保障,合群之势力足以抵抗强权之侵害,于是用体操作一种教育之工具,所以教人民之爱国心,提倡自由主义,以脱离霸权之束缚,重建自由统一之国家。然一八〇七年以前,封建制度盛行全德，侵害个人之自由，蔑视个人之人格。氏之主义，颇遭贵族之反对。无奈风气既开，人民已悟人生之价值，人类间关系之代价。王侯公爵，不敢拘执成见，一意孤行。故一八〇七年九月Stein男爵，有放释全普鲁士农奴之告示，平民有纳税于贵族之规定，而土地能自由买卖，不受阶级之限制。一八〇八年十一月起，普鲁士各镇之有人口八百以上者，可设自主之市府。一八一一年，Hardenberg之政治，继续改良，平民得私有其财产，人民须加入兵役，人民之集会结社，行爱国运动者，须得政府之批准。杨氏之体操会，Fichte及Arndt之少年会，其表表者也。

总之杨氏之体育宗旨，完全以解放人权，争得自由为目的。其动力之来，外自强邻之侵凌，内自封建国家之压迫，故杨氏之体育为德国当时环境之产品，亦即当时德国人民以其理想，习惯，风俗，文化，应付环境之方法。一国家无德国之环境，人民无当时德国人民之理想习惯风俗文化者，决无德国操同式之体操发明，亦决无完全应用杨氏体育之余地，其理显然。然一八二四年间，德人好自由之辈，联袂逃美，如Charles Follen，一八二五年在哈佛大学任德文教授，一八二六年，即在该校创办美国第一大学之健身房，介绍杨氏之体育。一八二五年，Charles Beck至麻省北阿姆登之Round Hill School教拉丁与体操。氏择大地，装德国健身房内所用之器械。在该校之健身房，全为Hasenheide城杨氏Turnplatz体操场之雏形。一八二六年，杨氏之友Facis Lieber氏与Follen同参加解放战争(War of Liberation在一八一三年)。一八一九年，与杨氏同被拘捕，旋得自由，一八二六年又赴美，经Follen之介绍，继任波士顿公共健身房指导。氏在美所提倡之体育，悉采杨氏之方式。要知其时之美国，早行共和政治，未尝受拿破仑之蹂躏及王侯之压制，人民早享自由平等之福，无容藉体育运动作求解放争自由之宣传。且美国人民，由欧洲各国家迁往，非尽有德人之理想，习惯，风俗，人情。况其时美国系新国家，自有其应环境之需要，创合时之体育。然一八六一年，美国南北战争开始之时，德国体操会之组织，普及于二十七州，其数为一百五十七，会员有一万余人之多。至一八八六年，会数达二百三十一，会员达二万三千八百二十三人。至一八九三年，会数达三百十六，会员有四万一千八百七十七人之多。足见德国体操之普及于美国全国。至近十年来,虽已稍衰,而各处之体操会犹有存者。

七年前,作者在哥仑比亚师范院体育科主任韦廉士(Williams)所教之体育原理班上,尝论及此问题,氏大声疾呼,批评美国往时之体育为不切实用。探其不切实用四字之意,即指舶来之异时异地异人之德国体操,不适于美国之环境而言。盖氏洞悉美国当今之需要,深悟德国体操之已不合时也。不观德国大战后体育之改革乎?一九二七年间,作者亲在德国考察,其时德国徒手体操,早已废除不用,可见同地同人之体育,亦因时间环境之变移而改变也。乃异地异人异时之国家反沿用之,岂非大谬。前清光绪三十年左右,德国体操,亦曾由保定军官学校之德国军官,介绍于吾国。其操练方法,曾盛行于各学校及军队之中,今已过去。考吾国体育上潮流之改变,反速于美国者,是因德国体操在中国之地位,不若其在美国之稳固,及他式体育输入之势之过大也。

第四节　体育在瑞典之背景

十八世纪及十九世纪之瑞典史,为国家主义发展之事迹。一八一五年,滑铁卢之战之前,其国家主义尚未显著。当时英俄法各国之海陆军之精强,为其屈服之主因。一八〇八年,俄与丹麦侵入芬兰,及瑞典,芬兰与瑞典均为之割地。国家之衰弱,唤起凌氏(Per Henrik Ling 1776—1839)救国之观念,犹德国之环境,唤起杨氏之救国观念也。且其所用方法,不约而同,均以体操为统一强国之手段。故瑞典体操与兵操有渊源之关系。观其程序及方法,主要为操室内之技术,所以应军事上之需要者也。

自拿破仑在位时期以来,瑞典之政治与社会运动,渐趋改变。上有君主,中有国会,下有豪杰,为政治之中心。惟封建制度,教会势力,未尝侵入政治范围,此与德国不同之点一也。平民得私有其土地,此与德国之不同点二也。瑞典体操之政治作用,不若德国体操之浓厚,大率以此。

瑞典体操与丹麦体操,注意改正,亦无非应环境之需要。盖瑞丹二国之平民男女生活，习于粗重之手工，姿势破坏，骨节坚实，故瑞典体操重改正，丹麦体操重松缓关节。昔者美国日本，盛行一时，岂非盲从，而吾国旧体育家，重重贩卖，将瑞典体操变相之日本体操，介绍来华。十年前学校体育，大率以此种体操为惟一之教材，其去中国社会之背景更远。近年来尚有人以为瑞典式已成过去，丹麦新从外来，尚属时髦，不知此种体操亦已成过去成绩，对于其本国之情形，目前是否合宜，尚是疑问，焉有采用之理。体育同志，尤当猛省。

第五节　体育在法国之背景

十九世纪法国政体，由专制而共和，复由共和而专制，再三反覆。至第三实行共和，始行稳定。其间帝皇豪杰与僧侣，相继秉政，专横一时。农奴则在专制政治之下，自由毫无。瑞典德国政治上所遇之不景情形，重见于法国。但法人无起而提倡法国体操者，其故由于社会上之禁欲主义(Asceticism)烦琐哲学及教会管理之威力等背景为之也。即在拿破仑在位时期，亦无创立国家体操之势，甚至普法战争之后，神州频于落沉之日，亦无特殊之运动，以代体操，大率亦因以上原因。就法国之一例而论，一国之体操与国人之思想，欣赏，及人民所觉人生之价值，大有关系，非仅环境已也。法国然，他国亦然。

法国之无创设体操之原因，尚有两种：第一，法兰西革命之后，人民受卢梭自由哲学之影响，迷于天赋人权之说，以争得自由为无上之光荣。革命之后，果然得之，奉为至宝。体操之一项，与军事教育相关，究系拘束呆板之活动，为捍卫国家之故，在服兵役之期，对拘束之兵操，不得不放弃自由而练习之耳。及退伍之后，回至自由生活之境地，孰愿从事无兴趣之体操。第二，僧侣与贵族在法国虽不掌政治大权，其影响于民众之思想者甚大。中世纪之轻视肉体之流风，此时犹有存者。一八七〇年，普法战争，法国失败，瑞典体操会曾一度流入法国。然终未能普及于全法，达根深蒂固之境者何也？当时政治之状况，虽与一八〇八年瑞典同，而社会之情形，则大相径庭也。是故一国之体育不但与其政治有关系，且与社会之思想，风俗，人情，有关系焉。

第六节　体育在英国之背景

英国之政治背景，与德意志瑞典根本不同在。一二一五年以后，人民即得政权，至十七世纪，即见兴国会并行之政府。至十八十九两世纪，君权渐削，民权大伸，诸凡定税权，立法权，司法权，以及宣战之取决等，莫不取决于国会与民意。十八世纪，虽因选举权之滥授（选举权之有无，以资产为标准），国会之腐败，政权曾落于贵族之手，终由 Fox 及 Pitt 诸名人之改革，达自由之目的。同时欧洲国家，如德意志则迷于封建思想，瑞典沉于命运之说，法兰西醉于禁欲主义烦琐哲学，及审美主义，体育一项，于是各异其趣。惟英国则早登自由之堂，政治上，思想上，毫无拘束。加以十八十九两世纪之栽培，人民有求自由好自动之性，故跑跳掷重之比赛，球类游戏等活动，为英国城乡人民生活中之重要部份。无他，此等活动，为英国人民理想习惯之产品，合于英国之环境与人民之口味也。观其人民之侨居他邦者，仍行足球击球（Polo）之戏，足见英人好游戏之深，已成第二天性，虽易环境而不改也。又观夫瑞典体操之输入学校中，虽行提倡，仍不能替代球戏之地位，足见英人之游戏天性，其由来也久，已根深蒂固矣。从英国体育而论，更可证明一国体育之方式，完全与国人之思想，风俗，信仰，态度，及需要相符。美国人民大半英人之子孙，其理想，风俗，态度，需要，以及言语法律，大部与英国相仿。是故美国人之体育与英国相仿，其理在此。一方德国，瑞典，丹麦，诸国之体育，虽行于一时，终不受美人之欢迎者，其理由亦在此。

第七节　体育在美国之背景

美国系新大陆之国家，建国以来，不过二百年，未尝有封建思想之束缚，从未受强邻之侵害，独立革命，试行自由之思想，南北战争之后，实已达自由之目的。凡社会法律，教育哲学，以及人民生活，皆根据自由主义而施行。自由精神早已充满乎美国国民之脑际，故自由者，为美国国民之大欲。欲达此目的，惟有养成独立自动之国民，彼含有军国主义之体育，作争自由谋解放之工具者。所以根本不适用于美国也。

十九世纪之第三个十年间，美国突然有体育发轫，如 Captain Alden Partridge 之军事专门学校，提倡杨氏体操，德国亡命 Beck，Follen 及 Lieber 等之手艺工人体操，Catharine Beecher 之柔软体操，先后推行。当时仍以农立国，人民狃于天然生活，无暇作消遣之活动。人民个人发达与个人发表之观念，尚未有机会注意也。南北战争之后，美国社会由农业进而为工商，向之营乡村生活者，此时多移居城市，营工商生活。工厂店铺为人民生活之中心。加以参政之自由，物产之丰富，享荣之机会，日有进步，造成美国人当时当地之理想，与同时欧洲环境所造成者大相悬殊，故瑞典体操，德国体操，当时绝无显其需要之征兆。但工厂之制度，城居之生活，使人民之生活，起种种改变，身体上益需正当之体育。然当时美国体育早由杨氏体育占其地位，重以岱路依士 Dio Lewis 及皮圈(Catharine Beecher)之鼓吹，改正体操兼占体育之地位，已属根深蒂固。故一八八九年波士顿之有名体育会议，有十分钟体操之产生。此时之所谓学校体育者，以体操代表，初未尝顾及男女身体发达，及陶冶青年品性之需要也。结果，此种体育，不受学生欢迎，学生好做其性近之运动，于是自行组织队伍，从事比赛，学校当局，并不以体育为占教育之重要地位，虽派有顾问帮办，以管理之，终无济于事。且此辈办体育者，对于体育，并不了解，盲目从事，铸成错误。一校之中，体育制度，演成双轨之制。两轨之中，一为体操，与美国青年男女之要求，特性，品格，完全相违。然而当局所以提倡之者，因其能达改正缺点，促进健康，训练精神等目的耳。然改正之缺点，并不经正确之诊断，而行各个之处理，促进之健康，并不本近代之学识，所得之训练，为军营中之精神，教育家所难赞同。他一轨为竞技运动。其起也，因其为自然活动，合青年心理，然而提倡之动机不佳，因比赛时可以售票，球队得以敛钱，受利心之激动一也。两校比赛，新闻报纸，大书特书，胜则威名四布，作学校极大之广告，受名誉心之驱使二也。此种推行方式，与教育之方针背道而驰，故美国体育应谋改革，而首树改革旗帜者，莫如韦廉士博士(Dr. J. F. Williams)，其所著之《体育原理》(Principles of

Physical Education)及《竞技运动之于教育》(Athletics in Education)两书中,抨击美国近今体育之不当,中美体育界,莫不叹服。

第八节　体育在中国之背景

一、古代体育

吾国古代体育,盛衰无定,漫无系统,加以历史较长,考据较难,其见诸经传,载诸史册者,莫如春秋时代之射,自天子以至于庶人,莫不练习;隋唐之角抵戏,郡邑百姓莫不参加;汉代之剑,人君士人,莫不佩带;汉时蹴鞠,由军队而流于民间;晚唐北宋之击球(美欧人呼为 Polo),王公大人亦多从事;他如秋千拔河,汉唐即盛行之。然而未能如现代欧美运动球戏之盛行而普及,永成为中国式之体育者,盖有故焉。按编者所知约有两端:

(一) 政治之影响

吾国古代,武功本盛,黄帝擒蚩尤,宣王败猃狁,征淮夷徐戎。至春秋战国之际,诸侯相竞争,设武备,故军事体育,一时极盛。后与夷狄杂居,知非尚武不足以图存,故角抵剑术,一时极为发达。及秦政并六国,隳名城,杀豪俊,收天下之兵而聚诸咸阳,销锋镝,以弱天之民,民气之摧残,民力之削伐,自此始矣,体育之不振,亦自此始矣。其后朱洪武以制义取士,使有为之士,埋没于无用文字之中,数百年来,民族益见不振,确非无因。

(二) 思想之影响

中国哲学思想,影响政治风俗人情者,莫如儒道两家。然儒家重礼节,以容雍揖让为娴雅,子路好勇,孔子哂之,羿善射,傲荡舟,孔子笑其不得其死。后世之教育家,莫不受其影响,而后儒重文轻武之态度,实由之养成。道家之学,尚清净无为,葆精惜气,不使劳瘁,西晋之挥尘清谈,召五胡乱华之祸,皆黄老之学有以致之。

按儒道两家思想之影响吾国体育,犹法从前之禁欲主义及烦琐哲学之影响法国体育。法国之无法国式体育，中国之无中国式体育，其原由相同。及清代末叶，清室受帝国主义之侵略，欲发愤图强，废科制、兴学校、讲求科学，体育亦随同输入，此为三十年前大概之情形。

二、美国体育之输入

美国体育之输入吾国，共有两途：

（一）教会学校

前清光绪年间，美国及英教会创立书画院于吾国各大城（七年监理会创中西书院于上海；二十年又设中西书院于苏州，后改为东吴大学；十一年间长老会在广州澳门诸地建设学校，后改为广州岭南大学；十四年，美以美会立汇文书院于北京，后与潞河书院合，成燕京大学。此外，如圣约翰，金陵，沪江，华西，协和等大学，皆为著名之教会大学），广设书院。其时体育一学程，虽未列入正课，然提倡课外运动，主要为田径赛球类。当时参加运动者，为少数学生，多数学生均作壁上之观。

（二）青年会

光绪三十四年，厄克斯南博士（Dr. Exnor）由美国青年会派来中国，开始办体育班，在上海成立青年会体育部。民国元年美国青年会派有三体育家，来华襄办三大城之青年会体育事业。民国二年，诸专家至各处提倡户外运动，并派代表至菲列滨，参加第一次远东运动会。

三、体操之输入

光绪三十年间，浙人徐一冰氏设中国体操学校于上海。氏为日本留学生，介绍日本体操于中国。实则日本体操来自瑞典德国。所谓各个操者，瑞典操也。所谓连续操者，德国操也。当时江苏两级师范及浙江两级师范，均有体操专修科之设立，教员多籍属日本。故十年前中小学体育，所取教材，所用方法，悉带日本意味，从江南各省观察，实是不诬。至于北方则稍异。光绪三十年间，天津保定设军官学校，聘德人为教练，继又聘日人为教授。两国教师，各以其祖国之体操方法教学生，故北方之体操，德日参半。体操一课，其时已列入课程之内，与运动不同。

按以上所述教会学校之运动，只及少数学生。青年会体育，只及少数年会会员。日本体操，则通行于各中小学。然又因材料不合学生心理，二十年来，体育毫无成绩之可言。试问今之受过学校教育而年过二十五者，孰未学过体操？若问其兴味如何，必将摇首而应之曰“乏味”。无他，异时异人异地之产品，决不适用于中国。今之学生好多事运动，以后体操一项，在体育课程中，恐难立足。

国民党北伐成功以来，对教会无多信仰，各地青年会不若昔日之兴盛，青年会体育亦不能十分发达。党国要人，提倡国术。以科学之眼光，旁观之态度评论之，确非异时异地异人之体操可比，然是否合儿童之口味，乃绝大疑问。故吾望提倡者以后加以再三考虑也。

第三章　社会之背景

第一节　社会之进化与体育

体育为社会之产品，何种社会，即有何种体育。然社会之形成，由原始以至今日，其间经过数千万年之变迁。自今日以至千百年后，又不知将经若干变化，更不知将到何种程度也。社会不绝改变，无时或已，中间前后相接，决无划然境界。为便利计，就各社会之特殊性，而区别之为原始社会，游牧社会，农业社会，工商社会等，以逐条讨论之于下：

一、原始社会

又称渔猎社会。盖此等人类，尚未知驯养家畜，专恃田猎，以得食物，此原人在第二与第三过渡冰期中已发现，与现在之人类相较，则相差悬殊。原始人之前额斜，头低削，眉骨高耸，面部异常发达。身材有属中等者，有属中等以下者，其身体与肌肉，至为坚强，与现代人类比较，大有霄壤之别。盖当时生活之状，有以养成之也，今分析其生活之状况，则知此言之不谬。原人普通善长狩猎，茹毛饮血，习以为常。然其所猎者，普通为兔鼠等小兽，而非庞大之巨兽如熊狮也。逐小兽须有跳跑之技能，而脱虎口，避毒虫，又需奔逃攀援之机巧。求食避难，皆为原人作最剧烈运动之机会，其应付之方法，生存之道，全赖此活动中得来，亦即环境之赐也。原人不但肉食，亦常素食，采栗折果，须作攀登之活动；以石掷栖禽，以竿击跳蛙，须行掷击之活动；捕鱼虾，拾螺蛤，须习水上之活动；有时为饥寒所迫，人兽相食，其格杀之前，必经若干之奋斗相搏，凡能生存不死者，必其得胜者也。于是相搏角力之术以起。在此社会之中衣食住及保护四者，均须赖身体之活动以求得之，故所谓生活者，即谓之曰体育生活，亦无不可。

人类在渔猎社会之中，文字尚未发明，人群之间，藉以通意者，惟有藉言语一法耳。然原始社会之中，并无所谓普通言语，个人之间，所赖以表意者，只有声势耳。其所发之言，不过为受惊中之呼喊，及实物之名词。有时所作之声，不过模仿其所命名之事物所作之声而已，至于个人之意识经验，尚无相当之复杂言语以发表之，故其祖先或他人之经验，及一切应付环境之方法，无法流传，无法授予后人。当时无所谓家庭教育，学校教育，社会教育。其自幼至长，所赖以应付社会之能力方法，除一小部份由遗传而来之本能(instinct)外，大概系由个人谋衣食住与保护之身体活动得来。由此可知渔猎社会中之人类之教育，即自然体育；而体育即谋生保种之身体活动也。是故在渔猎社会之中，无所谓教育，活动即其教育之工具也。

二、游牧社会

原始人类，初不知畜养家兽之举。自犬类受驯养之后，渐知野外动物可以驯养，如麋鹿羯羊等，可供拉撬或食料之用，于是畜牧之事业以起。一万二千年以前，羊豕已成为原始人类主要之家畜，其食料主要为草。但一地之草，为量有限，一草地吃完之后，须再觅他原，故游牧生活，终岁无宁日。游牧生活，较渔猎生活反不固定。

游牧社会之中，食物较为易得，故生计较渔猎社会为稳定。人类之劳动，仅费之于移植牧场，防止恶兽，剥取兽皮及制备兽肉等而已。此类工作，一年数次，余则优游岁月，无操作之劳。至于看护子女，缝补烹饪等工作，皆由女子为之，男子可不过问。故男子生活，较优于女子，理势然也。依时间一问题而论，男子富有消遣之机会，然而行踪无定，活动之场地难得，生活于旷野之中，调节之活动无需。故游牧社会之中，万难有如今日之体操与运动之发明。然当时因富有消遣之时间，故圆形或单行式之舞蹈，为当时通行之消遣活动，亦即为庆祝中之主要活动。

三、农业社会

游牧时代，人类之食品，固不脱乎兽肉，然又非谓完全肉食也。凡瓜果谷粒，常为食物中必需之品。如男子从事畜牧，女子则从事采集谷实而储藏之。种子谷类，间有遗漏于地上者，复生新植物，不久重结果实，人群见之，始悟谷果之可以栽种而得，于是农业以起。

农业初兴之时，以树干播种，继以耙耕。第六及第七世纪，斯拉夫民族以犁耕为主，而所用者为人力。第八世纪，始代以牛马。中国古代，耕具为耒耜，三代仍用之。所以运用此种器具者，完全为人力。近代耕田，代以牛马，而播种插秧，刈耘收获，概用人力。农业生活，十分劳苦。人民工作之后，神惫体倦，尚有何种精力从事运动耶。

农业生活，虽较渔猎游牧为稳定。然地利有限制，欲出产愈多，则所费之劳工亦愈大。不论古今中外，农民之工作时间，自朝至暮，莫不在十小时以上，即有精力余多，亦无时间从事运动。

农民在旷野中工作，日光空气，十分充足，施用体力，身体时受锻炼。设试验农民体格，大概肌肉发达，体力雄厚。从身体之锻炼而言，农务本身已代达之矣，且旷野之中，十分安闲，神经上不受骚扰。农业工作，时间不受限制，紧张之时极少，神经上不受重大刺激。

据以上各点，可知农业生活，体育之需要不多，以农立国之国家，体育殊难普及，理势然也。

四、工商社会

自十三至十九世纪，乡镇上人民之生活，以及运输交通之方法，改变至少。街道房屋保持中世纪之古式，工作全赖手艺。自1446年左右，印书机器发明，以手刻书之制废。1733年，寇氏之飞梭(Kay’s Flying Shuttle)发明，于是两手织布之方法淘汰。Arkwright建造纺纱厂，费用节省，出货增多，价格降低，家庭中人工纺纱之制打倒。及 Watt 发明汽机(Steam Engine)各种制造家利用机器。其后至 1787 年, John Fitch 发明汽船。1800—1810 年 Trevethick 发明火车头,于是新式交通之具大备。1826 年 Bell 氏之刈谷器发明,收获之工,可以节省。

(一) 机器发达影响人民之散布问题

机器发明之后,向用手工所作之工作,代以机器。机器出货快,费用省,出品之价格低,企业可致大富,于是旧式之手工艺打倒。嗣后企业愈多,工厂愈发达,向之营手艺工业为生者,弃乡而赴城中营工厂生活,于是城市日益扩大,乡居者日渐减少。例如美国现在之民众,城居者有百分之六十,多数家庭集居一处,身体上受大损失。

(二) 机器发明影响工作之时间问题

在家庭之中,营手艺之工作,或在田野之中营耕稼之工作,环境安静,举动优游,精神上殊少紧张。然因工作缓慢,工作时间可延长,一方亦因工作之不甚紧张,有余力可持久。在工厂之中,则不然,输盘转动声,机件翻动声,人烟嘈杂声,震耳荡心,乱意错神。加以机器翻转,速率一定,竭力追随,未恐不逮。工作之紧张,非家庭手艺,田野耕耘可比。故工作之时间,不能不缩短。

(三) 机器之复杂影响工作者之疲劳问题

工业愈进步,工作愈分化,而工人所用之身体各部份愈偏,部份之疲愈易起,身体上受压迫亦愈甚,故大肌肉之活动,工人愈需要。

(四) 机器发达影响职业问题

工业发达出品必多,所谓谋迁有无化居者(商贾),必日益增多,人民遂舍农就商,作静止之缺少身体活动之机会。

(五) 交通之便利影响人之身体

交通未发达时,赴厂回家多赖步行,得自然活动之机会。今则城市扩大,工厂远离城市,寓处集居城中,工人每日赴厂,惟赖电车汽车以代步行,自然活动之机会剥夺尽净。加以煤气之侵害,身体受大损害。

综观以上五端,工商之发达,影响人民之生活至巨。故现代城市,须有公园及民众运动场之设备，使人民在闲空时间，在环境较佳之处，得休息与操练之机会。一方因工作之时间减少，人民有过剩之时间，若无正当之消遣，则将行不正当之活动，故城市之中，须提倡体育。在积极方面，可以资娱乐，强身体；在消极方面，可以免避不正当之消遣，一举两得。至于分工细密之影响，职业改变之关系，以及交通便利之结果，均与体育之需要有直接关系。故体育者实为工商社会之自然产品，亦即其最需要之活动也。吾国各大城，如上海广州，体育均极发达，是其明证。反之农村乡镇，恐数百年后，亦难臻普及，无他，其需要使然也。

第二节　政治状况与体育

一社会之中，若人民全体均在自由平等之地位，则其社会中体育之色彩，完全将由社会进化之程度而转移。例如美国之共和国家，在农业时代，体育之不甚需要，不论士农工商，各界均在同样不参加体育活动之状态中。及经济革命之后，全国需要体育，全体民众，凡有剩余时间者，皆有平等参加之机会。但在政治非共和，人民不平等之国家或时代，则体育受政治之影响，体育之色彩，参加之分子，各有不同。故政治对于体育之关系，本章不得不另立一节讨论之。

一、贵族政治

欧洲在中世纪时代，人民有平民与贵族之分。此种不平等制度，英国在 18 世纪即废止，法国革命后即革除，普鲁士十九世纪尚存，俄国则革命后始取消。平民受压迫之历史极长。此等平民，专事农耕，兼营畜牧，终岁劬劳，以所产供其地主之用，已则所获无几，生活至感困难。平民之营生，既如上述，焉有余暇从事体育活动耶？加以当时封建郡王间之战争，平民无参加之余地，故对于体育绝无练习之机会。反之，封建郡王之生活与平民根本不同，衣食居住，仰给于平民，平日披重胄，骑骏马，行武士之训练，凡现代所见之城堡，悉为古代封建郡王之遗迹。贵族之子弟，年及七岁，即离家庭，至父之郡王之城堡中，受武士之训练，与其他小孩共作球戏，共玩石子及轩轾戏，后又练网球，观武士之基本动作,而学习之。至学习骑士之第七年终了之时,至游戏场助鹰狩之戏,追被逐之鸟。此外又须习骑马,游泳,跑跳,击剑,拳术及爬城墙等技术。

学习武士至十四岁时,进为学习武士,更注意武士之训练。平日随从一武士,为之修甲胄,擦兵器,看马及营他种服役。若战争发生,武士随郡王出战,学习武士为武士预备武装,并在战斗中自始至终看护之。若武士之马杀死,学习武士须给以他乘。若其刀枪折断,须为之修理。若武士被擒,须设法营救。若武士受两人以上之攻击,则须出而助战。若敌人被擒,须从事看管。欲负此种责任,须受广博之训练。

学习武士之空闲时间,练长跑以得耐劳之力,编梯级,练习爬城之技能及服戎装之游泳,又练击剑,学习剑术家之技术。最重要者,莫如马上交锋之术,以及驰骋之技。

学习武士长及二十一岁,已学成武士之技术,行学成典礼,认为新武士。于是剃发沐浴穿白衣,郡王赐训辞,牧师行祷告,终至大场之上,表演其技能,示人以受隆重之是否得当也。

在封建时代,平民专事农工,文人专攻文艺,学习武士,专练战技,保护其个人之利益。当时亦无所谓体育,并非如希腊之人之为审美教育,罗马人之为国家主义,现代之为身心之整个教育,不过训练个人之战争上实用技术耳,故此种分子,占全国人民之一小部份,多数民众无受教育之机会,亦无练体育之机会。

二、民主政治

共和国家,全国人民,不论士农工商,一律平等。有纳税之义务,当兵之义务,有选举权,有参政权,有相等之受公民教育之机会。学校中有体育功课,国民体育,亦有同等训练之权利。即离校谋生之期,凡城市之公园,民众体育场,公共游泳池,皆能自由利用。故民主政治之下,体育根本与贵族政治不同。虽然因贫富不均,人民之中,有劳资之别。富者可不事工作,安享其利,消遣之时间多。贫者终日工作,即在工作后,剩有余暇,亦因神疲体倦,无力从事运动,无他,时间精神受限制为之也。此外,对于运动之兴趣,与技术之程度为正比例。

贫寒子弟，入大学者极少，体育上各种活动，未受专门训练，出校谋生之期，对运动既无学习机会，技能上决难臻熟练，国家运动会，城市运动会，决无资格参加。故民主国家之体育易普及于资产阶级，难普及于无产阶级也。

三、社会主义之政治

实行社会主义之国家，目前世界上只有苏俄一国，故社会主义之政治，只可以苏俄为代表。苏俄之新教育与旧教育不同，旧教育为资产阶级而设立，新教育为民众而设立。其目的在使全国人民受教育。旧式教育含有浪漫性，与生活相远离。新教育则系实验的，社会的，实际的，和功利的。人民全部生活，如工厂，农田，店铺，博物馆，戏院，歌剧场，运动场，合作社，工会，家庭，城市，乡村，莫不藉教育之力量与方法，使之社会化。按照列宁寡妻克鲁泼斯卡耶(Krupskaia)之意见，谓目前教育制度之事工，是“使每个人获得个人之修养，凡能给人生以价值的一切事物，使得有充分参预之能力”。社会主义国家之教育如是，其体育当然亦向普及方面进行，非专造就少数代表队员也。技能重普遍，非造就擅长一技之专家或打破世界纪录之超等名手，苏联对于体育之态度，从全民着想。若只于旁观席上参观各种竞技，或娱乐而来者，均认为资产阶级之态度。若一运动员不断的努力奋斗，为自己取得体育纪录，几乎是反革命。苏联以大家参加运动，以发展各项技能为理想，却不以专门技术之成功为目的。凡打破纪录获得锦标，视为体育上不合法之举动，足以鼓动小资产阶级之个人主义，不能养成与社会合作之精神。

社会主义国家之政治，根据唯物主义，功利主义。体育并非资娱乐，或供消遣之品，其正当之目的为国防，含有军事训练之性质。苏联在赠予体育团体会员之最高奖章上，刻有为劳动与国防而准备之字样。欲取得此种奖章，须经过体育考试。考试项目为长跑，短跑，跳远，跳高，掷重，撑竿跳高，举重，游泳，骑自行车，划船，溜冰，滑雪，骑马等，各项均有一定标准，与试者须各项及格，打破一项纪录，而于他项不及格者，无济于事。军事方面，须于军事基本操练，及射枪与防毒具之使用等，考试及格后，方能得奖章。对于妇女，可以看护及急救知识代替军事知识。

苏俄之工厂工人,占全体百分之二。自 1929 年十月起,全国废七日一周之制,工作四日,休息一日。且每日之工作时间,最多为八小时,而水银白铅等危险工作,则只准四小时,十六至十八岁者,至多为六小时。十六岁以下者,须在四小时以下。因之可知苏联工人之时间,空闲极多。若每工人做相等时间之运动,则运动场与设备必较资本主义之国家为多也。

苏联大多数之民众为农民,今后农业,将渐改为国营,私营将完全消灭,于是农民变为农业工人,其每日工作时间,或将与工厂工人同样减少,亦未可知。又列宁之计划,将在十年之后,使苏联由农业国进为工业国。故全国人民非为官吏,教师,学者,即为农工与工厂工人,而工人将占全国多数之民众。其练习运动之场所,将大加扩充,恐非欧美资本主义国家可比。苏联中央执行委员会,决定于莫斯科建筑世界最大之运动场,内部包含各种设备及运动场所。顷政府已发表命令,谓该项建筑须于一九三三年完成。冀能于苏联五年计划完成时期,举行庆祝云。该项计划中,有大规模之国际运动会,计划中之体育场,可容观众二十万人,所占面积约在三百俄顷以上。该地举行运动会,将命名为平民运动会,以别于今夏在麓山矶举行之资产阶级世界运动会。故只有各国平民阶级团体之运动员可以参加云。

第三节　体育如何促社会进步

一、个人与社会

个人与社会两名词,虽无相反之意义,常居对等之地位。吾人视察人类生活之事实与行为,可有两种不同之见解,即讲人权及自由,须偏重个人。论法律与社会习惯,则偏重社会。二者往往有居相反地位之误会。实则个人之神经非蜡板之仅留印象者可比,依据遗传及经验之结果,对于外界之刺激具有感受性,个人常为转体之影响所左右,个人绝对不能与社会隔离。换言之,即个人有被社会同化之可能，终不能为孑身之个体。一方社会之存在，全赖个人间之合作与顺从，社会之盛衰进退，个人之健全与否实左右之。故社会与个人，或个人与社会，有密切之关系。

二、体育对于社会之贡献

（一）消极方面之补救

社会进化，生活改变，使用身体之机会减少。身体方面退化，体育可以补救其缺点，得分两端：

1. 体育对于分业之补救

各种生活进步，各事之分业增加。业分愈细，则劳心或劳力各有专门，社会上始有劳心与劳力两类民众。因机器之发达，即劳力者之肢体，亦十分偏用，全体无整个使用机会。体力、耐劳力及机巧等，均有退步之倾向，惟有体育可以补救之。

2. 体育对于交通方法进步之补救

交通之方法愈便利，则徒步之时间愈少，体力之应用亦愈少，于是体力及耐劳力等均将退化，惟体育可以维持之。

（二）积极方面之助力

1. 增加工作之效能

职业有两种，即劳心职业与工厂中之劳力职业是也。体育能使从事职业者，恢复精神疲劳，及身体局部之疲劳。工厂中工人之有体育训练者，举动敏捷，精力充足，工作能持久，加添工作之效能，增多工厂之出品，至为经济。据美国麻省春田大学 Dr. Yoerger 及 E. Dawson 两人研究之结果，可以知体育训练之增加工作效能，实十分可靠，兹列举其结果于下：

甲、感觉之灵敏　有训练之体育组学生，食指感觉之锐敏，高出于学院普通学生 25％。

乙、运动感觉　关于位置者，比普通一般男生高出 15％。关于重量者，高出 45％。

丙、视觉听觉及触觉之测验　视觉高出22％，触觉12％，听觉80％。

丁、动作之快速　有体育训练者，每分钟做379动作，寻常之学生做352动作，有体育训练者多出8％。

2. 加增良好欲望

原始人类的欲望极少，其满足欲望之方法更少。文明人则欲望多，而满足欲望的方法亦多。除衣食住之外，欲望有属文艺美术者，有属戏剧歌舞者，有属游戏运动者，有属食色货利者。文明人之余剩精神，须有相当发泄之所。中国之旧官僚，常好古玩字画，新官僚多好女色，鲜有以游戏运动作其欲望之一者。一社会中体育若能普及，则诸欲望之中，添一良好欲望。若社会上有满足之设备，则参加者必多，社会上多一正当之消遣。

3. 社交性之养成与人群间互相谅解之促进

在古代闭塞之社会中，一山之阻，一河之隔，人们老死不相往来，言语不统一，思想有隔阂，人群间之纷争，往往以起。国家之不统一，原因固多，而为天然之碍所阻挠，人民间无接触之机会，亦属一大原因。体育启人群接触之机会，练习社交之手段，训练交际之道德，并促进人群间互相之谅解，对于国家之统一，大有助力，即对于世界之和平，亦是一种促进手段。今之世界运动会，原本此旨而发起者，惜乎今之参加运动会者，多半不明了此点也。

三、体育改造社会

体育对于社会之供献，有消极及积极两方面，已如上述。可知体育有移风易俗之力量。一国之内乱不已，社会之不安定，一由于少数执政者利欲熏心，侵犯全社会人群之权利，以满足其下等之欲望。二由于其社交性未发达，个人未社会化，人群间之不能互相谅解所致。体育能增加良好之欲望，能养成社会性，确有改造社会之力量。中国社会之病根在执政者溺于声色，在下者沉于烟赌。中国人若能以体育活动为消遣之品，则恶风自转，社会可从此改良。

第五章　人之性质与体育

第一节　生命之生物学的基础

欲明人体之性质，须知生命之生物学的基础，及其进化至目前状况之路径。动物之最下等而生活之方法最简单者，莫如原生动物。此等动物，只有一细胞，而该细胞即替代人类之个体。比原生动物较高等之一类，如腔肠动物（Coelenterata）水螅及珊瑚等属之。体内呈有体腔（Coelom），作消化食物之囊，他如神经肌肉等系统，竟付缺如，即有，亦极不发达；余如循环系统，呼吸系统，排泄系统，均属乌有。再进一级，至环节动物（如蚯蚓及扁虫等），则体内始发现肌肉组织，分环行及纵行两种，司身体之活动。

肌肉系统发现，活动之范围增加，接触之环境较广，身体内各细胞之作用，亦愈需分化。肌肉既营特殊工作，不但同时失去料理全身体素之能力，且其工作之时，反需他种细胞供给其养料，移去其废料，故体内须有供给养料养气及排泄废料之器官发现。此循环系统，呼吸系统，与排泄系统之所以连带发生也。

欲肌肉之收缩，须有刺激物唤起之，肌肉发现以后，其细胞上须有相当之神经纤维，由初形之神经中枢上分布之。动物之增有此种运动器官，即获有自由行动，迁易，逊境之能力。由腔肠动物向上，经鱼类两栖类爬虫类鸟类兽类猿猴类，以至于人类，整个发达之经过，皆为神经系统之功能增加，复杂程度之历史。大脑为最后发达之器官，又为最复杂之组织。所以管理他种神经中枢及全身各部份。虽然，尚有身体一部之管理，与人之意志无关者，大脑方面，无从知其活动之进行，例如心之跳动，不能以思想之方法阻止之，肝之分泌胆汁，不能以读胆汁分泌之事实而督促之，内脏器官之控制，全系自动性，不受意志之管束者，故大脑控制其反应之力量，极为有限。然而吾人确知身体之在某种情形之下，足以使其起反应，其关键即在肌肉(随意肌或横纹肌)。盖肌肉有刺激身体内各器官功能之作用，而肌肉能受意志之管束，故吾人能从身体上肌肉之活动，影响各器官之机能。肌肉为意志与各器官之居间物，所谓枢纽是也。例如欲心跳加速，行大肌肉之活动可矣。关于全身各部份之关系，及其先后重要之次序，可以Tyler教授之著述引证："人之身体，由分明之各系统及器官而成，各部连合成一有机体，各部既为他部之工具，又所以自达其目的。例如肝之分泌胆汁，所以助食物之消化，作他部之工具也，然所助消化之食物，又作自身之滋养品，即所以自达其目的也。身体中之一部柔弱，足使有机全体之康健与生活受破坏。寻常有以内脏为下等器官者，不知此乃生命中最重要最基本之器官也。凡扰乱消化及排泄之事物，同时足以扰乱思想之清楚与力量。夫体内各部份，既不能各自为政，则在重量与能力方面，各器官必保持正当平衡，否则一部份过分发达，该部即攫取他器官之养料，于是加重他器官之负担，若一部份过分受压迫，则在幼年生长时期，即须注意加强之，同时其他各部份亦须加强，以防其不测之发生。"

"人体极复杂，欲在同时间使所有各器官以同等之速度发达，势所难能。但在特别之时期，每器官皆快速发达，吾人宜希望促成之。其中最基本者，莫如消化器，排泄器及呼吸器等，须及早发达，以应他部器官生长之需要。尚有其他器官，待后来发达之，让出时间及机会，以发达此等基本器官。"

"自然界中，俾动物费去无限之时间，使肌肉发达之事实，不可不注意。在发达大脑之前，肌肉之发达，经极长之时间。此种事实，可证其为重要，且其能量亦较大也。肌肉系统为促进他系统发达之枢纽，由此可以操练小肠肾及所有生活上重要之器官而加强之。盖此等器官，除用肌肉操练之外，非意志所能管束之也。古人身体之所以强健，今人静止生活之所以危险，其理亦在此。"

吾人发现肌肉之发生时期，各部先后不同，在躯体上者先发达，在手指与脚趾上者后发达，故躯体上基本之肌肉资格老，外部附属之肌肉资格浅。

Tyler 教授又描写肌肉之如何受管于神经中枢，并说管理躯体肌肉之神经中枢老而强固，并有耐劳力，彼管四肢之中现者反是：

“无怪最超等之生理专家，坚持须发达基本之中枢也。此等中枢，为忍耐之中心，使吾人能耐现代生活之烦恼，尤以大城市之生活为然。凡亲长之神经呈柔弱现象之儿童，在商业及职业班之儿童，以及他日营工商生活之儿童，须出重价加强此耐劳之中心。凡生活十分紧张之女子，他种教育之外，须有豫防及发达之活动。活动之于儿童只有嫌少，决不嫌多，不论何时，与其太少，无宁太多。”

第二节　人类之原始活动

原始时代之环境，与今日文化的社会生活之分界，可由分析人类原始活动而表出。原人之活动，主要为渔猎，略用手臂，作粗俗之手工。其活动主要在陆地上行之，如跳跑举掷之类是。攀悬之活动较少，游泳并非原始活动，故学习颇觉困难。人类运动器官进化之路径，大概由古代之人类活动而决定，而自古迄今，活动之趋向，亦由其规定也。但各时代人类之基本活动，同为跑跳爬掷之类，足见人类之历史，不但为战争与政治之事迹，且为与遗传来之原始活动有关系之事实也。今之所谓游戏球戏及竞技，皆为太古时代原始活动所构成，例如棒球为跑与掷合成，足球为跑掷跳举合成，篮球为跑、投合成。他种活动，虽各含有特殊之技能，但与原人活动，总有多少之关系。

对于儿童之游戏活动，马克奇(McGee)及克洛威尔(Crowell)二氏有研究之报告，并对于年龄两性之所好，及活动之方式，以第一表第二表第三表之曲线表明之：

今日之体育程序之组织，若在原人活动之外，更根据其他事项，须加以慎重之考虑。若程序之组织以发达为目的，则儿童宜多从事于原人之活动，因此等活动早已形成人类运动器官之结构也。

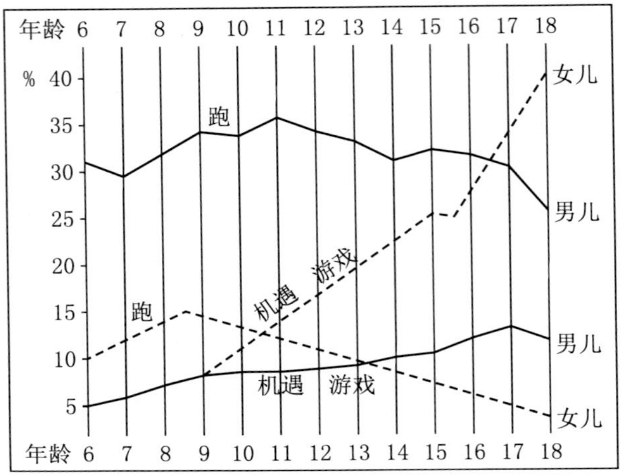

第一表　儿童对于跑之活动与机遇游戏所好之程度，以年龄性别表出

（从 O'shea 氏之《儿童之性质及其需要》一书上取来）

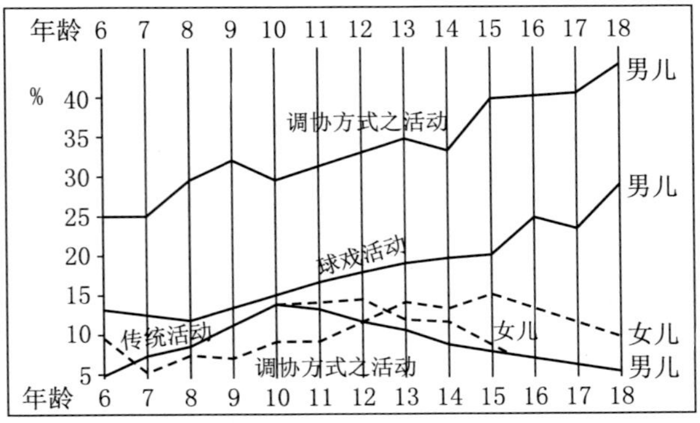

第二表　儿童对于球类活动，传统活动及调协方式之活动所好之程度

（由 O'shea 氏之《儿童之性质及其需要》一书上取来）

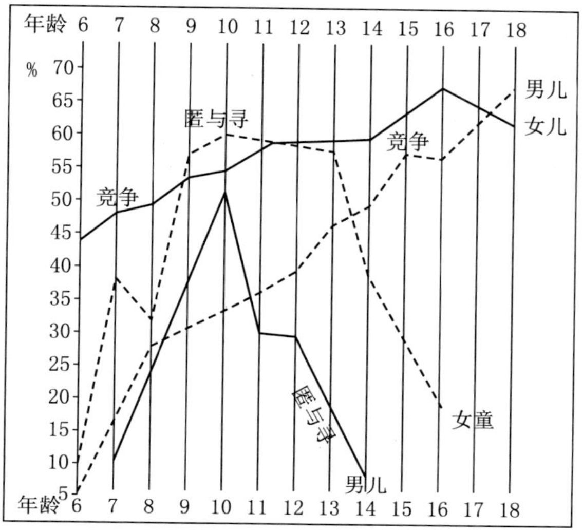

第三表　儿童对于匿与寻之游戏及竞争活动所好之程度,以年龄性别表出

(从 O'shea 氏之《儿童之性质及其需要》一书上取来)

第三节　人体发育之事实

第一节所报述者,为根据人类系统发生之事实以讲体育。本节则根据个体发生之事实以讲体育。个体发生中之要素,各年龄间变化最多,而与体育有关系者,莫如骨格及体高体重等。骨格原为软骨,在胚胎中渐形骨化,以后继续进行,至二十五时始完毕。以下诸端,所以表明各年龄之骨格之重要变迁:

一、婴儿与成人骨格之普通不同点

(一) 婴孩之骨格含有大部份之软骨及纤维组织,婴孩骨之软,即以此也。

(二) 婴孩之骨格,所以预备空间,作与该部有关系各器官发育之余地也。颅骨之以膜松联,前囟(Fontanelle)之至第二年终了时期始满长,即为显然之证明。

(三) 婴孩骨格之化学成分与成人不同,成人之骨,含无机质百分之六十八,婴孩者含百分之六十六,斐尔门(Feldman)得以下之分析:

年龄	诞生	十岁	三十六岁	七十一岁
有机质	33.37	32.62	32.04	32.94
无机质	66.63	67.38	67.96	67.06

(四) 婴孩之骨膜较厚,易于移去,并含血管亦较多。

(五) 面与颅骨之比例,成人几相等,婴孩则面骨远小。婴孩之初期,面与颅之比为 1∶8,成人时则为 1∶2。在婴儿时期,头颅之各部生长极速,生后六月,颅腔之容量由 400 立方糎到 700 立方糎,生后八月,则过 1 000 立方糎。面之生长尤为迅速,最显著者为眼眶上颌骨及下颌骨之增大。生齿之机能,所以促下颌骨之生长。至第二年,面与颅之比已由 1∶8 减至 1∶6。至第五年则变为 1∶5。在此时期内,面骨之生长为头骨发达之特性,至青年时期,头骨之生长复形快速,颅部增大,主要由于颅骨之穹窿部份增厚。在此时期面骨充分发育,窦(Sinuses)亦均形成,齿弓亦增大。此种变化,在成人时期,男子比女子为大。

(六) 婴儿之下颚极小而不发达。

(七) 婴儿之胸成圆形,至成人则变为椭圆形。第二年之后,胸围之增加,比头之增大更快,可由斐尔门测量之结果证明:

年　龄	胸之周围	头之周围
初　生	33 糎(13 吋)	31 糎($12\frac{1}{2}$ 吋)
五个月	42 糎($16\frac{1}{2}$ 吋)	41 糎($16\frac{1}{4}$ 吋)
一　岁	45.5 糎(18 吋)	47.5 糎($18\frac{3}{4}$ 吋)
二　岁	48 糎(19 吋)	51 糎($20\frac{1}{8}$ 吋)
三　岁	51 糎($20\frac{1}{8}$ 吋)	55 糎($21\frac{3}{4}$ 吋)
六　岁	52 糎($20\frac{1}{2}$ 吋)	55 糎($21\frac{3}{4}$ 吋)
十　岁	53 糎(21 吋)	62 糎($24\frac{1}{2}$ 吋)
十三岁	54 糎($21\frac{1}{4}$ 吋)	66 糎(26 吋)
成　人	55 糎($21\frac{1}{2}$ 吋)	68 糎($26\frac{1}{2}$ 吋)

此外胸膛之横径,可由另一数目表明。即在诞生之时,前后与左右径之比例为 1∶1.5,第三年为 1∶2。至成人则为 1∶3。不论成人或婴孩,全身骨格,由分开之骨以结缔组织之韧带连结而成,两骨之间,互为关节。儿童之关节,可

屈性较成人为大。活动之范围随年龄之增大而减少。成人不但受韧带之限制，骨格之相接触，亦足以限制关节之动作云。

（八）儿童之脊柱与成人之异点。在诞生之时，儿童之脊柱十分可屈，能向各方扭转，是因脊椎之有软骨性也。至第三年此等骨则开始骨化，由柔软之韧带肌肉围绕此等部份。颈脊，胸脊及腰脊之相对的长度，增长各有不同。分析于下表，可以知由婴儿至成人之间，腰脊之生长，较颈胸两部为多，故婴儿时期颈胸两部与腰部之比例，较成人为大。腰脊之变迁与其活动之度较大，故所有发达之活动，须有完成此部之功用。

年龄	观察者	绝对长度(以耗为单位)				相对长度(总数=100)		
		颈脊	胸脊	腰脊	总数	颈脊	胸脊	腰脊
初生	斐尔门(Feldman)	45	84	47.5	176.5	26.4	47.6	27
初生	刺佛纳尔(Ravenl)	40	100	50	190	21	52.6	26.3
三个月	同上	50	100	58	208	24	48.1	27.9
六个月	爱培(Aeby)	52.5	103	60	215.5	24.3	47.5	27.8
十个月	代特(Dmight)	61	125	77	263	23.2	47.5	29.2
二岁	爱培	79.5	153.5	98	331	24	46.4	29.6
五岁	赛明顿	180	170	104	354	22.5	48	29.4
十一岁	爱培	91	216.7	153.5	463.2	19.7	47.2	33.1
十七岁	代特	113	250	161	534	21.5	47.7	30.7
成人	斐尔门	129.4	273.4	184	527.3	22.1	46.5	31.3

（九）儿童之脚弓。婴儿之脚，不显有脚弓，但此系外貌为然，实际并不如是也。盖婴儿之脚底，充以厚脂，满装弓内，故弓至三四岁时始显。精细测量之，知婴儿之脚弓，不但与成人无异，依其比例而言，反较成人为高也。

二、两性间骨格之异点

女子过青年期之后，盆骨益形宽广，使股骨有极显著之斜度。机械上之不便，减低女子奔跑之能力。所有下肢之动作，均有使盆骨沿垂直轴旋转之作用。旋转之半径之大小，足以决定其跑之速度。女子之盆骨既宽，即旋转之半径亦大,因此之故,跑时女子与男子用同大之力量,而速度永不及男子也。男女盆骨测量所得之尺寸列于下表。

直径	男子			女子		
	入口	中间	出口	入口	中间	出口
前后	10.25	11.5	8.25	10.25	12.75	11.5
横过	12.75	12.0	9.00	13.25	12.75	12.0
斜侧	12.00	11.5	10.25	12.75	13.25	11.5

关于解剖及功能方面,男女间之异点,确是存在。至于神经系统方面,则无异点之可言。关于本性,情绪,气质,品格之特点,实行测量之时,两性之间,无区别可见,惟男子体力较大,显有争斗之性。寻常之见解,以为神经方面男女有区别者,大概指此。男女之盆骨既如是不同,则女子体育之程序当然须改变。凡适用于男子者,决不适用成熟后之女子。女子盆骨之完全发达,须至二十岁时,亦有较迟者,乃在二十岁之二十五岁之间也。盆骨之发育改变期内,主张所教授之活动,勿过分牵引盆骨之部份。

三、男女发育之异点

年月年龄,解剖年龄,及生理年龄,儿童年月之年龄,与发育之年龄,有时不一致,解剖或生理年龄,有时超正常发育年龄之前,有时落发育年龄之后。

解剖年龄,可由骨之骨化表明,可用 planimeter 量腕骨之面积求出之。鲍尔文(Baldwin)得数种之结论:

(一) 腕骨之大小与数目,与儿童之年龄俱增。

(二) 两腕骨之发达,各人不同,但平均算来,无大区别。

(三) 女子在某年月年龄,腕骨之面积大于男子。

(四) 女子解剖年龄较男子为早,可由豌豆骨之发现证明。盖女子在成熟前期(Pre-adolescence)已发现,男子则较迟也。

(五) 体高与腕骨之面积,有极高之相关系。数男子为 +0.879,女子为 +0.729。生理年龄代表身体上功能发育之程度,与年月年龄有关,但有显然之出入，即同一年龄之少年生理年龄或有相差二三年之多者。生理上之成熟，可由两性之发育代表，前后可有四五年之出入。男子有早至十一岁即成熟者，亦有迟至十六岁者，女子至早有十岁成熟者，至迟亦有至十六七岁者。柏狄克(Dr. William Burdick)及布朗(Dr. Brown)将成熟之前后分为3期：1.成熟前期(Preknbescence)为九至十七岁半(包括两性，女较早，男较迟)，2.成熟期(包括两性)为十至十八岁，众数为十四岁，3.成熟后期(包括两性)为十二岁至二十四岁半。

早熟并非不健康之记号，身体较高之女子，成熟期早于身体较矮者。Baldwin以生理年龄之概念，应用于体育，其意见如下："生理年龄与体育，有直接关系，能示人以教学体育之方法。男儿与女童有同等之生理年龄者，不但应同在一起游戏，并宜用同类之游戏。学校中之体育训练课程，应根据生理年龄而排列，男儿与女童有同样之生理年龄者，用同样之操练方法，惟依平均数观之，则女童之生理年龄大于男童。"

四、体重、体高与胸围之指数

马泰阿斯(Mathias)之体高体重发育之曲线(第四表)。知二者之生长可分三种极清楚之阶段。在最初六年中，体高之增加，两性均至显然。继经若干年缓长之时期(每年亦有三种之多)后，女童自十一岁起，体高之增长又速，至十二及十三时则极速。男童由十三岁起，体高之增长复形之速，至十五岁时，则达最快之度。

在襁褓之中，体重之增长极速，至两岁时，则渐缓。以后之数年，显中等之速度，故无重要之改变。女童由十一岁至十三岁间，成熟期将届时，体重之增长又速，自十三至十四岁时，达最快之速度。至十六岁时，又行减慢，几回至成熟前之速度。男童之成熟较迟，故体重之增速亦较迟。由十五至十六岁时，始达最快之速度，与女子比较，则迟一年半至两年。过十六岁，则又减慢，至十八岁时，尚未降至其十一至十二岁时之中等速度。因身体之宽度仍在继续增加也。

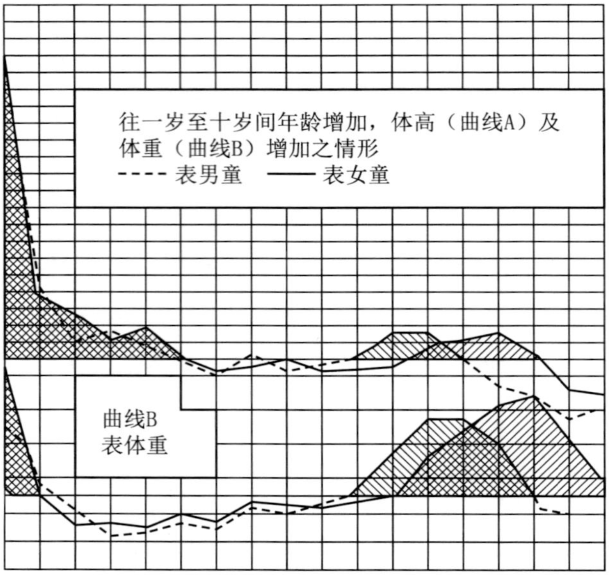

第四表　马泰阿斯(Dr. Mathias)之体高体重发育之曲线

马泰阿斯称胸之周围之关系,若亦用曲线表明,则能看出其反对的情形。盖胸围之比较尺寸,与体高居相反之地位,身体增高,则胸围之比较数降低。在体高第二次增长加速时期,胸围之尺寸仍未长至相当程度,须至十八至二十一岁之间,胸围之增长再加速,方能达到至少为体高之百分之五十之程度。

体高体重及胸围三者,系身体发育之要素,女子继续至十八岁或十九岁,男子至十九岁或二十岁。

五、心与血液之循环

(一) 儿童血之特性

儿童血之比重,大于成人(除诞生则相同),至十四岁仍不改变,大约因红血球之数多使然。男童之血寻常重于女子,因血色素多故也,斐尔门引证耿笃平(Gundobin)之研究结果如下表:

年　龄	平均量	最大量	最小量
0—6 个月	5 500 000	6 100 000	4 900 000
6—12 个月	5 600 000	6 100 000	5 100 000
1—14 岁	5 890 000	6 200 000	5 000 000
成　人	5 000 000	5 500 000	4 500 000

(二) 心之大小与形式

心之大小,随年龄、性别及身体之工作而异。在诞生之时,孩儿之心与体重之比,大于成人,盖前者为百分之〇,八九,后者为百分之〇,五二也。心之发育之顺序,如下表:

年　龄	身体之长度	心之容积	总动脉在心之周围
一周岁	68—72 糎	40—45 立方糎	32.0 粍
三周岁	88—90 糎	56—62 立方糎	36.0 粍
七周岁	112 糎	86—94 立方糎	34.0 粍
十三至十四岁	140—150 糎	120—140 立方糎	50.0 粍
十七至二十岁(发育之后)	167—175 糎	215—290 立方糎	61.5 粍
成　熟	167—175 糎	260—310 立方糎	68 粍

(三) 心之功能上之缺点

在青年期中,循环系统起显然之改变,以应新需要。此种调整作用,往往在短期可以成功。但有因失败而致心病者,于是心中呈有瞒瞒之声,而心声亦起改变。此种缺点,经留心之卫生视察,或能恢复。竞技及各种比赛,均宜免避。据 Hall 之《青年》一书上所载,在十三岁时,肺动脉之面积为五二平方粍,在十四岁增至六一平方粍,同时心之容量,则由一百二十增至二百十五立方糎,在初生第一年,心内容量之增加,不过为十五至十六立方糎,而在成熟时则增至九十五至一百十五立方糎。由此可知血液循环方面之要求矣。

第四节　生长与发达(Growth and Development)

据吼善灵顿(Hetherington)之意见,生长为遗传要素之产物,受胎时即树其基础,赖生殖细胞之细胞汁中之潜势力,继续进行,至组织与功能之模型完全长成而止。如身体之高度,比例,颜色,反应之趋向等,皆为生长所支配。发达为活动之产品,盖活动所以刺激各器官及各系统内之生长细胞之潜伏资源(Latent resouces)使起功能之活动。活动即所以变潜能为实现之能力也。

一人与以主要之食物,充足之睡眠,传染病之免避,生长之进行,足以使遗传之模型完全。但如无各种之游戏,强烈之活动刺激之,则所有各机官之潜伏能力,永无发达之可能。故生长之趋向,及可能性,为遗传的问题,能以适当或不适当之环境所影响之。反之,发达能游戏活动之产品,为教育之问题。故发达之活动为教育之惟一工具。据韦廉士说,胸围之测量结果,常作发达之指数。德勒远(Dreyer)以胸周围之尺寸为评定身体合格之一种标准。孟鲍德(Mumbord)氏以胸之发育作为评判儿童身体对于学校功课合格之标准。盖胸之发达,可以表示身体发达之程度也。

第五节　体育对于身体发达之影响

一、二十岁前之影响

体育供给身体发达之刺激,毫无疑问。勒安朋(Roeben)及维也纳苟(Wienecke)二氏以缺少身体刺激并滋养之儿童年在十一至十四岁者,按医疗之程序(dosierten T. P.)行六日之远足,与儿童以极强之生长刺激。此等儿童在两月半之内,不但达到其标准重量,且又过之。一九一三至一九一四年间,马泰阿斯在瑞士以七百五十七儿童,年在十八至十九岁者试验,与以有规则之训练,觉时间愈长,则所得体重及胸围尺寸愈多,在此试验之近前,高廷(Godin)教授以同校同宿舍同大年龄之学生试验，以五十学生参加训练者与五十学生绝对不参加训练者，行精确之测量，则得以下结果：

年　龄	体高(糎)	体重(瓩)	胸围(糎)	肩宽(糎)
十四年半	142	40	73	—
操练三年半	163	62	88	37
未操练三年半	160	55	80	35
操练者之进益	+3	+7	+8	+2

Codin 氏复使身体羸弱而迄今未行操练者，自十六岁起参加操练，更使体格相同之七人继续远离操练之场，则其结果又如下：

类　别	体高	体重	胸围
身体羸弱由十六至十八岁加入操练者	15	17	14
身体羸弱由十六至十八岁不加入操练者	13	6	3
操练者之进益	+2	+11	+11

根据以上之结果，可见儿童在此数年间，体育对于其体宽体重之发展，大有关系。

二、二十岁后之影响

体育对于二十岁前之青年身体发达之影响，研究颇多，以上不过表其一例耳。至于年过二十之成人，体育所能与以之发展影响，究竟到何程度，研究者甚少。德国莱泼切克大学体育科 Dr. A. Arnold 氏曾有一研究，其报告在德国《体育杂志》(Die Leibesübungen)发表。氏先调查莱泼切克平时不操练之学生一千五百五十六人，与内室运动指导员训练班学生甲乙两组行比较。甲组训练六学期之后，乙组训练三学期之后，测验之结果，颇有可供参考之处。最显然者为身体结构指数(Körperbau Index)，平方胸围指数，胸指数(Brust Index)，平方肩宽指数，平方上臂周围指数，平方大腿周围指数，小腿周围指数，皆比不操练者大有进步。反之脂肪之填充及平方腹围指数，则降低。一方看体重之数，操练者亦有进步之事实可见。身体愈受训练，则脂肪消去，易为肌肉。欲明身体各部之详细情形，则观下列一表可矣。

指　　标	20 岁	21 岁	22 岁	23 岁	24 岁	25 岁	平均数	室内运动教员 A 组			室内运动教员 B 组	
								开始	三学期后	六学期后	开始	三学期后
身体之高	173.02	172.71	172.47	172.17	173.21	172.09	172.74	171.79	172.09	172.40	171.07	172.42
躯体之高	88.93	89.9	89.486	89.25	90.15	89.88	89.74	90.69	90.10	90.43	89.63	89.72
脂肪之填充	12.06	12.25	13.08	12.96	16.39	15.28	12.83	10.04	9.13	9.58	9.88	9.12
体重	64.00	63.37	64.07	63.02	64.54	63.99	63.77	65.51	66.83	67.66	65.43	66.88
肩宽	38.02	37.94	37.91	37.86	38.34	38.20	38.00	38.47	38.78	38.90	38.41	38.95
盆骨宽	23.31	24.01	23.95	24.16	24.36	24.56	24.22	23.66	23.05	22.73	23.30	22.86
臀宽	32.43	32.21	32.32	32.37	32.54	32.89	32.46	32.49	32.65	32.71	33.53	32.61
颈围	38.85	38.78	39.14	38.49	39.11	39.14	38.82	39.35	40.05	40.15	39.45	39.89
胸围(平均部位)	88.43	88.56	88.79	88.45	90.37	90.10	89.02	90.32	92.15	93.51	90.67	92.28
胸围(深吸时)	94.05	94.02	94.42	93.93	94.74	94.16	94.21	96.27	97.61	98.48	96.59	97.79
胸围(深呼时)	84.50	84.56	84.87	84.46	85.31	84.96	84.74	87.11	88.85	89.83	87.61	88.88
呼吸时胸张之宽	9.52	9.49	9.50	9.38	9.43	9.47	9.49	9.16	8.75	8.65	8.98	8.91
胸膛横径	27.17	27.03	27.04	27.12	27.48	26.87	27.16	27.59	27.86	27.93	27.52	27.91
胸膛前后径	19.75	19.83	19.95	19.96	20.09	20.31	19.90	20.06	20.05	20.07	19.93	19.98
腹围	76.99	76.89	77.83	77.79	80.77	80.83	77.86	77.72	77.48	78.00	77.57	77.42
臂长	76.89	76.63	76.34	76.86	76.88	76.61	76.74	76.86	76.35	76.67	76.88	76.67
上臂周围(右臂伸时)	27.53	27.53	27.78	27.30	27.92	27.76	27.57	28.42	28.71	29.27	28.44	28.73
上臂周围(右臂屈时)	30.55	30.53	30.64	30.29	30.79	30.85	30.57	31.52	31.70	32.28	31.41	31.71
小臂周围	26.32	26.26	26.30	25.89	26.34	26.27	26.26	26.82	27.01	27.26	26.84	27.06
两臂伸直之长	174.53	174.37	173.39	175.04	73.99	174.82	173.24	173.80	174.37	175.34	173.09	174.77
下肢之长	92.76	92.69	92.55	92.86	92.93	91.97	92.70	92.06	92.46	92.64	91.48	92.87
大腿周围	54.15	53.78	54.14	53.19	53.97	54.28	53.92	54.97	55.10	55.38	54.82	55.06

（续表）

指　标	20岁	21岁	22岁	23岁	24岁	25岁	平均数	室内运动教员A组			室内运动教员B组	
								开始	三学期后	六学期后	开始	三学期后
小腿周围	5.17	34.93	35.12	34.91	35.47	35.43	35.14	5.71	35.84	36.05	35.64	35.84
身体结构指数	2.14	2.13	2.15	2.12	2.15	2.16	2.14	2.22	2.25	2.27	2.21	2.25
简单肩宽指数	22.10	22.05	22.07	22.10	22.19	22.20	22.17	22.39	22.59	22.53	22.34	22.62
平方肩宽指数	8.33	8.32	8.33	8.27	8.45	8.44	8.34	8.54	8.71	8.72	8.51	8.76
简单胸围指数	51.43	51.52	51.53	51.70	52.19	52.41	51.59	52.67	53.81	54.26	52.83	53.76
平方胸围指数	45.42	45.62	45.78	45.85	46.79	47.13	45.92	47.61	49.87	50.82	48.06	49.87
胸指数	138.73	137.37	136.87	136.93	136.78	134.19	137.88	138.52	139.30	139.53	138.96	140.11
简单腹围指数	44.77	44.89	45.40	45.34	46.86	47.09	45.39	45.37	45.12	45.41	45.25	45.02
平方腹围指数	34.54	34.78	35.40	35.29	37.81	38.41	35.47	35.34	35.06	35.50	35.12	34.95
简单盆骨指数	13.78	13.95	13.87	14.02	14.11	14.31	13.87	13.74	13.41	13.18	13.53	13.26
简单臀部指数	18.74	18.78	18.80	18.18	19.20	19.13	18.82	18.81	18.97	19.00	18.79	18.91
臂长指数	44.72	44.65	44.50	44.84	14.64	44.69	44.68	44.67	44.43	44.51	44.88	44.54
简单上臂周围指数	15.93	16.05	16.16	15.97	16.10	16.23	16.02	16.55	16.81	16.95	16.57	16.78
平方上臂周围指数	4.40	4.43	4.43	4.34	4.51	4.50	4.43	4.69	4.82	4.99	4.70	4.82
两臂伸直之长指数	100.77	100.81	100.52	101.42	100.84	101.10	101.02	101.05	101.22	101.76	101.09	101.31
腿长指数	54.80	54.81	54.74	55.15	54.76	54.54	54.66	54.63	54.73	54.80	54.55	54.87
简单大腿周围指数	31.51	31.35	31.52	31.23	11.38	31.47	31.43	32.21	32.08	32.23	32.06	32.92
平方大腿周围指数	17.12	16.85	17.01	16.66	16.99	17.01	16.95	17.66	17.68	17.87	17.58	17.96
简单小腿周围指数	20.49	20.36	20.48	20.42	20.60	20.63	20.47	20.88	20.89	20.39	20.03	20.85
平方小腿周围指数	7.18	7.11	7.15	7.10	7.27	7.27	7.18	7.43	7.48	7.52	4.40	7.48
糲除体重指数	371.80	368.70	372.50	376.00	373.70	373.10	373.30	387.90	387.80	391.40	382.70	388.20

三、各种运动对于心脏之影响

亨馨(Henschen)教授以详细之方法审察行滑雪(五粁)者之心脏,见一部份之参加者,在跑之前心脏已扩大,而脉搏亦十分有力。据氏之意见,此为应心脏工作之要求而然。换言之,即工作之扩大,所谓运动心脏(Athletic Heart)是也。其为良好之心脏也,犹纯种骏马之心。此等马心重可达六七瓩,而寻常之马心固只有三·五瓩也。此种结果,近年复加试验,知一部份证明可靠,一部份则经否认。亨馨氏以X光检查长跑者之心,证明此结果之不误,即从事他种运动者之心脏,平均数亦高于常数。德意志(Deutsch)及考夫(Kauf)两人发见此种心脏扩大者有百分之三至二十七,最多者为划船,滑雪及脚踏车比赛者。牢门(Rautmann)及诺尔(Knoll)两人则未见平均值之增加。馨克(Schenk)及爱维克(Ewig)两氏步吼阿克斯海梅(Herxheimer),德意志及考夫之后程,复行试验,终不信心肌肉加厚及心脏扩大之事实。虽然对于工作扩大之可能性,氏与勃伦斯(Bruns)及莫立志(Moritz)两人并不反对。孝夫(Aschoff)根据病理学的研究,则得以下结果(见本书第534页):

心脏之扩大(横径)

运动项目	0.5—1糎	1.1—1.5糎	1.6—2糎	2.1—2.5糎	2.6—3.1糎	3.1—3.5糎	3.6—4糎	总数
划　船	7.1%	16.2%	1.9%	0.7%	0.7%	0.7%	—	27.3%
滑　雪	—	2.8%	7.9%	5%	—	25%	—	18.2%
脚踏车	7.6%	4.7%	3.2%	—	—	—	—	15.3%
游　泳	3.3%	5.4%	2.6%	2.4%	0.8%	—	0.4%	14.9%
角　力	7.6%	—	—	—	1.7%	1.7%	—	11%
漫游者	1.6%	3.2%	1.8%	—	—	—	—	9.4%
举　重	6.1%	3.2%	—	—	—	—	—	9.3%
竞技运动	2.1%	3.5%	1.2%	1.3%	0.7%	—	—	8.8%
击　剑	—	—	4.4%	—	—	—	—	4.4%
拳　术	—	1.1%	2%	—	—	—	—	3.1%
足　球	0.3%	—	0.6%	1.8%	—	—	—	2.7%

据上表之记载，则知心脏之改变，滑雪最剧烈，其次则为短距离跑，划船，脚踏车，游泳，角力，漫游者。至于田径运动，足球，游泳，拳术，则变更极少。击剑者之心常见不甚改变。

第六节 本性之意义

本性，中文名本能，或天性。其来源为西文之 instinct。历来心理学家对于本性之见解，各有不同。詹姆士(James)分析本性为吸，咀嚼，磨牙，吐，头伸直，坐直，立，爬，走，攀悬，格格作声，对抗，争斗，忿怒，愤恚，羡望，妒忌，搜集，建设，游戏，好奇，社交性，及含羞，秘密，清洁，谦逊，羞耻，个人孤立，两性间之恋爱，父母之爱等。桑戴克(Thorndike)称本性为本来之倾向(Original Tendency)，其所包括者更广。此等倾向，主要为(1)结果为易感性者，(2)结果为注意者，(3)结果为身体之大部份管理者，(4)结果为得食及居住者，(5)结果为恐惧争斗与愤怒者，(6)结果与人群接触(又称为社交本性)者，(7)结果为满足或不逞意者，(8)结果为身体上精微之活动及大脑之联合者，(9)结果为情绪与表情者，(10)结果为意识学习及记忆者。行为心理学派瓦特孙(John B. Watson)主张无本性，将詹姆士之所谓本性，以未经学习之行为(Unlearned Behavior)名之。此未经学习之行为，氏亦分析为数种：(1)爱之行为，(2)愤怒行为，(3)恐惧行为，(4)喷嚏，(5)呃逆，(6)食物反应，(7)躯体与腿之活动，(8)嗓之反应，(9)血液循环与呼吸，(10)握(后发达为伸手取物，手工，技巧动作及职业活动)，(11)大小便，(12)叫哭及有管腺活动，(13)举生殖器，(14)笑，(15)防卫动作(后变为争斗与拳术之交替反射)，(16)瞬目。

对于以上三专家之分析，不论其为本性，为固有之趋向，为未经学习之行为，而为脑中神经原(大概一人脑中之神经原数为一百十亿个)，联结已开通之路则一。因一神经原与其他各神经原直接间接皆能相通，犹蛛网，犹汽车道网然。人之诞生，即具此种组织，犹一已新建成之模范汽车道网也。人之本性或经未学习之行为，犹汽车道之已开行者也。此种已开通之神经原联结道中，主要可归为三类:(1)对于身体及器官状况之反应,(2)对于他人之存在与活动所起之反应,(3)对于环境内事物所起之反应。第三类即含詹姆士所分析之立,爬,走,攀悬,游戏等本性,桑戴克所谓“结果为身体大部份之管理者”,瓦特孙所谓躯体与腿之活动,以手取物手工等未经学习之行为。此等皆为与体育有关系之活动,而有流动性者。足见体育活动之基础,在人类之神经系统中早已具有。据马克杜加尔(McDougall)说,本性为活动之原动力。瓦特孙则谓活动系训练及交替反射之结果。据作者之意见,儿童能独立行走之后,此种本性渐渐受训练,徐徐进展成跑,跳,掷,攀悬,举等天然活动,其后每动作受特别之训练而变化,于是跑有百米之跑法,跳高时之跑法,跳有跳高之跳法,篮球中锋之跳法。若初生之小孩能直立之后,剥夺其行走之机会,则基本之跑跳掷等基本技能,永无学成之理。复次,若一儿童永不使与他儿童接触,剥夺练习各种运动之机会,则各种运动将无一能学成,本性或未学习之行为,心理学家毫不重视,最注意者为如何训练而改变之。

第七节 性之性质

性之性质,究属如何,中外古今,学说颇多,莫衷一是。然为学者确定教学之方针与选择活动之标准起见,在性之性质一端,不能不根据各家学说,略行阐明。

一、性善说

倡于孟子,以为恻隐之心,羞恶之心,辞让之心,是非之心,人皆有之,使此良心发达者即为善人,将此良心汩没者即为恶人。王阳明受孟子之影响,亦主张性善。但他名性为良知。他说:“心之虚灵明觉,即所谓本然之良知也”(全书卷三),“良知即是未发之中,中是廓然大公,寂然不动之本体,人人之所同具也,”“未发之中,即良知也,无前后内外,浑然一体也”,人人既具此良知,乃行为有善恶之分者,为私意物欲所蔽也。所以须用格物致知之功,胜私复礼。

荷尔(Hall)及其门人，亦有同样之见解。他说："体操须发达最初之自然意向，在发达期，须实行此原则，否则不但无益，且大害之"，又说，"倡进化论者，主张最优者生存，最劣者不能生存。"吉利泰(Giullet)有同样之见解，他说："新机关经过某发达时期之时，系天然之顺序，吾侪须研究天然之计划，与其违逆之，不如培植之也。因自然为至高之轨范，其为善也可断言。"

二、性恶说

倡于荀子。他说："人之性恶，其善者伪也。今人之性生而好利焉，顺是，故争夺生而辞让亡焉。生而有疾恶焉，顺是，故残贼生而忠信亡焉。生而有耳目之欲，声色之好焉，顺是，故淫乱生而礼义文理亡焉。然则从人之性，顺人之情，必出于争夺。合于犯分夺礼而归于暴，故必有师法之化，礼义之道，然后出于礼让，合于文理而归于治。用此观之，然则人性恶矣。"

桑戴克亦主张性恶，他以为性自野蛮环境中得来，与现代文明社会不合。他以为决不能为善。他说："本性有缺点与错误，极多极大，因本性为古代人之固有的武器，所以适应野蛮生活者，而非适于文明生活者也。"他又说："固有之倾向，未能为善，大概永不为善。"

三、性有善有恶说

杨雄及王充主张之。杨氏说："修善则为善人，修恶则成恶人，气者通善恶之马也。"王氏说："人性有善有恶，其善者，固自善也，其恶者，故可教告率勉而使之为善。"

四、性无善无恶说

李翱以性与情为二元，以性为善，以情为恶。王安石极力反对之，主张情性一元，心性白纸之说。他说："性情一也，世有论者曰，性善情恶，是徒识性情之名，即不知性情之实也，喜怒哀乐好恶之未发于外而存于心者，性也，喜怒哀乐好恶之发于外见于行者情也，性者情之本，情者性之用，故曰性情一也。"他以为性情无善恶，不过接物而动时，有当于理者（为圣贤），有不当于理者（为小人）两种，因之行为有善恶之分。

五、无性说

最近行为心理学家竭力主张之，以为人之初生有数未经学习之行为，无所谓性，此数种未经学习而能之行为，有在诞生之后立刻变为交替反射者，如吸及未学习之握物是也。有终身保存者，如瞬目是也。此种极占少数。瓦特孙说："细看成人之行为，何部属未经学习一类者，何一部份归已学习一类者，无一人能辨别。"行为心理学家不信有所谓遗传之事实。行为之邪正善恶，全赖教育与环境。他又说："与我以一打健康而生长完全之婴儿，分置特殊之环境中，不问其祖先之才能、癖性，趋向，能力，职业，及种族如何，可随意使之为医生，律师，艺术家，商业领袖，乞丐，及贼，作者可以保险。"

六、结论

据以上五种学说，吾人得以下数种结论：

（一）以上各家，对于性之学说，除行为派所倡者，有可用实验方法证明之可能性外，余均非从科学方法得来之结论，亦不能用科学方法证明其是非。为稳当起见，以宗行为派之学说为是。

（二）性不论有无，不论有善有恶，无善无恶，而人力所能及者为施以教育及与以良好之环境，故不论教育或体育，须有良好之教师。

（三）不论本性或行为，均属个人的，其善恶之标准，以有益于个人之发展，及有益于人群与否而定。有益于个人之发展兼有益于社会者为善，有害于人性之发展与社会之标准不合者为恶，故不论教育或体育，宜使行为合于个人与社会之两标准。

（四）儿童所要求者，不能循性善之说而完全依从之，又不能循性恶之说而完全拒绝之，宜视其所发而为行为者，是否合于个人与社会之两标准，而定取舍之方针。

第八节　训练之迁移

训练之迁移问题，为数十年来未决问题之一。从前之理论教育家，以为一种特别方式之训练、足以促心之能力进步；研究算学，可以培养一切推理能力；作科学上之实验工作，可以训练各种观察之能力。尚有一般体育家，亦以为体操班上之好姿势，可以训练平日之好姿势；班上之服从，守纪律，足以养成平日守纪律之习惯；游戏时之服从裁判，牺牲，勇敢情绪之控制，足以迁移于寻常生活。此等见解，多半出诸理想，即有迁移之可能，亦决无整个之理。据心理学家桑戴克之结论，谓“两种功能(Function)有相同之要素者，可因第一种之改变使第二种亦起改变；第二种中改变之量，视第一种相同要素之量之改变而定。第二种中所改变者不过为与第一种相同之要素耳”。氏更以数学为比喻，加法进步，足以使乘法进步。因在乘法中之加法与纯粹之加法为一绝对相同之要素也。氏又解释相同之要素为心理之历程，含脑中相同之细胞活动。奥瑞他(P. T. Orata)解释迁移为意义(Meanings)之延伸，与应用于新问题及新环境，适应之诸要素，为问题之中心。从心理与智力，两新观点作训练迁移之新解释，觉有两种行为，与两种环境相当：(1)自动两机械的习惯，对于不改变之环境能起反应；(2)智的行为，富有意味，对于改变之环境起反应，与迁移问题，有直接关系。习惯完全受意义之控制与指导。迁移之量视意义相同之程度与应用之程度而定。

体育上之训练迁移问题，亦在心理学范围之内，亦可根据桑戴克及奥瑞他(Orata)二氏之原则推论之。今详细分析之，得分下三端而论：

一、技能机巧与速度之迁移

两种活动之要素有相同者，则练甲种活动，亦可学得乙种内与甲种相同要素之机能与机巧。此等要素，主要含所用之肌肉，骨格，韧带，指挥肌肉运动之神经原，所用感觉器官(视听触)，司觉神经原，连合神经原(即司觉与司运中枢间之神经原),刺激来之模样与当时之环境,以及反应之方法等。凡所行之基本练习之内容,练习之方法,练习时环境之刺激,均在应考虑之内。例如篮球转身(Pivot)之动作,有人抢球时之转身,与无人抢球时不同,无人抢球时之投篮与有人抢球时不同。因其他各要素虽皆同,而环境则大异也。故欲平日之基本练习完全可迁移于实地比赛之时,练习之内容务须使之完全相同。培尔(E. Bell)曾以廿五码转四直角之跑,测一百七十一大学女生之脚之速度与活泼程度。后继行十星期之打网球,接网球。及用网打球,然后再行同上之测验,以中数为标准,结果比从前之成绩,增速五分之三秒。惜氏未以练习足球替代网球,若以足球代之,速度之进步比练网球为大。何则?足球中所含训练之要素较多而较近也。依作者之见解,凡运动两项相关系数极大者,则练其一项必能增进他项之技能及机巧。反之,呆板之体操,国术中之潭腿,器械体操中之支持动作,与球戏及田径运动,是否有负的相关,尚待研究。若果有之,则练习一项,能妨害他项之进步;如是则欲球戏田径运动进步者,万不可同时练习此项活动,此亦为训练迁移一节所能与我以警戒者也。

各种运动至训练纯熟之时,多变为自动的机械的习惯,非意志所能管束。然接棒球者,对于传来极急之篮球,亦能稳接。常练体操者,在做球戏时身体亦体操时之姿势。故训练之迁移,在身体活动一端,较为固定。

二、工作态度之迁移

据心理学家盖次(Gates)之意见,对于工作之态度,有迁移之可能。他说:“对事之镇静或慌张,对工作之快速或缓慢,对工作之有兴味或烦恼,作业中有自觉心或醉心,从一环境中得之,在他种环境中要素,有相同者,可以保留。”氏之见解,大概亦可应用于体育方面。一人在篮球戏中临阵有镇静态度者,在足球戏中亦能镇静,因对方队员球比赛环境等要素,意义相同也。但此镇静,是否能应于战场之上,乃是疑问,因战场上之环境刺激根本不同,在比赛中能镇静者,一临战场,亦将张惶矣。对于各种态度,在球戏与球戏之间,定有大量之迁移。对于他种活动迁移之多少,视其要素或意义相同之程度而定。

三、运动中品格之迁移

运动能否养成运动之品格，须视学生平日之训练，指导员之能力，校风及环境之良窳而定。假定学生平日素有训练，指导员能得学生信仰，校风良善，环境合宜，体育定有训练品格之效能。惟所成就者，能否迁移于平日之行为，所有心理学家，尚未有明白之答复。马约翰先生之《运动训练之迁移价值》一文中述及，他说："曾以运动上所培养之品格，将永存青年之心头而影响其一生乎？其能不时左右青年人之意志与思想而间接检点其行为乎？"两问题叩桑戴克氏。氏答以"无人敢言"。但吾人可断言运动员对于一种运动有良善之品格者，对于他种运动亦可有相当之良善品格。队员中平日能十分合作者，他日出而共事，此辈队员之间，或亦有合作之可能。至于对于他人之能否合作，则不可得而知。对于此问题之难点在不能用客观之方法测验。据麦克乐氏之意见，可以用品定(Rating)之方法(专用主观之臆测以品定人之品性)求得之。惜尚未有人从事此种研究耳。若果有迁移之事实，当亦不出乎桑戴克奥瑞他及盖次诸氏之原则。

第六章　体育之目的

第一节　体育目的之推究

目的犹射箭之鹄的，所以示吾人以前进之目标，领导一切活动入正轨而合时宜者也。风之吹砂无一定目的，故砂之所至无定向亦无定所。体育无目的，教员不知体育之目的，则教员犹风，学生犹砂，其活动犹砂之时而扑面，时而蔽日，无法控制。他人提倡体操，我即注重体操，他人提倡运动，我即注重运动，他人提倡国术，我亦注重国术，朝三暮四，毫无主张，于是体育不能同他种教育共达教育之目的，其列课程中，何异瞽者之目，聋者之耳耶？

体育之须有目的固矣，虽然，何种目的为体育之真目的？体育目的之性与量之两方面，是否常变迁？在定体育目的之前，不能不将以下二问题澈底讨论：

一、体育目的之真伪

体育目的之真伪，可由以下评定之标准而定：

(一) 体育之目的须依据目前社会之状况而定

凡目前已推行之体育，经济之状况，教育之制度等，均在应顾及之列。前人之理论，旧时之思想，以及异地异时与本国环境不合之主张，均不能为定目前体育目的之根据。若以异时异地之理论来定目的，则所见者近，所知者狭，对于调查观察选择比较等方法，在定目的之时，将无所用之；于是所定之目的，不切社会之状况，所达之目的，不切社会之需要；甚至困难横生，结果毫无，亦所难免。

是故一国之体育目的，对于他国或为真目的或即为假目的，例如美国体育主要助达教育上之善用余暇(worthy use of leisure time)一目的，中国体育之重要目的决非仅此，美国为工商社会，大多人民一部份拘工厂商店之中，需消遣之活动。且劳资之间，互相了解，工作时间，日趋减少，暇时日增，于是全国人民皆有时间行消遣之活动，故体育之消遣一目的，合美国之环境，达此目的，确所以解决善用余暇一问题。反之，中国以农立国，农夫终日置身田野，无时间运动，且不需运动，即城市之间，偶有工厂，而工作时间较长，消遣尚未成问题，故消遣一节，非中国重要之体育目的。若体育注重消遣之目的，在各城市乡村广设运动场，结果场上将杳无人迹，自同虚设，岂非笑谈。故善用余暇一目的，在美国体育为正目的。在中国为副目的。若中国以之为正目的，则成为伪目的矣。

(二) 体育目的须能伸缩而有弹性

环境之变化，无时或已，体育目的既由社会环境产生，则时有增减之需要，以适应环境，其不能一成不变也明矣。外来或抄袭而来之目的，产自他种社会，不能由本社会之变迁，使之伸缩，往往流于死板，不合社会状况。体育之目的，若专为健康，为发达身体，则自古迄今，自今至千百年后，体育之目的将永久不变，体育之材料方法将无变化，于是静坐，体操等健身方法，将永为体育上之好材料。今之体育目的，对于身体方面，增有应付环境能力，对于品格方面，增有交际道德，故今日之体育有对人对物及对社会之目的，因人、物、社会三者，皆常起改变，故体育之目的，不能不有伸缩性。

(三) 目的须为活动之一阶段

目的达到之后，须更有远大之目的待达。例如打猎射兔，目的为得兔。然得兔之后，又生烹兔食兔等他种活动，更有欣赏美味等较远大之目的在焉。又目的与方法两者，不能分开。方法为最近之目的，目的达到之后，即为进一步活动之方法。体育之目的，能作为达更远大之目的之方法，即为真正之体育目的。昔德国杨氏体育之标语为新鲜，活泼，自由，快乐，及信赖。实为杨氏体育之目的，亦即杨氏救国之方法。盖当时德处阽危之局，非养成活泼自由快乐及可信赖之国民，不足以救国。杨氏体育之目的，真是当时救国之方法。是故体育之目的不能为远大目的之方法者，即非真目的也。

二、体育目的性与量方面之改变

体育目的之真伪，上节已列举三评定标准以辨明之。第一第二项与本问题有关系。第一项，体育之目的须据目前社会状况而定，因社会常改变，故体育之真目的常行改变，其改变之程度，与社会同。第二项，体育之目的须有伸缩性，即体育目的之内容常有增减，于是性与量两方面必有改变。此外有两条件足以使影响体育之目的者，列举于下：

(一) 学术之进步与科学之发明

最显明而最新鲜之例，莫如近代体育目的之改变。一九一五年，美国之体育目的为"在身体方面，体操可以促进健康，增加内脏器官之能力，学成机巧与快速，培养耐劳力与优美姿势；在教育方面，体操可以养成服从，正确及守秩序之习惯；训练机警，知觉灵敏及反应迅速之习惯；培养优美姿势与动作之欣赏心；在比赛之方式中，可以养成自治，克己，忠心及其他道德"。

一九二四年，主张上述各体育目的之著作家，对于体育之目的，则作以下条文：

"(甲) 供给各群儿童做有兴味之大肌肉活动之机会；

(乙) 选择各种活动，发达儿童之气质，以达最高之社会理想；

(丙) 在良好时机之中，利用各种活动，养成儿童思想敏捷，行事精确之权能；

(丁) 选择各种活动，以得达消遣目的之技能。"

"用力之肌肉活动为健康之基础。"

"体育为教育之重要部份，其应继续适合于生活改变之情形，与他种方式之教育同。其本身非最后之目的，应尝试达更远大之教育目的。近代体育教员，须视身体活动为发达儿童有价值趋向之工具。"

"据此种见界，体育在学校课程中有一定之功用。第一须给儿童做其所好活动之机会。第二须设有极好之境遇，使儿童用发表自己意向中之活动，以求心之发达。第三努力置儿童于好环境之中,使能善事发展,成社会之良善份子。”

据以上两种体育目的而互行比较,觉相差甚远。盖九年之间,美国之教育学识改变极快,杜威教育哲学,几普及于全国教育家之脑际,一般著作亦受其影响。故一九二四年之体育目的,每多与杜威之学说暗合之处。足征教育学说之影响于体育目的也。

从前体育之目的,以健康为主,观上举一九一五年之体育目的可知矣。欧战之后,美国之健康运动,盛极一时。学校有健康检查,健康料理,健康指导。从前体育上所欲达之健康目的,健康教育已完全能代达之矣。体育固对健康有供献,其主要目的已非健康矣。体育之目的,能随他种教育之影响而改变。按其所以有改变者,不外学者之有新主张。对体育与健康教育之分界问题,在一九二七年一月,美国大学体育教员年会中,韦廉博士发表独到之见解,主张健康教育与体育有极清楚之分界之处,当经全体会员之赞扬。从此以后,体育目的之认识,益形清楚。更可见体育目的之改变,乃受学说变迁之影响。

(二)教育目的之变迁影响体育之目的

从前体育家,并不以体育为一方面之教育,其心目中最大目的为健身,观美国一九一五年所定目的,可以证明。因当时一般体育家未尝研究教育,而一般教育家亦未尝留心体育,体育家与教育家各行其道,有老死不相往来之概。一九一五年以前,美国体操教员训练所之在瑞典体操派之手者,有波士顿之体操师范学校(Normal School of Gymnastics),在德国操派之手者,有北美体操联合会之师范学校(Normal College of North German Union),在美国青年会体育家之手者,有芝加哥之青年会体育专门学校(Y. M. C. A. College)及麻省之春田大学体育科(Physical Training Department of the International Young Men's Christian Association College at Springfield),当时三派学校之教授,涉猎教育书籍者极少。当时所训练之人材,称之为体育家则可,称之谓体育教育家则不可也。故其时体育家胸中之体育目的,至今迥乎不同。二十世纪之初叶,美国有名大学如屋勃仑高等学校(Oberlin College)(一九〇〇年)、哥仑比亚大学师范院(Teacher's College of Colunbia University)(一九〇三年)、惠斯康新大学(University of Wisconsin)(一九一一年)等先后办体育系。各教授与教育家接触,受其言论之激荡,文字之刺激,思想为之改变。加以此等大学当局,类多有深远澈底之眼光,凡体育科系主任之职,非聘有教育学识者充任不可,于是体育遂走入正轨。体育既入教育之轨道,体育与教育同进退,体育之目的,即随教育目的为转移。今代体育目的之演进,大率由此。

第二节　体育目的之分析

在身心问题一章,吾侪已绝端赞同一元论,承认身心不能分开之学说。身心既不能分开,则体育所达之目的亦属整个,不能分析为数条,此为论理之结果,无容怀疑者。但为明显与便利起见,得分为三方面而论,读者弗以为身心方面能划然分为数条也。

一、机体之充分发达

人之机体,由各种系统合成。所谓机体之充分发达者,即各系向天然之限度发达至最高之程度也。故更得就系统而分论之。

(一) 脑肌肉系统

每群肌肉必有神经系统管理之,做大肌肉之活动时,凡脊脑,延脑,小脑,基底神经节(Basal Ganglia)及大脑皮质部之司动区,莫不参加活动,常练习之神经系统之上举各部份(脊脑延脑小脑基底神经节大脑皮质部)与肌肉同时发达,例如善用右手工作者,其左边之大脑皮质部之司动区特别发达,故专谋肌肉发达,不顾神经系统者,大不通也。神经系统之各部份,与其他各区域,均有神经纤维使之互相联络。做大肌肉之活动,亦能间接使神经系统之他区共同发达无疑。惟所谓大肌肉之活动者,种类不同,而其间接发达他区域之程度亦不同。例如操铁哑铃,能使肌肉发达极快。然因其动作简单而呆板,而神经系统随之发达之部份,不过管束此等肌肉之区域而已。反之,行篮球之比赛则不然。因欲观对方球员之活动情形而定其自身活动之方向，故司视区与司动区之司腿部份常行联络。此两区与区间之束，即因之发达。又球来之方向，上下左右，毫无一定，球员判断其球来之情形而接之，故司视区与司动区之司上肢及躯体部份，常行联络，而此两区与区间之束，即因之发达。有时球在空中受风之吹动，前来过低或过高，临机屈体或跳起以接之，肌肉之调协(Coordination)功夫，亦因之发达。故运动之优劣，有时可以使脑肌系统之机巧协合等发达之程度与范围而定。近代人之生活，使用大肌肉之处较少，然因其能发达神经系统，机巧与调协，及其他各器官，故不能不选做合理之大肌肉活动。应用正当大肌肉之活动，不但使神脑肌系统有量之改变，并有性之改变；如反应之速度增进，及肌肉收缩之合神经交互分布(Reciprocal Innervation)之原则是也。

(二) 骨格与韧带发育之促进

大肌肉之活动，足以使骨格之关节处发生组织，使主长骨生长之软骨层滋养增高，故全体之长骨及胸膛等，能充分发育。不特此也，大肌肉之活动又能使骨格之厚度增进，凡骨上之粗隆结节及嵴等，非为肌肉之起点，即为肌肉之终点，故运用大肌，能使长骨增粗，扁骨增厚。凡胸膛之发展，骨格之在正当位置及姿势之优良等，均与骨格之发育有关系。

大肌肉之活动能使韧带强固，关节之用运动范围扩张，肌肉缩短之程度增加。例如肺活量，即系呼吸盈虚之差，韧带松缓，肺活量可以增加，因呼肌与吸肌可以尽量收缩也。又如习跳高者，腿能高举即对方之髂股韧带，踢腿之腿后肌伸长，故上踢之运动量极大，能带起身体。不习跳高者不能高踢，有时一踢即伤。体育对于骨韧带与关节之影响益明。

(三) 内脏各器官之功能

本节所谓内脏器官，包括呼吸系统，循环系统，消化系统，排泄系统，内分泌系统等，体育能令各系统之功能旺盛。

(甲) 呼吸系统　呼炭酸气吸养气之能量增加，应付剧烈运动之需要。

(乙) 循环系统　心肌加强，输送血液之力量增加，以及血中临时能增加血球(由脾内而来)之能力，中和乳酸之能力，血中糖分继续供给之能力，血中磷酸类保持之能力等，均能增高。

（丙）消化系统　运动员烧料之消耗，蛋白质之需要，较常人为多。消化及吸收之机能，须极旺盛以应其要求，故肠胃肝胰等器官之功能，随之加强。

（丁）排泄系统　运动之后，新陈代谢作用旺盛，蛋白质之代谢亦随之促进。此等蛋白废料，完全由肾排泄。故运动愈甚，肾之使用亦愈甚，其机能亦自加强。

（戊）内分泌系统　包括数内分泌腺。其中与运动最有关系者，莫如肾上腺。比赛之时，观众鼓掌如雷，肾上腺即出分泌液于血中，使血管收缩，血压增高，肝糖从肝输出，血中糖分增加等现象，于是体内得额外之精力，运动成绩或为之增进。故运动与肾上腺以使用之机会，按用进废退之理，运动当能使肾上腺发达。

二、各种技能与能力之培成

（一）应付不测境遇之能力

人类在盘古有巢时代，巢居穴处，禽兽逼人，毒虫猛兽为人类不测之患，习于茹毛饮血，无时不与禽兽争命。吾族之所以能蕃衍至今而不替者，足见适于生存，亦足证先人之有应付不测环境之能力。细分析之，当为跑，跳，腾越，掷，抛，攀升，游泳，摔角，摇船，骑马等。今之社会中虽无毒虫猛兽为害，然而异族之争，如“九一八事变”之祸以后，方兴未艾，国人不可不有共赴国难之能力，惟赖体育以养成之耳。

（二）判断速度距离高度与时间，而运用身体之能力。

（三）追随音乐，能运用身体表演之能力。

（四）以运动为消遣之技能

礼、乐、射、御、书、数，古称六艺。射艺为极好之运动，古人列之六艺之中，足见古人亦习运动。孔子曰：“游于艺。”可见古人亦以射御运动为消遣，今之球戏运动，田径运动，器械运动，皆可为消遣之活动。学校体育之目的，为养成其技能。民众体育之目的，为给其运动之机会。吾国学校体育尚未普及，民众体育亦无从讲起,故是国民以运动为消遣之技能,以后须竭力养成。

三、品格与人格之陶冶

二十年前,体育之目的注重卫生。体育之材料偏重体操。当时对于精神上之训练,不过曰:养成服从纪律诸点而已。十年前体育革新,中美各体育家盛倡体操有陶冶品性,培养人格之功能,并谓体育上所训之一切品格,皆能迁移于日常生活。体育之价值,所以升高十倍。今教育心理发达,知由一机能(Function)变至他机能。其可迁移之程度,视二者相同要素之多寡而定。此为美国心理专家詹姆士在一八九〇年实验而得。而近代心理学家仍以奉为不易之理者也。譬如牺牲一球(篮球员已在篮前得球,本能掷篮,自身旁有人守卫恐不稳掷,于是掷与他一在好境遇者,任其安然稳掷,故掷中之功让与他人)。与为朋友牺牲金钱不同,因球与金钱,队员与朋友,要素不同。若金钱不多,而朋友之谊与队员相仿,则能牺牲一球之人,或亦能牺牲微量之金钱,而牺牲得迁移。若金钱之数多,价值远过于一球,而朋友之友谊不如队员,或竟不能迁移。体育上所训练之品格,全部迁移之说,不免虚伪。然虽牺牲一球,表示是队员合作之精神,其本身亦有相当价值,不能因其不能全部迁移而轻视之。况品格之中如勇敢,机警,豪侠之精神,确有大部迁移之可能,此体育之所以可贵也。虽然,体育之陶冶品格目的,岂球能必达哉?据作者之意见,成败之机会,互相参半,教师明体育之真谛,训练管理合法,足以收陶冶之效。反之体育足以养成欺骗,虚伪,自私等恶德,如比足球之时,见对队之好手,有意踢伤之,使对队失去健将,于是可安然取胜。此种行为,为最不光明事,破坏道德,至为危险。吾国体育界中,能明此义者,寥若晨星,各处运动会之无良好结果,良有以也。学者不可不特别注意,作他日之殷鉴。本节列举体育所能陶冶之品格,其本身本有价值,能否迁移,姑置不论。惟望体育同志慎重训练之。

品性之表现,随儿童发达之顺序。兹依其发现之顺序,而大别之为三类:

(一) 个人之品性与个人之操行有关,而与他人无关者

1.勇敢　2.坚忍　3.决心　4.自信力　5.克己　6.自制　7.进取　8.热心

(二) 社交品格或与团体有关系之品格

1.仁爱　2.不私　3.友善　4.信托　5.正直　6.诚实　7.思想周密　8.大方　9.恭敬　10.服务　11.宽宏　12.交际才能

(三) 公民品格或对于有组织社会之各种态度

1. 合作　2.自由　3.服从　4.忠心　5.乐观

第三节　各种活动对于体育所达之目的

上节所讨论者，为整个体育中所应有之目的，所以示人以普通之南针也。然其所以精确实现之者，为各种活动所能达之目的，故按各种活动，分举其所达之目的于下：

一、个人体操

关于此类，可分豫防，及改正两项：

(一) 豫防

运动器官之机械装置之正当使用（例如袖手之动作，着中国装而不带手套者，遇天寒时常行之。若每次袖手时肩带随之向前，则肩带之机械装置改变，故袖手而不注意肩姿势，结果酿成圆肩），与衣鞋等之正当穿着，所以豫防姿势之缺点。注意精神卫生及食物之充足，可以豫防神经系统上及身体上之种种缺点，他如缺点之由脊髓灰白质炎（Poliomyelitis），脊柱痨，及软骨病等来者，或可以用豫防之法豫防之，惟依理而论，非任何时有此可能耳。

(二) 改正

此种目的，在改正缺点，完全用个人体操以达之。但寻常所注意改正者，为与精神分离之机体，或各部份开之机体。例如盆骨，胸膛，及头颅等之重量之平均，肩与胸骨之部位，以及第五腰椎之部位等，皆片面枝节之改正，而忽视整个之有机体，实犯极大错误。姿势问题，与心境有关系，与神经系统有关系，更与人格有关系。只改正身体之一部份，而整个身心方面未顾及者，不可谓尽改正之能事。

二、水中运动

此类活动包括游泳救生、水上击球等。

(一) 肌肉及骨格系统之平均发育

游泳之时,使用各部之肌肉,能促进肢体平均发育。

(二) 改正姿势

人在水,驼背圆肩,必致下沉,欲保持上浮水面,非将脊柱伸直不可,故游泳能改正姿势。

(三) 发达内脏各器官

游泳能发达内脏各器官,效力至大,对于消化之促进,心脏之加强,肺量之扩大,尤为显著。

(四) 养成应付不测环境之能力

近代海洋交通,工商发达,生活流动,大则远涉重洋,小则越江过海,生命可随时发生危险。练习游泳与救生术者,不但能自救,且能救人,有莫大之实用价值。

(五) 养成良好之消遣技能

夏日酷暑侵人,心神不定,浸渍水中,心旷神怡。倘在海滩之上,结伴偕游,尤为愉快,较之在炎日之下,作他种游戏者,固有霄壤之别,而较之在绿荫之下,品茗清谈者,更胜一筹。

(六) 树立新社会标准

吾国旧俗,男女授受不亲,此为消极之礼节,所以防淫乱之渐也。近今社交公开,男女交际,视为常事,以后应从积极方面树立社会标准,其最良之工具,当推水中活动。盖沙滩之上,青年男女,麇集一处,两性虽易于接近,然众目共睹,情绪自然控制,习久即能忘形。昔吕东莱曰:“不见可欲而不乱者,善力尚浅也。见可欲而不乱,则其心真入于善矣。”在公开之海滨之上,男女在可欲之境遇之中,不乱之涵养,只能此境遇中训练之。

三、格斗运动

此类包括国术,西洋拳术,击剑,角力等。

(一) 发达体力

尤以角力为最。

(二) 训练敏捷之反应

养成临机应变之智巧。

(三) 学成攻击与防卫之技能

(四) 发达勇敢进取之心

中国学生秉性懦弱,对于拳术,角力等运动,殊少勇气,此为作者平日教学之经验,欲矫此弊,以后对国术拳术,宜提倡比赛,养成勇敢进取之心。好勇斗狠,古人目为恶德,今日反应培养,此种精神,加以指导及组织,而应用之于公战。盖强邻野心,日进无疆,抗日救国,为今后数十年中教育上最远大之目标,体育上对于此目标有贡献者,当首推此项运动。

四、自试活动

此类包括机械运动,及各种器械之机巧运动。

(一) 养成对于日常生活上之有价值之机巧与技能。

(二) 由各种器械上发达脑肌系统之机巧,增加身体之效能,使管理身体之能力增加。

(三) 供给对外界之危险有增加自信力与勇敢之机会。

(四) 培养胜过天然障碍之能力。

(五) 发达军事上之基本技能。

五、竞技运动

包括田径运动及球戏。

(一) 发达脑肌系统

若活动时不受外界之过分刺激与得胜心之过分冲动,此种结果可不期而得。

(二) 发达内脏器官

此与基本肌肉(Fundamental Muscle)之活动量有直接关系,运动附属肌肉(Accessory Muscle)不能促进此等器官发达也。

(三) 发达游戏本性

此类活动,发生于本性。练习此种活动,即能发达其本性。虽然本性这性质之结论中,示人以教师之指导,环境之改良为不可缺少,否则竞技运动可以养成恶德,故良好之教师一节,为助达此项目的之要件。

(四) 应付环境之能力

是项可分三段而论:(1)主观的运动感觉;(2)判断客观物体之速度距离与时间之能力;(3)审环境内所发现之事项,凭主观之运动感觉以应付之。田径运动以运动之身体应付静止之环境;球戏以运动之身体应付运动之环境;二者虽微有分别,而训练之运动上述三项能力则一。

(五) 养成正当之运动态度及训练个人与社交之品格

1. 尊崇正当之得胜。

2. 保持以比赛为联络团体间友谊之精神。

3. 团体合作。

4. 营高尚生活。

5. 训练与努力奋斗。

6. 自信与自制。

7. 尊崇游戏规则。

8. 服务与牺牲。

9. 勇敢。

10. 在匆促之间有敏捷之思想。

六、游戏

包括各种小游戏，主要用之于中小学。

（一）发达脑肌系统。

（二）刺激内脏器官之发达。

（三）养成基本机巧(Fundamental Skill)

如走，跑，跳，跃，掷，攀，悬，爬，举，负荷等。

（四）发达游戏本性。

（五）发表个人之意想及个性。

（六）养成谨守规则之习惯。

（七）养成关于个人方面之特性，如勇敢，机警，进取等。

七、节奏活动

此名词包含甚广，所有各种舞蹈表演可与音乐诗歌合奏者，莫不包括在其内。例如幼稚园及小学低级之节奏游戏，唱歌游戏，表演游戏(Rhythms, Sing and Dramatic Games)，土风舞，木屐舞(Clog)，运动舞是也。此等活动之在体育范围之内者，其目的可分生理与交际两端而论，兹分述于下：

（一）生理之目的

1. 刺激内脏各系统之发育　节奏活动利用大肌肉，故能刺激内脏之生长。

2. 养成身体放松之习惯　儿童本有天然放松之习惯，但受文化之影响，身体上有不然目的紧张，耗费脑力。节奏活动所以矫正之，并所以再造其身体放松之习惯。

3. 养成节奏之调协(Rhythmic Co-ordination)　此与放松有密切之关系，包括平均能力，管理身体之能力，及姿态等。

4. 养成优美之姿态　舞蹈之精神，足以唤起全体高举之姿势，其刺激之力量，远过于体操中之身体挺直，柱脊伸直等，口令数倍。盖后者之应用专在身体，而前者则在身体表演之外，更诉诸情绪也。

(二) 交际之目的

1. 发达团体之意识　所有个人之节奏活动，在大团体中实行，莫不使各人之心中起团体联合之感觉，不论走步或团体舞蹈，结果皆受情绪之刺激，有发达同情与共趋同一目的之倾向。此团体感觉未发达之幼儿，所以宜行走步圈形游戏及舞蹈等活动也。

2. 发达节奏之感觉　人之对于节拍起反应，为本性之倾向。不论何人，除身体上有缺者外，莫不有节奏之感觉。儿童学习节奏活动，可得节奏之有意识的认识，可得有节奏表演之能力。

3. 从身体之姿态中得到忘我的境界　身体得节奏之调协，为表演理想与情绪的反应之工具。当调协到自动之地位时，则自信力能袪除自我之知觉。此种自我之知觉(Self-consciousness)系一种恐惧，即恐自己心中应做之表演，不能由团体中表演出也。亦即恐其不入彀之表演，引起他人之嘲笑也。此种自我之知觉，属禁动的，破坏的，能从身体之姿态中解除之。

4. 与线及空间有关的动作之领会　如方圆，线，斜方，之领会是也。

5. 音乐之欣赏　舞蹈须与音乐联络，不但利用其有时间之准绳，并认识其形式，段落(Phrasing)，意境(Mood)等。如是留意，舞蹈可培养欣赏音乐之心。

第七章　体育上相对之主张

第一节　道家之自然主义或无为主义与法家之法治主义

一、老子之自然主义

老子见当时社会重繁文，尚虚伪，极力主张清人品，反古道，去一切仁义礼智之修饰，反乎人类本来之天真。太古时代，风俗纯朴，社交之中，以诚相见，达自然之极境，得真正之自由。其后世衰道微，风俗日下，于是圣人乃为之礼法，以求节制。但礼法繁而奸伪愈长者何也？因奸人出，妄用礼法，掩其私心，口圣贤而心禽兽也。故纠正之法，惟有反天真，尚自然，将一切人为之礼法尽解除而不用。教育若不能澈底改人心，反乎天真，则教育失其效用。运动场上游戏之中，天真烂漫，毫无掩饰，教师易发现儿童之本来面目。故游戏时间，实为儿童解除虚伪之所，亦即施以自然主义之教育之良好机会。

老子之无为主义，孔子甚崇拜之。“无为而治”，“恭己正南”皆本老子之无为主义而发。又云“正名”，“仁政”，“王道”，“正心诚意”，皆所以达无为而治之理想目的。一种无为而自治之世界，在国民方面须人人受相当教育，道德高尚，知识丰富；在环境方面，须生活简单，地窄人稀；在政府方面，须有尧舜禹汤为其君，伊尹周公为其臣，方能成功。若政府贪污，官僚腐败，人民无智识，土地过广大，如吾国现在社会之状况然，此种主义决无实现希望。虽然学校之中，以教育青年为宗旨，体育训练，以陶冶品格为目的。教育主义，宜择能量(Capacity)最大者而采用之。况学校之中,学生心地纯洁者多,一班之间,人数有限,教师人格高尚,以教育青年之心为心,学生自易感化,焉用正言厉色,时时讲罚耶?虽然,此种境界,谈何容易,在学生方面,须有良好之幼稚教育,家庭教育;教师方面,则须人格高尚,学问渊博,技能优良,方能济事。故欲达无为主义之理想目的,根本之方法在教育。欲体育达无为主义之目的,教师与教材之选择宜注意。

(一) 一种教材须有施用教育手段之余地

行替换赛跑时,两队学生从线后出发,其至场之他端折回,可用种种方法:(1)在折回处置跳高架绕架而归;(2)在地上划白线,以两脚过线再行折回。又跑回至出发点与次一人交替时,亦有两种方法:(1)以棒传予排二;(2)拍排二之手。二种折回方法,及两种交替方法,依自然主义而判断,均以第二种为优。因第二种易于作弊,非有真训练,不易遵守规则。惟其不易守规则,故有用教育手腕之余地,而施教育手段这机会于是乎多。吕东莱曰:“不为可欲而不乱者,善力尚浅也;见可欲而不乱,则心真入于善矣。”体育教材,以与学生以易犯规则者为贵,予学生以可以为善,亦可以为恶者为贵。一种教材不能为善,亦不能为恶者,作者称之曰中性教材。如体操及改正体操等,虽对改正姿势有贡献,在教育上无大价值也。

(二) 教材有教育之价值

无为而治之世界,虽难于达到,而人类却不能不向此大道进行。前进之阶,端赖教育,体育乃藉大肌肉之活动达教育之目的,宜与教育取同样之目标而向前进行。凡中性之教材,不足以陶冶品性者,无教育之价值,即不能实施无为主义者也。此种教材,宜在屏弃之列。

(三) 体育教员须有感化学生之能力

体育教材愈呆板,教授愈容易,教材愈活动而愈自由,则教授愈困难。例如教学生跨过线而折回难,绕过跳高架子折回易,在游戏中之情形如是。至于教授体操,在教学方面,益觉容易,盖教师示范,学生模仿之外,无他种心理上之活动也。体育教师之责任,轻于发达儿童之身体,重于培养儿童之品格,又贵乎能本身作则,感化儿童。从前南京高师某教授云:大学教授,只须学问渊博,堪为人师可矣，操行之优劣可不问也。果如是言，则体育教师能教儿童跑跳可矣，游戏可矣，自己之品性行为，多可以不加检点，实根本错误。

二、申韩之法治主义

法家一派，受老子之影响，亦信无为主义之高远，但主张必先有法，然后可以无为而治。如尸子曰："正名去伪，事成若化""正名覆实，不罚而威"，此皆有法然后可达"法立而不用，刑设而不行"之境。然推究法家尚法之见解，又受他家之影响。如韩子承其师之学说而来。荀子主张性恶，利己之心由先天遗传而来。但荀子主张矫之以礼，而韩子则主张制之以法。其目的在防小人之作恶，故韩非子曰："夫圣人之治国，不恃人之为吾善也，而用其不得为非也。"太古纯朴之世，地广人稀，生活上无冲突。后世人口繁殖，人事复杂，良莠不齐，故不得不尚法以防止小人。犹运动时之不能不有规则，以防止故意犯规之运动员。法家之见解如是，然而教育之为用，乃恃人以为吾善也，非仅用其不得为非也。

教育而仅防人之为非，则失其效用矣。体育亦然，在发达身体之外，更重陶冶品性，培养人格，岂仅在运动上之不犯规而已。故法家之主张，只能应用于乱世之政治，而不能应用于教育。且民众根本与运动员不同，不论古今，吾国民众受教育者，占极少数，加以人数之多，年龄之长，已至教无所施之地位，只能用法以救其末。至于运动员大半为学校学生，教师宜培养其运动道德，及以犯规为耻之心，不宜注重罚则，使畏裁判员而不敢犯规。今日遇严厉之裁判员而不犯规，焉知他日遇一经验缺乏之裁判员而大犯其规乎。故今日之运动，宜尚训练而不尚罚。

老子治国之道，根本主张无法，故曰："法令滋章，盗贼多有。"孔子治国之道，重礼教而轻刑政。故曰："道之以政，齐之以刑，民免而无耻，道之以德，齐之以礼，有耻且格。"孔子之对民众之态度尚如此，况教员之对学生，裁判员之对运动员乎？大概为比赛本身起见，非有罚则不能执行。若裁判员宽而不罚，反使守规则者受犯规者之侵凌，成绩上受大损失，至不公平。就此一端而论，则知比赛非施教育之环境，乃考验运动员所受训练之场所。一校之运动员在比赛中故意犯规者，皆其指导员之过。今之各城之开运动会时，教员率领学生从事争执，小之则谩骂裁判员，大之则殴辱之，益显其不明此旨，毫无智识。其毁坏青年之罪，不可逭矣。寻常游戏之时，教员利其管理之便利，专用机械之方法，或贪教授之便，应用机械之教材，均足以使教育之机会失去，亦属贻误青年。

三、结论

道家之主张，从根本上做起，欲体育有尽量之贡献，须按此主义实施。结果虽不能废除罚则，确能使运动员知耻而自然不犯规，教育之目的达矣。法家之主张，非治其本乃救其末，应用于乱世之政治则可，应用于教育及体育，则非根本方法。

第二节　功利主义及文化主义与体育

一、功利主义

吾国古代之哲学家中，主张功利主义者，当推墨子。墨家之功利主义，有人称之为“算账主义”，犹放债然，下一分本，则应有一分利。故墨子对于利天下之事，虽摩顶放踵亦为之。如死者虽认为有鬼，但厚葬认为废财，无益于死者，而有害于生人，故主节葬。音乐非人生必须之品，故墨子又以为凡音乐之属，均属无用而可废。夫乐既可废，则一切美术亦当然在摈弃之列。推而广之，则今日所提倡之体育，纯为消耗之举，不能有丝毫之生产，根本无用。设起墨子于九原，则今日吾人提倡之体育，皆将认为如厚葬与音乐之可废矣。盖依墨子之主张，学校学生，他日不拉包车，何必练跑。今之田猎，利用猎枪，何必练掷枪。他如篮球足球之戏，浪费巨量金钱，更属无意识之举动。至于开运动会，则劳民伤财，大可不必。今之主张功利主义者，莫不有类此论调，故有提倡以劳工代体育者，有以体育为预备军国民资格者，此辈皆受功利主义之影响。不知劳工与体育根本不同，劳工为他人代达目的，己为奴隶，十分烦恼。体育为教育之工具，一方又所以取得愉乐，己为主人，极有兴趣，两者居相反地位，焉得相代。若依

据功利主义以定体育目标,易致三大错误:

(一)体育对于劳力者有实用,劳心者可不习体育。例如跑可应于拉包车,对黄包车夫有贡献,其余不以拉车为生者,可不练跑。

(二)活动之有应用者练习之,无应用者完全摈弃之。例如掷标枪,掷棒球,可以应用于掷炸弹,有练习之价值,球戏无应用之余地可以不练。

(三)功利主义所设之目标太远,在儿童理想之外,例如习单杠上引体之动作,可以预备他日习海军之技能,儿童根本不能了解,决难引起其练习之心,盖儿童只知目前之兴味,满足目前之欲望,将来之应用,概不注意。例如习游泳,确能准备海军技能,并避免日常危险,然教之者不必以此目标告儿童。若教授无方,不能引起儿童之兴味,督励儿童之努力,即示以有用之目标,亦属无益。总之,依据功利所谓之目标而选择体育上之活动,决不合儿童心理,在实施上发生绝大疑问。

以上三种错误,从狭义的功利主义产生。故依狭义的功利主义而办体育,必蹈枯燥无味,肤浅偏狭之弊,体育之重要目标或反致抛荒。狭义的功利主义之不足以为办理体育之基本原则,至为明显。杜威亦提倡功利主义,所定之教育目标为"繁荣生活"(Enrich the Life),何等远大而浑括。以教育作出发点,至所欲达目标之间,路径之变化无穷,手段亦至复杂,决不若狭义功利主义之直捷而简单。且也,环境常起变迁,方法应随之改变。生活之前进无止境,活动应从一种而引入他种活动(Activity leading to further's activity)。故本杜威之主张,体育应具活动性(dynamic in nature)。狭义的功利主义,蔑视环境之变迁,假定生活不活动,故循狭义的功利主义而办之体育,非流于呆板不可。

杜威以欣赏为教育之重要价值,以想像为欣赏之媒介,以游戏活动为想像之事业。本杜威之主张,体育可算是欣赏之事业。纵令体育不能完全为欣赏,而欣赏确不可缺。夫体育一方面既为欣赏,则从事之目的决不能专为应用。墨子漠视欣赏之价值,其主张流于肤浅偏狭。杜威之教育主义亦有功利主义之意味,然较墨子之主张为远大而浑括,故与其采墨子之功利主义,宁宗杜威之功利主义也。

二、斯普兰格之文化主义

倡文化教育最力者，莫如德国之斯普兰格(Eduard Spranger)。今日德国之新教育学识，均以氏之文化哲学为基础。氏曰："所谓教育，是将一人的爱移渡于他人心中的意思，而这意思则在把人之价值受纳性与价值创造性的全体从其内部而使之发展，"其意即教育为利用儿童之价值受纳性，以现代之文化传授之，于是文化即同化于儿爱之精神中，此后由儿童之价值创造性，在内部起蕃殖作用，而实现文化创造。此定义之前半，表示教育之动作，后半表示教育之目的，而教育之对象为文化之创造。此为斯普兰格文化教育之真谛。

此外氏尚有一种主张，不可不注意者，即氏以与生命无关系之学识，作为人格内部无生命之物。此种无关系之学识，即是科学，故科学与教育在对立之地位。盖科学不顾人生直接之关系，乃系一种板滞的研究工作，虽井然有条，但与人格及生活无密切关系之处。至于教育则为被教育者有摄取各种文化的价值，而使其消化于自己之人格生命中，以充实其内容。

体育为陶冶人格之一种工具，既非科学，又非专是技术。据斯普兰格之文化教育主义，体育为文化之一种，确有陶冶品性之价值，故体育亦应以传达文化与创造文化为目的。从体育之技术方面而论，应以现有者教青年，使发明新技术，由旧纪录造成新纪录也。于是人群之于欣赏方面，亦将日有进步。从人格陶冶方面而论，由旧运动道德，及个人之人格特质扩充而为社会及公民之人格特质，更由运动道德扩充而为寻常生活上之道德。虽故根据文化教育主义之立场而言，体育之效用与目的至为广大，决非为肤浅与局部之应用而已。体育之目的，若专在技能上之应用，或藉练体育之活动，达一种与文化无关系之目的，则根本错误。要知应用为体育之副产品，并为自然之结果，不必专以之为目的也。例如体育可以养成军士教育之基本技能，然体育却不能以养成军国民为目的。若体育以军国民为目的，体育之内容，即成为呆板无生气之活动，将蹈从前德国体育之覆辙。今日德国之解放派(提倡裸体运动者)以德国运动成绩之不如美国，归咎于旧式体育之恶影响。虽其观点不同，而从前体育之失去陶冶价值，确是错误者也。吾国华东华北诸大学之体育，类多偏重于比赛，以争学校荣誉为前提，去文化教育之主义更远矣。

三、结论

文化主义与功利主义，互相对立，在体育上不可不两者兼顾。盖不顾功利主义，体育恐蹈空乏无捉摸之弊，不顾文化主义，恐蹈肤浅无意味之弊。虽然，吾人对浮浅短近之功利主义，根本怀疑。盖人为万物之灵，知识、技巧及品性行为之能量(Capacity)最大，不论教育或体育，须尽其能量而发之，使其在他日有随意应付(Adjust)环境而不失败之能力。一方社会环境至为复杂，须用各种知识、各种技巧、各种品性、行为以应付之，决非一种知识、一种技巧、品性为所能济事。肤浅短近之功利主义，决不能养成广大之知识技巧及品性行为。根据比种狭小肤浅之功利主义以训练之国民，决不能应付复杂之环境。吼善灵顿氏所定之5项体育目的中，以社会之应付(Social Adjustment)为远大之目的，作者对之极表同情。他说："训练身体之活动，所以发达极广大范围之权能(A great range of power)，藉此种权能，可以树立应付之能力。此种活动，是发达成人对于任何方面应付有效之基础。"他又说："活动对于成人之价值，不在活动之迁移(Carry over of the activities)，但在其发达之结果。"肤浅短近之功利主义，大概指活动本身之应用，氏反对之意在言外。故作者之意见，功利主义不能不顾到，唯所应顾到者，决非肤浅狭窄的功利主义，乃广阔远大之功利主义也。至于文化主义，其标准更高，而所达之目的更为远大。办体育者，应以文化主义为主要之原则，以广阔远大之功利主义为副原则，两面兼顾，庶无流弊。

第三节　兴味主义与努力主义

一、兴味主义

主张兴味主义者，以为不论教授何种功课，或令儿童自学何种活动，有了兴味，儿童方能出其全力，从事研究。反之若教授之时或儿童自学之时，不能令儿童发生兴味，而以威迫之手段，强制之力量，使之勉强从事，即儿童惮于威权，勉强敷衍，然心仍外驰，神游于其所好之事物，对于所学决无成就，故兴味者，为引起注意之唯一担保品，而亦教学成功之母也。彼主张努力主义者，以为其教育方法可以养成儿童坚忍不拔之志，百折不回之心，据事实言之，殆系理想文章，殊足令人怀疑不已也。

二、努力主义

主张努力主义者，以为人之一生，忧患时作，若生平无刻苦之锻炼，以苦其心志，劳其筋骨，饿其体肤，空乏其身，行拂乱其所为，则一旦遭逢艰难，鲜有不畏葸退缩者。故国家当内忧外患交迫之际，欲培养坚忍负责，能当大任之国民，教育方法，宜采努力主义。若在可宝贵之青年期中，专以引起兴味为无上之手段，则儿童受兴味之刺激，精力分散，意志毫无，他日遇不足以引起兴味之事物，恐将坚决拒绝之矣。此种无骨干之教育，养成青年趋易避难之习惯，彼等他日出而问世，焉望其能当大任，膺巨艰耶？

兴味主义，不但有害于儿童之道德，且有损于其智力。盖儿童受兴味之引诱，注意力不在重要之事物，而在此等事物中所含之兴味。夫不生兴味之事物，终有显其本身之一日，若加以虚构（或人为的）的兴味，儿童对事物之赤裸的本身，因迷于虚构之兴味，而不能认识清楚，不能有直接之注意。故凡可厌或不起兴味之事物，而为吾人应从事者，不如直接认识之，而以努力之方法从事之。不问其兴味之有无，唯以内部之活动，依自动的方式，致力于此等事物之中。此为努力主义之主旨，亦即有效之方法也。

三、结论

以上之两派所发表之言论，其有力之点，不在其自己之主张，而在攻击其对方之弱点，两方各走极端，终成相反之论。然考其实际，二者犯共同之错误，即认识之事物想像及目的，皆在位于自我之外是也。两种主张，既犯此共同之误点，由之演绎而来之主义，当然不能得当，不能相容。就兴味主义而论，彼既认事物与目的在自我之外，故欲使儿童注意，不得不加以人为之刺激，以唤起其兴味，使乐于从事。由努力主义而论，事物既在自我之范围之外，则注意必赖意志之援助。二者犯同样之误谬。杜威说：“真正之兴味在使事物与行为，咸同化于继续发展之自我而已。”夫物我既经同化，则纯粹之努力，与人为之兴味，皆非必要之件。故自我与事物一致之时，方得有真兴味，事物与自我同化之时，方始有真努力。

今以此理，应用之于体育，则觉益形透彻。从前所用之正式体操，来自封建时代，系王侯公爵用以训练人民之服从性，以便于自己统治者也。十年前常用此种方法训练儿童，但见儿童外面顺从之心中拒绝之，无他，此种活动，出于本性之外，儿童不能得到满足故也。对于此种情形教师往往用两方法处理：(1)用高压之手段，或详述体操之利益，使儿童不得不努力；(2)变更教授之方法(如教师不直接教动作，令儿童临场轮流随学随教，每人做一动作)，使富有活动本身外之兴味。此种方法，使儿童当时勉强行之则可，而欲儿童课余之暇，有自动的继续练习则万难办到。所谓兴味，所谓努力皆无效果。何也？动作本身不能使儿童与之同学故也，故心理学家根本反对用本性外之活动。对于无意义之活动，用假兴味以引诱儿童者，固不加赞同。而用威迫之手段，勉强儿童实行者，尤鄙弃之。近代心理学家，多主张用本身有价值有意味之材料。此种材料，如跑、跳、掷、爬之类，儿童之神经系统中之神经原排列，已有起反应之准备。教师将此材料提出，儿童不但即起一定之反应，且反应之后可得满足之结果。即一旦阻碍横生，一时儿童不能得其真味，教师可说明其目的之所在，使益发愤努力，努力愈大，而效果亦愈多，例如篮球一项，分队比赛寻常多感兴趣，令行基本练习，则觉枯燥无味，然遇代表球队，教师若提出基本练习之目的，如改进攻守方法，学习基本技巧，学者反因之大加努力，对枯燥之基本练习，毫不觉其枯燥也。此种有目的之努力，谓之真努力，一旦技能学成比赛得胜，则所感之兴味将十百倍于肤浅之兴味。故兴味与努力有互为因果之关系，有时有真兴味然后有真努力，有时有真努力然后有真兴味，兴味与努力二者互相联结，专主张兴味主义者，或专主张努力主义者，皆未透入问题之中心，故有极端之言论，致枘凿之不相入也。

无兴味之材料，用假兴味以唤起注意之方法，固为心理学家所反对，然本为意义之材料，未恐儿童之不起注意，亦用虚构之兴味以兴奋之者，亦属错误。譬如球戏及田径运动，本为青年所好之活动，聘良好之指导员，供给良好场地与设备，为学校应尽之责任。设有健全之比赛组织，聘请公正不偏之裁判员，为社会上体育会社之责任。然据吾国各校各会社之当局，其应尽责任之外，竭募集贵重奖品，遇有打破纪录，特别出色之运动员，新闻报纸，复大书特书，为之表扬。此种外加之兴味，大嫌浓厚，结果喧宾夺主，青年加入运动之目的，为重奖，为名誉，将主观的欣赏，娱乐，满足等感觉，抛诸脑后，大失提倡体育之本旨。假兴味之用于有价值之材料者，其弊与用于无价值之材料同。办体育事业者不可不慎。至于运动含职业意味者，则其兴味更假而又假，结果非将体育摧残尽净不止，甚可惧也。

第九章　体育与他种活动之关系

第一节　体育与健康教育

作者留学纽约时，一日吾访友袁敦礼君，适友人某君亦从某体育专门学校来。袁君叩之曰：体育之目标安在？某员答曰：体育所以使身体良好，所以达健康之目的也。余与袁君均微笑，以为从事体育者尚颟顸若是，况一般未尝研究体育者乎。常人之见解，莫不以体育为手段，以健康为目标，二者混为一谈，甚有以体育划为卫生教育范围之内者，其名词之混淆，均足以使实施之方法生错误。数十年来，能将体育与健康教育分别清楚者，实不可多得。惟吾师韦廉士见解高人一等，竟能将其中关系道破，一九二七年一月，美国全国大学体育教授会议中，氏发表其高见。当时作者在场旁听，目睹氏与座间诸会员，攘臂奋舌，大施雄辩，足致全场拜服，握手称颂。氏之惊人之语，莫若“健康教育与体育非一事(Health Education and Physical Education are not the same thing)”“体育不是为健康(Physical Education should not be concerned with health)”。骤闻之，真有令人难解之处，实则确有真理存焉。人之健康，不似货物之能测得其量。健康之程度，不能用体育来增加。从前健康能栽培之说，全无根据。其因破坏而减低者，可由病中各器官失调时察出之。其参差之程度，各个之间，大概不少。其参差之原因，一在遗传，一在生活之方法，并非因从事体育之勤惰而然也。故体育一事也，自有其一定之功用，不能用作为卫生教育之手段。卫生教育又一事也，亦有其相当之方法，不能用体育代达其目的，其理甚明。今将卫生教育之内容与体育之功用分别分析，学者当益能了解。

一、健康教育

健康教育可分为三端：

(一) 卫生之视察

此项工作，一在环境之状况，如学校之建筑，设备，采光，空气流通，及清洁等问题。一在个人之活动，如教学之卫生，个人功课分量之分配等，均在视察范围之内。在学校当局，视察员，教员之负责与否，影响学生之生活至大。吾国目前民穷财尽之际，健康教育之实行，至为不易，宜就可能范围之内，照理想做去。

(二) 卫生之料理

此端包括最多，如卫生检查，传染病之豫防，如种豆之防天花，接种之防白喉是也。他如学校中之救急，按检查之报告，行改正身体之缺陷等，均在卫生料理范围之内。

(三) 卫生之指导

此端指卫生之教学。灌输卫生知识，养成卫生之习惯等皆属之。例如食前洗手，寝室开窗，使儿童明其理由，尤贵照法力行，养成卫生习惯，否则徒托空言，毫无补益。故儿童清晨入校，检查手指，视察衣服，均为养成卫生习惯之极好方法。

总观以上三端，与体育之程序完全不生关系。曩者体育教员以为由体育可以代达其目的，岂非缘木求鱼乎？

二、体育

体育对于健康之维持，生活之态度及生命之卫生等，均有重要之贡献。但卫生教育之范围，则尽限于上述之三端，卫生教育之目的，亦尽在此范围内达之，断不能逸出其范围而外求诸体育也。故健康教育之教学，不能以疗病体操替代，而健康教育所选之题目，与健康教育之注重之点，宜受致病致死原因之指导。例如肺病，天下无一种可疗肺病之体操。而免痨教育，则专在灭绝病源，公众场所禁止唾吐，及生活方法之改善也。健康教育，注重健康而体育目标则绝非健康，乃在发达个体也。兹可分四端论之：

（一）发达身体内各系统之器官

如循环系统，消化系统，呼吸系统，排泄系统及神经系统是也。寻常之体育家，不明体育能发达神经系统之事实，发达各器官一项之下，往往将神经系统一部遗漏。实地教学之时，专注意发达他系统，忘却心理之要素，所采方法，所选教材，索然无味，儿童厌弃之。此种体育，纵能促进他系统之发展，而对神经系统方面，则加以抑制，焉得认之为合理。况体育真能使神经系统发达，例如平日善用右手作工者，大脑左半球之司运动区，特别发达，是为体育对于神经系统发达之佐证，故体育发达各器官一目的，绝不能将发达神经系统一部遗漏也。

饶权斯(Rogers)谓韦廉士所称之发达身体各系统之目的，即是健康，与韦廉士之体育与健康无关之说，似有矛盾之处，不知两人对健康所下之定义，根本不同。饶权斯以身体各系统之发达为健康，体育能发达身体各系统，故体育能发达健康。依论理之方法推论之，饶权斯之见解，与韦廉士之主张，原不相矛盾。虽然饶权斯只见健康之积极一端，未见其消极一端也。一运动名手，其心之挤血能力，脾临时发出赤血球之数量，必比常人为大，其肠胃消化之能力又必较他人为强，然与一不善运动之人同饮污水，或同入传染病流行之地带，则两人之消化器受侵害之机会，与两人得传染病之机会均相等。受体育训练之人而不讲卫生，则其健康之破坏与常人等。健康之维持，全在卫生，不能谓各器官之发达即是健康。盖体育不能培养一种普通之抵抗力，以抵抗一切疾病。抵抗力仍系属特殊性质，由遗传或后天接种而来，即由健康教育而培成也。若谓体育之功能，能培养健康，则消极方面之抵抗力，亦假定能养成之矣，岂非谬误之甚。故韦廉士之体育与健康之说，较为稳健而概括。此外，饶氏之主张，尚有一种流弊，即一般人多信体育足以发达健康，对于健康之教育将生忽视之心。吾国从前有无数运动员，以为体育足以发达健康，生活之方法可以随意，传染病之防范，可以不加注意，结果健康破坏，体育之成绩亦因病而致退步。故欲体育进步，体育之外，尚须有健康教育，然后健康得保持，而体育之成绩亦得保持。

（二）发达普通脑肌系统及基本机巧

此等机巧有几类：

1. 空间时间作消遣活动之机巧

此项包括各游戏活动，竞技活动，类多来自性之所好，儿童均趋之若鹜。即成人，除在幼年时期未有练习者外，亦莫不好从事之。

2. 保身体安全之机巧

在交通发达之国家，城市间之车辆必多，儿童须具避免车辆冲撞之技能。在客观方面者，为判断距离速度；在主观方面者，为身体应付之机巧。如忽然停顿奔跑腾跳等，当然在此基本技能之内。

3. 审美之机巧活动

是为数种跳舞活动。由实用之观点批评，不见有何种运动器官之机巧在其中，然具有审美之性质，可资欣赏。

4. 护身之机巧

我国之拳术，如摔角，西洋拳术，角力，击剑等，均有此种功用。

5. 游泳之机巧

一般教育家以为游泳之机巧，除能保持身体上浮水面之外，余无价值，无需多学。殊不知游泳有使社会民众娱乐心意，满足欲望之价值。此辈之极端主张功利主义者，实未能见到此点也。游泳时社会上之快乐，远胜于由技术进步而来之快乐，游泳之价值，在实用方面少，在心理方面多，在身体方面少，在精神方面多。一种活动价值之高下，须从身心两方面批评，依教育之眼光，无容怀疑也。

（三）发达对游戏之态度

游戏非专足活动已也，同时亦为心地之表现，游戏之目的，非为健康，非为减少少年之犯罪，非医治神经之衰弱，乃为游戏本身可以使游戏者满足也。游戏之时，若重视锦标，注意胜负，则胜者之满足在锦标，败者之精神呈沮丧，游戏中之真愉快，两方均不能感到，而对游戏之态度，将完全不合。学者须知体育为发达个人生活力量之源，以有兴味之活动，利用余暇时间，采取消遣之方式，使个人之身心受教育，其目的非为健康，更非为锦标也。

(四) 发达行为之标准

有人谓体育不过为发达肌肉,矫正缺陷而已,在教育方面无道德与交际之价值。不知运动之道德,游戏之精神,坚持之毅力,皆能从体育养成。体育实为教育之工具。

以上四端,为体育之功用,列举之以与健康教育内容比较,学者当可有清楚之认识。然大多数从事体育者,均不明是理,往往以健康为体育之重要目的,为求达此目的之故,方法注重正式,活动注重改正,反将自然而合理之方法,合儿童意向之活动,摈弃不用。旧式体育之不受儿童欢迎,盖由于误认健康为体育之目的为之也。理论之错误,影响及于方法与活动之选择,方法与活动之误用,足使发生相反之效果。理论之重要,由此可见。学者之不可不将真理认清,由此益显。总之健康教育与体育根本不同,健康系一种功能,亦系一种体质,不能测量,健康非目的,乃是方法。体育与健康教育须相辅而行,否则不能达体育之目的。例如一运动员,欲造最高纪录,其技能之训练外,同时又须注意睡眠之充足,食物之选择,慎寒暑,省精力,否则健康破坏,身体受其损害。于是一人根本不能从事体育之训练,而体育之目的亦永无达到之一日,故健康教育之于体育,有直接关系。若体育之目的为健康,则从事体育者,又何必从事健康之教育。虽然谓体育对于健康完全无贡献,则又是不通之论。体育对健康之贡献,犹烹饪心理学与文学之对于健康之贡献。此种贡献系普通的,而烹饪心理学与文学,固同时有其特别之功用也。体育之目的非健康,体育为教育之活动,须在健康之环境中行之,与他种教育之活动同。

第二节　体育与军事训练

研究体育历史,知体育与军事训练有渊源之关系,如瑞典体操之发明,德国体操之创始,有军事教育作动机。因从前之体育与军事训练,非常接近而相似,故寻常之见解,以为体育与军事训练可混为一事,能互相替代,即以此也。不知数十年来,体育呈不断之革新,军事训练亦起迭次之演进,两者愈趋远,体育与军事训练,已为截然两事。犹两人行路然,一人向甲方走,他一人向乙方走,两人之出发点本靠近,后因方向不同(两人并非相背而行),两人走之时间愈久,则相离亦愈远。体育与军事训练之不同点,日益增加,亦是同理。今分析两者之内容,读者可自明了。

一、军事训练之变迁

可分精神,知识,与技能三方面而论:

(一) 精神方面

从前之军事训练,完全为伸张帝国主义与侵略他人土地之方法。因政体属专制政治,涂炭生灵之结果,不果为帝主一人造幸福。精神上不得不以忠君报国为唯一目标,方法上不得不以严格服从为唯一要件。否则盖恐不能维持专制之局面也。孔子曰:“民可使由之,不可使知之。”从前之军事训练,确合孔子之意,完全为愚民之手段也。今者各国政体改变,非为民主,即为君制立宪,国家之利益,即人民之利益,人民与国家之关系,渐趋密切。御外侮,抗强敌,为人民应负之责任。以后对军事训练,须本“民欲使由之,必使先知之”之旨,以唤起民族意识。使人人乐于赴疆场,有死重于泰山之理想,方可得可用之兵。就此精神一端而言,今日之军事体育,决非从前以为可以训练兵士服从心之体操,所能训练之也。

(二) 知识方面

从前战争中所用之利器,古者为刀枪剑戟,新者为枪炮。今则刀剑之使用至少,而枪炮亦退居第二位。在平地上用大炮唐克,榴弹毒气,在空中则用飞机炸弹,兵士不可不有化学与天文之常识。因器械之利,战争之面积体积益增广大,各战区之间,须用电话电报互通消息,兵士不可不有物理学之常识,就知识一端而论,决非体育所能养成者也。

(三) 技能方面

从前战争中之利器为刀枪剑戟,已如上述,故应用之技能极简单,能将中国之国术学成,即有战争之技能。今日战争利器,日新月异,使用机枪之技术,驾驶飞机之技术,放毒气,掷炸弹之技术,非经长时期特别之训练不可,体育决不能代而训练之也。

二、体育之变迁

从前之体育发源于军事训练，专用正式之方法(Formal method)以训练学生，故说体育大部份为军事训练，亦无不可。今则体育之理论方法及材料，完全改变，其目的已大加扩大，其充分发达身体，养成各种应付环境之技能，以及勇敢、牺牲之品性之特质等功能。固对于军事训练有大贡献，尚有其他一大部份之功能决非为军事训练也。

据以上之分析结果，知体育与军事训练，各有其范围，各有目的，体育贡献于军事训练者，只有一部份，军事训练之贡献于体育者极少，而因其本身内容之复杂，应用特殊之方法，以训练者亦至多。故军事训练，不能代体育，而体育亦不能代军事训练也。吾国自九一八事变以来，每有主张以军事训练代体育者，亦有不少学校依此主张而实行者，然调查各校军事训练之内容，每星期不过练数点钟之步兵操而已，他如射击运用机枪，开放大炮等基本的军事技术，毫无机会练习，此种徒其名而无实际之举，真正之军训之目的，固不能达，而青年藉体育活动以训练身心之机会，乃因之而剥夺尽净，一举两失，殊属可惜。二十一年夏，教育部召集之改订中小学课程标准会议中编者提议，高中以上各校，应列军事训练为必修学程，惟不在学期内修习，而在暑假中寄宿营中，实地受训练。如是则所训练者不专在技术，不专在知识，同时军事生活，亦可得有习惯。在学期之内，学校之中，则注重体育，养成军国民之基础，如是则体育与军事训练双方顾及，圆满之结果，可预期也。

第三节　体育与童子军

童子军藉规律之(童子军愿辞及规律)训诲，生活活动(如露宿生火野外烹饪斥堠之类)之学习，自然界之考查(如看星象采集博物标本)，养成爱国爱群，独立自动，身心健全之国民。其在课程之地位，则属课外活动；其训练场所，则为郊外旷野;其实践机会,则为日常生活;与体育根本有不同之点。即其训练之成就方面,虽亦含智德体群多方面,而所成就之各方面,与体育亦不同。故童子军有其特别之目的,童子军不能代体育,犹体育之不能代童子军也。有人主张国难临头,高中以上各学校,宜注重军事训练,初中小学宜重童子军,养成军国民资格。一若童子军训练为初等之军事训练,并可代达体育之目的者,实未明童子军与体育之内容也。果如是说,则童子军可作军训练,而童子军可以代体育矣。其为错误孰甚。童子军之一部份活动,如童子军游戏,虽亦与体育中之游戏活动有同样性质,然其实质之大半为童子军范围内之活动。换言之,即童子军之活动,以游戏之方法行之而已。是故体育与童子军为两种之活动,决不能互相替代也。

第四节　体育与国术

体育之目的已在第六章中详举,而所以达此等目的者,端赖各种活动,决非一二种之活动所能完全达之也。体育之范围至广,而其所包括之活动亦至多,国术不过其中之一种活动耳。其在体育上之地位,犹拳术及角力之在体育上之地位也。近来各国术专家,以为国术为国粹,既可锻炼身体,又可训练自卫技能,在民族史上有固定之价值,应在各级学校特别提倡,替代体育上他种活动。是实未明体育与国术之内容与性质及其二者之功能也。学术无国界,国术对于形式之陶冶方面,知巧发展方面,身体发达方面,若能贡献一切,则不但中国人应以代体育,外国人亦可以之代体育也。不观夫日本之柔道乎,其基本方法,出于中国之摔角,不过加以系统之组织耳。今已由欧美各国采为体育上之活动,然则国术而加以根据科学之研究,系统之组织,欧美各国亦将步柔道之后尘,而采用之矣。若其功能不过为体育功能之一部,则中国本国,亦不能因其为国粹以代替体育。况现在国术之材料,尚未经科学之研究,教学之方法,尚未有心理之根据,及其适合何级学校学生?效果究竟到何程度?在体育之全体分量中应占若干成分?诸问题尚待解决。国术之课程标准,尚无从定起,以之代替体育之说,为期更远矣。